MANSHI
SHOUJI

漫识手记

林岗 著

南方出版传媒
花城出版社
中国·广州

图书在版编目（CIP）数据

漫识手记 / 林岗著. -- 广州：花城出版社，2021.3（2023.5重印）
ISBN 978-7-5360-8958-7

Ⅰ．①漫… Ⅱ．①林… Ⅲ．①社会科学－文集 Ⅳ．①C53

中国版本图书馆CIP数据核字（2021）第023540号

出 版 人：张　懿
责任编辑：杜小烨
技术编辑：凌春梅
装帧设计：介　桑

书　　名	漫识手记 MANSHI SHOUJI
出版发行	花城出版社 （广州市环市东路水荫路11号）
经　　销	全国新华书店
印　　刷	深圳市福圣印刷有限公司 （深圳市龙华区龙华街道龙苑大道联华工业区）
开　　本	880毫米×1230毫米　32开
印　　张	13　　2插页
字　　数	230,000字
版　　次	2021年3月第1版　2023年5月第3次印刷
定　　价	68.80元

如发现印装质量问题，请直接与印刷厂联系调换。
购书热线：020-37604658　37602954
花城出版社网站：http://www.fcph.com.cn

目录

第一辑·伦理信仰

时间·003 / 权力·004 / 偏执·005 / 长期性·006

起源·007 / 解昧·008 / 未来·009 / 书面语·010

灾变·012 / 偶然性·013 / 消极·014 / 当下·015

激情·016 / 记忆·017 / 思想·018 / 一元论·020

死亡·021 / 慈爱·023 / 神秘·024 / 原教旨·025

中庸·027 / 救赎·028 / 凯旋·029 / 自由·030

思想者·031 / 经验·032 / 顺从·034 / 信仰·035

三角阵·037 / 秩序·038 / 欲望·039 / 文本·040

传承·042 / 奇迹·043 / 思想史·045 / 外衣·047

反抗·047 / 奇迹·049 / 未来·051 / 信念·053

一神·055 / 语词·056 / 拯救·057 / 理性·059

颂声·060 / 不现身·061 / 谋死·062 / 竞争·064

梵蒂冈·065 / 冥世·067 / 语言·069 / 教义·070

斯多葛·073 / 仁慈·075 / 个人·077 / 自由·078

合约·079 / 人为·080 / 困境·082 / 苦难·083

生存·085 / 责任·087 / 家神·088 / 先验·091

超度·092 / 灭绝·093 / 死寂·095 / 尼采·096

二元论·98 / 堕落·99 / 自然与神·101

无限供给·103 / 虚无·104 / 仁慈·106

宋襄公·107 / 利玛窦·109 / 途与家·111

异化·112 / 正义·114 / 诗意存在·115

血祭·117 / 知其不知·119 / 灵魂不朽·120

先知与师·122 / 绝对与相对·124 / 原问题·125

荣耀·127 / 身体·128

第二辑·社会历史

对立·133 / 教训·134 / 权宜·135 / 意义·136

两种人·137 / 不朽·138 / 葬仪·139 / 上天·140

性·141 / 外星人·142 / 分工·144 / 幸福·145

公共性·146 / 性选择·147 / 界线·148

前景·149 / 喜剧·151 / 长时程·152

家族制·153 / 激情·155 / 裂缝·157 / 禁忌·158

人口·159 / 食物链·159 / 技术·161 / 仪式·162

歧视·164 / 蒙灾·165 / 恐怖·166 / 适者·168

资本·169 / 授权·170 / 顺从·172 / 支付·173

碎片·175 / 进化·176 / 把持·177 / 纽带·179

秩序·180 / 仪式·182 / 取财·184 / 羞耻感·185

自然秩序·187 / 强与弱·189 / 仁爱·190

全球化·191 / 认同·192 / 碎片化·195

演化·196 / 失败·198 / 变迁·200 / 忧天·202

乡村·204 / 文化·205 / 姿态·206

文化变迁·208 / 性别差异·211 / 观察·213

安全·214 / 出路·216 / 学谱·218 / 父权制·221

反比·222 / 收割者·224 / 征服·225

外部性·228 / 救生船·229 / 自由换安全·231

怨恨·233 / 左右·234 / 文字·236 / 话语·239

学术·241 / 国家·242 / 无力感·244 / 和平·245

财政原理·247 / 贵贱·249 / 方块字·250

级差·252 / 市场政治·254 / 正统论·256

进步·257

第三辑・人间岁月

拉锯・263 / 胜和负・263 / 土拨鼠・264

强弱・265 / 未知・266 / 名与利・267

灵与肉・268 / 五官・269 / 情爱・271 / 城市・272

快乐・274 / 恐惧・276 / 死・277 / 智毒・277

凡夫・278 / 留名・278 / 成就・280 / 求知・280

虚无・281 / 悲与乐・282 / 两极・282 / 压抑・283

人生・284 / 僭越・285 / 欲望・285 / 性学・286

做事・287 / 荒诞・288 / 性超度・289 / 激情・290

意义・291 / 读写・292 / 快感・293 / 告别・294

过程・295 / 美感・296 / 囚徒・297 / 自由・298

生活・298 / 恐惧・300 / 感情・301 / 出发・302

等待・303 / 孤独・305 / 悠闲・305 / 三选・306

嗜好・306 / 岁月・308 / 自然・309 / 精神・310

美术・312 / 生涯・313 / 问题・315 / 基因・316

重归・317 / 灵魂・318 / 跋涉・320 / 火与神・321

恒量・321 / 人文・322 / 隐喻・324 / 肉身・326

压抑・327 / 性别・329 / 装饰・330 / 教养・332

人伦・334 / 妖魔化・335 / 恐惧・336 / 恒量・338

迷宫・340 / 承认・341 / 学问・343 / 漂染・344

世俗生活・346 / 罪感・347 / 求知・348 / 经・350

女神·351 / 理性盲目·353 / 智慧·355

敌友·355 / 坟·356 / 英雄·358 / 让王·359

地主·361 / 拥挤·363 / 自我折磨·365

孤独·366 / 思考·367 / 两岸·368 / 悲剧·370

写作·371 / 知识人·374 / 双人舞·376

上下车·377 / 人间·378 / 思考死亡·380

灵魂·381 / 出门·383 / 现在·385 / 智慧·386

无痛·388 / 狼狈·389 / 语言与欲望·389

衰落·391 / 驯化·393 / 回归·394

时光倒流·396 / 仁慈的理由·398 / 原理·399

后记·401

第一辑

伦理信仰

语词如果抓不住思想,思想就会像一缕轻烟,飘散在渺茫无际的精神太虚。

时 间

时间具有令人不可思议的神秘性，它甚至影响到人对自己行为的善恶判断，并决定一件事情的意义。比如短暂的露水情缘不论在哪种文化里都被归属道德贬义，一拍两散的性理所当然被视为道德的恶；而长相厮守的情缘则被肯定，专一是两性道德中的至善。可是从生物学的观点看问题，无论露水情缘还是长相厮守，都不改变性行为本身的生物性质，两者不同的地方在于露水情缘是短期的行为，而长相厮守是长期的行为。说极端一点，它们的差别是时间的短暂与长期的差别，而不是行为性质的差别。我们之所以认为它们是性质完全不同的行为，是因为我们认同自己的道德观念。可是，这种道德观念的前提是什么呢？在上述的例子中，前提就是时间。时间赋予了人类行为的意义，不同时间长度的行为有了不同的意义。道理在于长相厮守是一种具有可重复性的两性行为。可重复的两性行为本身有规则可寻，而有规则的行为易于产生惠泽双方和后代的社会性。故此它在道德上就被肯定为善。而露水情缘，昙花一现，其行为对社会无益有害。于是被视作道德的恶。可是，善和恶的归根究底，却根源于时间的拨弄。

/ 权 力 /

　　权力有没有生物基础，抑或只是人类社会的现象？答案是兼而有之，人无所逃于权力支配的天地。权力现象是生物异性繁殖的自然结果。它不但是文明社会的现象，而且还是生物现象。假如 A 物种是同体繁殖，生物个体之间就不必要发生基于繁殖的相互联系，不同的成年个体之间就没有因基因传递而产生交换和依赖的必要。这物种可以没有社会，权力现象也就无从发生。自然界演化出异性繁殖，是生物进化史上的一件大事。因为要异性之间的合作才能传宗接代，同性的个体之间就有相互竞争，以争取交配的优先权，暴力也随之发生。异性之间更有暴力和欺骗的现象。暴力得逞和欺骗成功，都是支配权的建立。由此看来，权力最原初的根源是生物性的。它根本上是一个生物现象。人类的文明不过是放大和扩展了这个生物演化的自然结果。

　　孤独者避世，想逃避权力的压抑，但他们逃遁无门。避得开人世的权力，避不开生物的本性。权力支配与被支配无处不在。

/ 偏执 /

常人是能在合适的场合做合适的事的人，偏执狂是能做合适的事但不在合适的场合做的人。正常与疯狂的区别是文化强加上去的，因为判断什么是合适场合的标准是社会成员遵守的惯例，而社会惯例是文化创造出来的。人类的行为需要有连续性，保持时间流逝中的自我同一性，才能相互结成一个有组织的社会。惯例存在的合理性在于它能够保持人类行为的连续性。假如每个人都按自己的欲望行事，那就没有社会秩序了。所以正常的概念一定是从社会惯例里衍生出来的。无社会惯例的存在，则无所谓正常。所谓正常其实是懂得学习和遵从社会惯例的意思。但惯例并不包含脱离场合的具体行为的性质，它只是场合与行为相互配合的一般规则而已。例如，不准当街杀人是惯例，但杀人本身却不是惯例。换在刑场或战场是可以的。偏执狂不能使自己的行为与场合相互配合，准确地说，是不能按照社会惯例的要求而相互配合。它的特征是跳跃和断裂，打破社会惯例极力保持的连续性。由于它威胁到社会秩序的安全，于是被命名为疯狂。孤立地看偏执狂的行为，它本身是合乎理性的，并无不妥之处，而且常常是天才性的。因为如果我们脱离场合孤立地看一件事，就只能问它是否合乎逻辑，是否有意义，大部分偏执狂行为本身是合乎逻辑的，是有意义的。例如偏执狂说的话都符合语法，都有意义。所以它们是理性的。在社会剧烈变动时期，惯例动摇了，或者说惯例与非惯例之间的界限模糊了，得风气之先的先驱者就被看成是疯子。章太炎的外号叫"章疯子"就是一例。正常人是不思考社会惯例的，他们只是习得并且遵从社会惯例，习得并且遵从社会惯例的漫长过程已经使得他们丧失了反思惯例的能力，只有天才或先驱者才反思社会惯例本身。天才或先驱者其实就是偏执狂之中的一个类型。

/ 长 期 性 /

什么是长期性？人只能生活在此时此世，我们能生活在明天吗？想象一下，如果有一张巨额的支票给你而兑付日期是"明天"，你有可能兑付吗？如果我们注定不能生活在明天，人类究竟是怎样建立长期性概念的呢？长期性肯定是跨越此刻此世的，它具有可绵延性，但又不是隔断式的跨越，好像从此地通往彼地有一座桥那样。明天是永远遥不可及的，但是此刻此世不停地流逝让我们产生了明天的实在性的幻觉。

仿佛身处河流的中游，凭着我们自己所处的位置推断遥远的下方一定有一个下游，而上方一定有一个上游。区别在于河流的下游我们可以跋涉而至，但明天却不能够亲历亲证。人类的这种处境昭示我们，无论长期性还是短期性都是关于此世的，它们并没有截然的区别。并不存在一种脱离当下此世的长期性。如此一来，就产生了另一个问题：行为的长期性和短期性的区别是怎样出现的？答案是人类大概是从行为和它的可重复性中产生短期和长期的概念。短期性就是行为的不可重复或可重复度低的意思，而长期性则可以还原为当下行为及其高可重复性。凡是不可重复的行为就是短期行为，而可以重复的行为就是长期的行为。长期和短期的分界线不是物理世界的时间，而是它们的可重复性。

/ 起 源 /

对起源话语权的争夺是文化学术史的常见现象。为什么人们乐此不疲地构筑一种起源的话语，而反对另一种起源的话语？因为起源是构造秩序的起点。秩序是有排他性的。一种秩序的存在意味着凡是与它相反的秩序不能存在。虽然人们常常不清楚秩序的存在是什么，但人们从它反对的事物中可以悟出它的存在是什么。秩序从与它反对的事物做斗争中生长。这第一场斗争就是关于起源的斗争。除非人类可以不在秩序中生活，否则捍卫某种起源的话语与反对某种起源的话语的斗争就不能停息。起源话语的背后总是存在社会难以言表的"隐痛"。因为它总是意味着比单纯寻找真相更多一点的东西。例如，华夏古文明的起源是本土的，还是外来的？前面一个结论似乎隐含了当代民族主义意识形态的引申含义；而后面一个结论似乎隐含了关于中华文明某些悲观性的看法，不无西方附庸之嫌。

/ 解昧 /

解昧与神秘其实是真正的孪生兄弟。解昧的执着导致神秘的结论；神秘的向往催生了解昧的欲求。反过来，去除神秘的执念，也就不会有解昧的渴求。因此，可以把自然定义为神秘与解昧两极之间的中间状态。自然就是既不执着于解昧，也不向往神秘。科学就是解昧。人类的解昧在不停地推进已知的边界，如同一个扩张中的帝国，但有趣的是，随着已知边界的扩张，未知的边界也同步扩张。因为未知不是一个定量，而是一个变量。它随水涨而船高。这一点是神秘的，科学必须在这里打住。解昧只能说明关于对象的一些规则，但永远不能说明何以是这些规则而不是那些规则。世界最终是神秘的，它像藏宝洞里的珍宝，科学是通往它的道路。人类追求解昧，一路披荆斩棘，他们明白了如何通往藏宝洞，但那最后的宝藏是看不见的。自然论者可能预见到解昧与神秘的悖论，他们的结论是既放弃解昧的努力，也放弃神秘的观念。

/ 未 来 /

未来是一个神秘的谜。它不可知，但可猜。猜谜的方法有两种：神话启示的方法；历史追问的方法。两种方法都是要破未来这个谜。留着谜不破，则人生、社会无法安顿，因为人不能茫然面对未来，而未来又属全然无法理性地知晓。因此，声称未来是这样或那样的，就是一种选择。神话启示实质上就是一种对未来的声称，它靠信仰来维持它的权威性。

而历史追问则是通过掌握关于过去的知识来推测未来，它靠握有过去的知识来维持它的权威性。至于所谓的"过去的知识"到底有多少可靠性，那就要看这种知识在社会里教育的成功程度。如果它的教育很成功，哪怕它实质上只是猜谜，但也会被看成是真理一样。如果某种特定的"过去的知识"被另外的知识体系瓦解，那所危害到的就不仅是那种知识的权威性，而且连带损害与该知识相联系的社会制度。

/ 书 面 语 /

语言（书面语言）创造了历史，没有语言就没有历史。设想一下，如果我们没有语言，那我们只能运用原始的声音信号表达当下的经验和感受。这就是说任何表达都不能离开此在的此情此景。尽管我们有记忆，但是记忆却不能经由语言表达转化为不同时代的人可以分享的共同经验。个人经验在没有语言的情况下只能不脱离当下情景相互分享。比方说，亲代积累下的经验，两三代之后，消失于无有，因为经验借寄的当下情景已经消失，后代不复知晓前代所经历过的事情。语言创造了一个虚拟的仓库，让每一代人将自己的经验、思考赋形成物，安放在这个虚拟仓库之中。后人经由掌握的语言，就可以巡阅这个虚拟仓库，取其所需，为己所用。人类借助语言的魔力，跨越了已死世代和在生世代的障碍；不同的世代之间通过语言架起了沟通的桥梁。语言就像一条无限延伸的轨道，由现在通往无穷的过去。

语言是怎样实现不同世代的沟通的呢？亲历的经验通过记忆而存在，而语言的产生使得"语言记忆"成为可能，它能够脱离具体的生命而存在。活着的人一方面将自己的经验和思考融会到这个具有无限容量的"语言记忆"之中；另一方面经过语文的训练让新生代恢复"语言记忆"。而恢复"语言记忆"的训练过程就是建立与先代联系的过程，也就是历史的建立过程。

语言创造出来的历史是一部虚拟的历史，靠着这部虚拟的历史，人类也就有了根。书面语言的出现虽然晚于口语，但是却是语言成熟的标志。考古学家把记录书面语的文字的出现看作文明的曙光，定为人类史前时期和历史时期的分界线。这是很有道理的。仔细想一想，所谓史前时期，不就是没有历史的时代的意思吗？

/ 灾 变 /

假如恐龙不在七千万年前灭绝，哺乳动物则永无进化的生机，人类则更无从出现于地球；假如森林没有自燃的山火，原始森林的树种就不会有这么多样和均匀的分布；假如社会没有揭竿而起的革命，统治者则高枕无忧，传诸万代。自然界和社会的灾变对蒙受者来说是灭顶之灾，对潜在的后继者来说，则是福从天降。在一个竞争的世界上，稳定的秩序意味着某些物种或某些人获得优于别的物种或另外一些人的生存机会。秩序内部的力量通常倾向于维持这种生存机会，而获得优越的生存机会的物种或人群就构成弱小者生存发展的障碍。弱小者在秩序内部不可能取得打破障碍的机会，灾变却提供了这样的机缘。灾变是大自然创造的清道夫，扫清自然演化路上的障碍物，把生机让与后继者。灾变是大自然的审判。这审判本身无所谓善恶。被审判者不是因为它有罪，而是因为审判就是大自然与生俱来的一部分。无论如何，审判的结果却是使得各物种或社会群体的生存机会更加平等。

/ 偶 然 性 /

必然性涉及的是单一事件（a single event），而偶然性涉及多个事件（events）的同时发生。前者如生物个体的死亡、日升日落等。在无数经验的基础上，人们可以大致预言单一事件的未来前景。事件的单一性是它可以预言的前提。在这个意义上，必然与偶然无涉。因为偶然性一定涉及多个事件的同时发生。比如，陨石坠落地球与恐龙灭绝，张三与李四的婚姻、病毒入侵与生物个体死亡等，一定是多个事件在共同的场合下发生，激发成一个不可测度的变局。偶然性或者说机缘的神秘就在于不同的事件与此时此地的共同汇合。何以汇合于此时此地呢？理性死死纠缠，要获得答案，因为它贪婪，它试图掌握未来。但理性有时是徒劳的。多个事件同时发生之后，我们才知道它们是与彼时彼地会合，但在发生之前，所谓同时是根本不存在的，理性如何料想不存在的事呢？小行星在太空漫游，根本就没有预定轨道，临近地球，受吸引力所致，坠落地面，引发恐龙灭绝的灾难。恐龙和那颗漫游的小行星，根本就不相干。婚姻亦是如此。理性如何对付此类茫无头绪的未来事件呢？只好以机缘相称，以运气名状。偶然是自然界的重要变数，它是自然创造新生机的途径。它像人类的自由意志一样可贵。假如自然界没有机缘，假如那颗陨星不在七千万年前坠落地球，人类今天尚是匍匐战栗在暴龙的凶光下的小型哺乳动物。

/ 消 极 /

"是以不争，故世莫能与之争"的精义在于跳出对手设定的圈外，使务求取胜的对手无所胜而落入堂吉诃德与虚空的风车搏斗的境地。它是一种消极的策略，但不等于退缩。因为如果是退缩的策略，无论退缩到什么地步，退缩者仍然在对手的圈内。道家的消极则是跳出五行同归大化，对手莫知消极者的踪迹。道家的消极依靠放弃来赢得属于自己的时间和空间，退而求发展自己认同的事业和价值。近代政治中的不参与策略同道家的消极策略近似。不参与是既不表赞同，也不表反对。它只是一种对流行价值的疏离，通过对流行价值的放弃而使自己获得自由。因为自由不一定是通过斗争从对手的压迫中得来的，自由有时候是自己发展出来的。斗争可能获得积极的自由，而疏离则可能获得消极的自由。道家的消极策略就是获得后一种自由的策略。

/ 当 下 /

如果当下可以定义为与过去和未来都没有关系的此刻现在的话，那对当下的领悟和执着，必然导致激进的反叛。既反叛过去，也反叛未来。因为过去是沟通现在和未来的桥梁，过去甚至是由现在通往未来的唯一通道。过去的经验像光，照亮了我们由当下此刻出发通向未知未来的路。虽然未来不是一个定数，过去的经验也不能指出固定的方向，但光可以照亮四周。我们可以借助光所能照亮的一切而做出决定，选择一个愿意走去的方向。所以，过去不是一个背上的包袱，而是生活隧道中的照明灯。正是在这种意义上，任何文化传统，都不会强调当下此刻的重要性。人们需要在过去、现在、未来的链条中寻找生活的价值。当人们着意拈出当下，作为领悟和执着的对象的时候，它必然要拆毁那座桥梁。过去的桥梁轰然倒塌，未来也就没有了存在的价值。反叛过去，反叛未来是拥抱当下此刻的要件。或者反过来说，认同和执着当下此刻的起点，就是拒绝过去，反叛未来。禅宗就是这样一种激进的意识形态。此在和自我结成姻缘，经营当下的王国。这个王国没有祖师，没有传统，没有戒律，甚至也没有文字，没有语言，一切凭借自我的声称。当有过去和未来可供反叛的时候，这个王国是炫目的。可是反叛过后，这个当下的王国就变成自我的废墟。就像高行健话剧《八月雪》一个场面象征的那样，六祖慧能烧了传承自祖师的袈裟，可他的门徒还烧什么呢？

/ 激 情 /

激情和理性存在一个明显的分别：激情是正在进行时态的，而理性是融合过去时态、现在时态和将来时态的。所谓激情是正在进行时态，意思是激情只面对一个当下情景，既不管过去，也不管将来。激情只关心它自己和它的对象，此外概不负责。激情诱惑你：你是生活在现在的，你存在的意义就是把握住此刻。除此之外，你什么都不是。你的过去消失了，变成了记忆，而你的将来只是一个幻象。因为将来不是某一处你可以生活的地方，它是永远的梦境。激情所以能够支配人的行为，是因为激情说服了人们忘记了过去，抛弃了过去。激情也征服了人心。与其等待将来，不如陶醉于现在。然而，理性则不仅仅关心当下的情景，理性还面对过去、现在和未来。理性把时间过程看成是一个整体。它提醒你，你从过去走进现在，还要从现在走进未来。理性告诉你，当你不顾一切执意要燃烧起当下之火，为那个可怜的自我取暖的时候，当下之火是不受控制的，它会蔓延，不但烧毁你的过去，也会烧毁你的未来，直到毁灭你的一切。理性要让你记住过去，超越现在，等待未来。

/ 记 忆 /

现在与未来的连接点是记忆。记忆并不仅仅意味着记住过去，更重要的是通过记住过去认识未来。现在和未来通过记忆连接起来。既然已经是经验，经验在当下的使命就算已经完成了，但还是要在大脑皮层留下记忆，这并不纯粹为了留下一个已经过去的事件，好让我们在无聊的时候重温它，而是要让一个已经完成的经验与新出现的事件进行对照、比勘，进而认识这个新出现的事件。就像见过一个人，记住了他的相貌，多少年以后的某一天，这个人重又出现在我们的面前，凭着记忆，认出他来，交往便可以进行下去。如果记忆是一张白纸，未来也肯定是一张白纸。没有记忆就意味着没有未来。同样的道理，历史和传统是由现在通往未来的桥梁。拆毁这座桥梁，未来便是眼前的一团混沌、一个遥不可及的模糊的存在；拆毁这座桥梁，人们便生活在现世的疯狂之中。

/ 思 想 /

思想（thinking）是有毒的。它的毒素不在于思想的结果被使用于不道德的事情。例如，技术发明用于战争。那是由于人性的邪恶，邪恶借助了不属于邪恶的力量。思想的毒在于它本质上是一种窥探，窥探不属于人的世界而属于造物的世界的神秘。就像一个人窥探他人的隐私，他人的隐私是不属于窥探者的。在人的社会，窥视是不道德的。但是，窥探造物的神秘就是道德的吗？没有人在造物和人之上立法，于是就没有标准，没有答案，无人知晓。但思想天天都在窥探，每刻都不肯放弃。人求知的贪婪到底会把人带到何方？窥探他人隐私不道德的根据当然是侵犯了别人的权利，可是这不是关于这个问题最后的解。窥探的不合理不在于它侵犯了他人的权利，而在于窥探最终伤害的是窥探者本人。因为窥探让窥探者走上寻求无穷隐秘的不归之路，它没有尽头。没有尽头的路对心灵是莫大的污染，因为心灵的纯洁产生于知道并且服从禁忌。心灵知道有某些地方它是不能去的,并且愿意不去,于是,它明白自己的极限,禁忌保护了心灵不受污染。可是,窥探天然地蔑视所有的禁忌,因为如果窥探不蔑视禁忌,它就不是窥探。思想不蔑视成规,它就不是思想。窥探污染了窥探者,思想污染了思想者,这是可以预见的结果。夏娃受了蛇的诱惑,吃了智慧果,被赶出了乐园。这则《圣经·旧约》的神话把逾越成规的悲剧表现得令人震撼。其实邪恶和惩罚都是人自身招来的,宗教出于救赎,编排出蛇的角色和上帝的角色,这是可以理解的。苏格拉底之死,固然出于雅典公民大会的判决,但他拒绝流放,又不肯逃狱。这位旷世的哲人何尝不是自愿选择了死路。私心推测,他选择死亡的内心深处是否意识到了"思想之罪"的呢?或者有此可能,我们不得而知。阿里斯托芬说,雅典的衰落是因为雅典人试图让自己更聪明(trying to be too clever)。这是很有见地的。思想能力是造物埋在人身上的定时炸弹,人有这种能力是造物预备让他们毁灭。因为如果不是这样,为什么造物赋予人无尽的窥探的欲望和能力?

/ 一元论 /

一元论的魅力和局限也许不能在一元论世界观本身去寻找。一元论和多元论一样,在可以预见的将来只能是一种关于世界的信念而不是实证的知识。但是一元论的魅力和合理在于它在个人生活领域创造澄明和彻底的"生活的世界"。我们周围的世界是多元的,但我们自己却未必需要像多元世界所暗示的那样去生活。世界上有很多神,但崇拜很多神的人生活会幸福吗?我想不会,崇拜很多神的人如果不是不信者,就是机会主义者。多样的信念出现在个人生活里是可笑的和虚伪的,就像多妻制或多夫制是可笑的和虚伪的一样。合理的个人生活应当是简单、澄明和彻底的生活,因为它符合我们是有限生物的天性。一元论的魅力就在于它支持这种关于生活的信念,一元论让我们找到个人"生活的世界"的最可靠的认同并且维持这种认同。然而周围的世界是多元的。从个人生活领域跨进社会,必须放弃一元论,至少是理性地同情这个实际上已经是多元的世界。所以,多元论或相对主义价值观的合理性是在公共生活领域,而不是在个人生活领域。

/ 死 亡 /

死亡是一个神秘的安排。它的作用在于给尚存的生物个体留出进化的机会。死亡是进化道上的清道夫。生物生存的环境是一个有时间秩序的在不停变化中的环境,随之而来的后起的适应意味着对先前已经适应的否定。这个否定是通过生物在世代间的更替实现的。例如,一种后起的觅食技能一定更能适应已经变化了的环境,但老迈的生物个体学会并运用这种觅食技能的可能性一定比初出茅庐的晚辈困难得多。人类的社会也有这种例子,一种新的语言表达方式常常出于年轻人的口,可是老辈却认为其污染了语言。显然老一辈的适应能力不及后起的一辈。倘若没有死亡,年轻一辈便没有机会发展已经适应变化了的环境的技能。死亡与环境本质上是变化的密切相关。一个没有死亡的世界只有在一个没有时间的世界里才是可以想象的。造物给宇宙打开时间的闸门,生物以个体的死亡为代价努力适应在奔腾的洪流中颠簸着的生存。死亡对物种的意义就是出让机会,死去的把机会让给尚存的。中国的古人很有智慧。古语有云:"老而不死是为贼。"贼就是偷窃属于别人东西的人。对物种的延续来说,机会也是东西。老而不死就等于剥夺了后来者的机会,窃取属于别人的东西。老而不死者被称为贼,实在是最合适不过了。

不过，偷窃行为涉及的别人，并不是那个等待的后来者，而是物种的存在本身。

既然死亡有如此进化意义，为什么它又如此悖逆个体的意志呢？生物个体的本性没有不拒斥死亡的，贪生怕死总是个体的本性。能不能设想个体在适当的时候从容放弃生存的情况？答案是否定的。理由有两个。第一，必然律进入生物个体意味着没有自由。个体是贪生怕死的，它才是自由的。因为它怕死，它至少有两个选择，可以选择生，也可以选择死。如果它的本性是从容就死，那就是没有选择了。自由意味着前景的多样性，造就个体前景的多样性的条件之一，无疑是本性的贪生怕死。第二，如果个体能够在适当时机出让生存的机会而又不违本性，那就是说进化是有方向和目的的。因为必须存在一个物种之上的意志才能实现生死更替的如此良好的秩序安排。一旦如此，便意味着进化循着一个方向，有一个目的。然而自然造化并非如此。拒斥死亡其实是体现在个体生命中进化的随机性的一种表现，也是演化随机性的一个证明。

/ 慈 爱 /

慈爱的内心是不是必然要求一个慈爱的结果？只有慈爱的内心而没有慈爱的结果的行为还有没有道德意义？契诃夫笔下的受苦受难的孩子一定是有慈爱的内心的，可是他的乡下爷爷不可能收到他的信。如果乡下爷爷是牵挂他的话，他写信是不是就没有意义了呢？克尔恺郭尔描述一位虔诚的女人把积攒下来不多的钱要捐给教堂，可是路上被一个骗子骗了，可怜的她并不知道。当她把空空如也的钱囊虔诚地投进箱子里的时候，她的行为还有善良的含义吗？对她来说，肯定是有的；对教堂却是没有。就像教堂收到许多富翁仅仅出于对来生恐惧的捐赠，对教堂来说是有意义的；对神来说却是没有意义的。慈爱的内心和慈爱的结果的复杂关系来源于私人生活和公众生活的根本不同。它们是两个不同的生活领域。因此，慈爱的内心和慈爱的结果在不同的生活领域就有不同的关系。在私人生活的领域，慈爱的内心与慈爱的对象是一致的、重合的，因此慈爱的内心就是一切。但公众生活领域就不一定这样了。慈爱的内心与慈爱的对象是分离的，人们只关心慈爱是不是带来好结果，而不关心是不是出于善良的愿望。因为善良的愿望在公众生活的领域是不可知的，也是不确定的。或者说善良的愿望是高度不可识别的。可是，在私人生活的领域里，一个只给你带来福利而不爱你的人或你给她带来福利而不爱她，都是你生活的地狱。私人生活只问有无慈爱的内心。

/ 神 秘 /

关于经验的神秘主义和关于存在的神秘主义是不同的，虽然两者都是非理性的。关于经验的神秘主义总是将不可解释的现象与肉身联系在一起。如果不可解释的现象是一个变量，那么经验的神秘主义就是关于这个变量与肉身的关系。经验神秘主义关注肉身的自我体验，力图经由自我的体验去穿透永恒的迷宫。但这个迷宫是不可穿透的，于是神秘就停留在肉身的范围。例如，关于气功、房中术、服食、辟谷等神秘操作，它们无一不是最终落实到肉身的延续乃至于不朽上。而关于存在的神秘主义是将存在之所以为存在归结为一个超验的某物，将它称为神。存在之所以会成为一个问题是因为认识能力的局限，如果能够穷尽未识之物，如果能有无限的权能，则人不可能匍匐在神之下。人能够解说现象；但不能解说现象之所以为现象；人能说世界是这样的，但不能说世界为什么是这样的；人有能力做他想做的事，但不能要他想要的东西。关于存在的神秘主义关注的是身外的世界，自我试图经由认识和实践去穿越存在的迷宫，但这个迷宫同样不可穿越，于是神秘就驻留在遥远的彼岸。心理学的解释是把恐惧看作神秘的来源，如果神秘是起源于恐惧的话，那存在的神秘主义就是对于存在的不可穷尽性的恐惧，而经验的神秘主义是对于肉身最终消失的恐惧。

/ 原 教 旨 /

思想有两种演变方式。一是"原教旨"的方式，另一是"修正"的方式。其实任何思想传统，不可能原封不动地传承。因此无论原教旨，还是修正，更多的是一种姿态，对待开山祖师思想的姿态。原教旨重视的是先在思想形式。例如它的基本框架、概念、仪式等，均要维持不变，由后人守住它们然后再阐述。每一后起的阐述看起来都是对先在思想的回归。原教旨的思想运动就是一个永无停息的对先在思想的回归运动。它的意义不在于表达原来的思想，而在于回归本身。因为思想的回归运动同样可以是思想的发展。回归原点并不等于原封不动，它只是认可先在的思想形式、先在的思想前提是一个今后永恒的出发点，不背叛这个出发点同样可以走到任何地方。先在思想就像一个永恒的圆心，不同的时代现实造就了与它不同的半径距离，但任何距离的后起思想阐述同样可以是面向圆心的思想回归。

与原教旨的方式不同，修正重视的是先在思想的精神。它认定先在思想有一基本不变的精神。只要认可这个基本不变的精神，其余的部分则是后人可以加以发展的，就是说后起阐述对先在思想有部分的所有权，而原教旨方式从来都不屑于去取得这所有权。由于修正的方式认可后起阐述对先在思想的部分所有权，它常常导致后起阐述的大胆妄为。就像一个自称孝子的人，由于老太爷过世，他取得了财产的所有权，于是他大肆挥霍。虽然这位自称孝子的人做得太过分，但财产是他的，别人也只好袖手旁观。不久他就会把家产挥霍光了。修正的方式最后的结局总是变本忘原，让老祖宗面目全非。

佛陀圆寂后，小乘里面分出上座部与大众部。相对于大众部，上座部就是奉行"原教旨主义"的，而大众部则是"修正主义"。后来，大众部再分化出大乘佛教，大乘相对于小乘就是"修正主义"。而在中国中古演化出来的禅宗，又是相对于大乘的"修正主义"。基督教里的天主教与新教，很明显天主教是倾向于"原教旨主义"的，而新教则是"修正主义"。但是奇怪的是在中国的思想史上，不存在原教旨方式的思想运动。

/ 中 庸 /

中道按太极图所示是对立力量之间均衡的表达，引申为最高妙，因而也是最合理的理想状态。为政、做人、处世当追求中道的理想。儒家极高明而道中庸的说法，其实应该反过来解：道中庸才算极高明。但在评估中庸的哲理的时候似乎应该分清事实的另一面：系统的均衡经常不是人为操控能够达到的。除了人类能够操控的机械系统之外，大部分的系统均衡不论是自然的还是社会的，是重复博弈的结果而不是人为操控的结果。就是说，中道的理想绝大部分是人事努力以外的事情。中道本关天意，非人所能为也。委之于天，名之曰神，是一个更聪明的做法。树立中道的理想，强人所不能的事情而为之，变博弈为操控，中道的思想就不是对自然或社会事实的理解，而是谋求操控系统的人类想象。例如，中道的思想不能在自然或社会的科学研究上发扬光大，却只能落实为玩弄权术的哲理基础。历朝历代视之玄妙无穷，因为好玩弄权术的人，必欲将对手纳入自己设的局中，这是制胜的必备法门。这个局可以说是一个可以操控的系统，均衡就是玩局于股掌之中。所以中道的思想看似符合事物的本来面目，但实在成就的，不是事物原理的发现和探索，而是一统江山之下玩弄权术的政客人生哲学的基础。

/ 救 赎 /

佛教有心魔的说法。心魔从欲望而来。欲望不能消除，心魔就随生而有，于是救赎便是一个合理的解决办法。救赎的途径千千万万，总括起来则不出以下三途：一是信仰的救赎，二是献身的救赎，三是世俗的救赎。信仰的救赎也可以看成是献身之一种。例如虔诚的信徒经常说把自己献给所信仰的神，但是有许多其他献身的救赎却是与宗教无关的。宗教式的救赎强调因信得救，信仰神在得救之中扮演了至关重要的角色，所以应当单独立一类。献身（devotion）亦是一种救赎，这就是弗洛伊德说的升华。献身于什么，却可以有多种选择。献身于社会运动，献身于艺术、文学，献身于科学研究等，其实都是一种对自己的救赎。这两种救赎的根本特征在于意志坚定，以坚定的意志带动一项事业来获得救赎。因此，个人是否获得救赎后的心灵平静，很大程度上取决于主观的因素。就是说意志的坚定与执着是成败的关键，救赎在于自己那种由己不由人的修炼功夫。信仰或献身的救赎是毕生的自我奋斗，敌人就是在那个皮囊包裹住的自我，自我征服的艰难和所需要的毅力及坚持可想而知。如此救赎的长处在于自我掌握，短处在于既是凡胎便成不了圣人。世俗的救赎恰好与此相反，它毫不费力却取决于机缘。比如圆满的婚姻、此生不渝的友情、无意得之的财运、天赐的健康等，就是最好的世俗救赎，沉浸在幸福感之中的人是不会有心魔的，而最能够造就幸福的就是这些世俗的幸运。然而世俗的救赎是不能自我掌握的，运气主宰了世俗的自我救赎。

/ 凯　旋 /

在封建时代，人民是需要凯旋仪式的，而统治者只需要凯旋。但统治者发明了凯旋的仪式，让人民也分享胜利的荣耀。被创造出来的凯旋仪式就是这样遮盖了统治者与被统治者的地位差异，在胜利的荣耀气氛中，统治者让被统治者觉得凯旋是我们大家的凯旋，每人都有份的凯旋。但是，实际上凯旋只属于统治者，因为他们占据了凯旋带来的物质实利，被统治者只能在凯旋的仪式中分享到凯旋的幻觉。既然没有实际利益，如果再没有幻觉来充实生活，那人民在异邦人面前岂不是抬不起头了吗？

/ 自 由 /

自由除了可以理解为一种价值，也可以是一切价值的前提。价值是我们做某事或不做某事时的选择根据。人们的选择总是多样的并且是相互冲突的，自由则是做这种选择时的权利。自由在其他一切价值面前具有优先性。因为是自由说明和产生了一切价值选择的理由。没有自由，他人的价值就可以堂而皇之、光明正大地凌驾在我的价值之上；没有自由，奴役他人就是符合道德的。为了不给奴役以正当的理由，我们必须认为人是自由的。没有自由，其他一切价值都是虚伪的。因为它在为奴役敞开登堂入室的大门。在满足自由这个前提下，每一个人都有理由最大限度去实现他选择的价值，都有理由去过他认为满意的生活。自由的真义不是捍卫、争取和实施一切价值中的最善者,也不是颠覆、反抗和埋葬一切价值中的最恶者,而是为人类一切可能的价值选择奠定一个符合人性的基础。这个一切价值选择的人性基础我们称为自由。关于自由的学说也就是关于权利的学说。一个自由的人,或者说一个有选择权利的人,他可以选择任何他愿意的选择的价值,也可以选择在别人的任何选择面前沉默。比如他可以皈依任何他愿意皈依的宗教,也可以不皈依别人皈依的任何宗教。在价值选择面前,自由与其说是一个内容的规定,不如说是一个形式的规定。

/ 思 想 者 /

思想者有两种类型:有人思考秩序,如孟德斯鸠、洛克、康德甚至马基亚维利都可以归入这一类;有人思考怨恨,如卢梭、福柯就属于这一类。我们很难断定此一类比彼一类更伟大,或此一类比彼一类更渺小。就像人类需要秩序一样,人类也不可能没有怨恨。渴望秩序的思想者会思考秩序,感受和体验到怨恨的思想者也一定思考怨恨。秩序和怨恨都可能成为思想的摇篮,成为思想的发源地。对秩序、宁静的爱好引发了追根究底的关于自然、社会和思想本身的秩序的思考,而滔滔不绝的怨恨哺育了对权力、既定秩序的反诘与批判。当社会已经存在一个平稳的基本秩序的时候,思考秩序的思想者头上的光环就消退了,因为现实中已经存在的东西人们就不觉得它是珍贵的了。相反,思考怨恨却在任何社会时期都很流行,除非当道者封杀。因为怨恨无处不在。没有秩序的年代固然众生苦难,已经获得秩序的年代也不见得怨恨烟消。秩序带来的福利不可能均享。弱势者总是显现为不幸者的形象,于是,怨恨就成为思考怨恨的摇篮。

/ 经 验 /

经验有两种基本类型,即出发与回归。两部荷马史诗的名字刚好可以借用来象征人生的这两种经验类型。《伊利亚特》表示出发、离开,向着未知的前方冒险和征服;《奥德塞》则象征着朝向终极之地的永恒回归。人呱呱落地,离开母体,就是生命的第一次出征。从此以后,前路茫茫,只有未知和诱惑等待你去探寻和征服。第一次的出征是被抛弃的,也是无可选择的。此后的出征就不是无可选择的。人们主动选择离开原本的家园，走向不属于家园的前方。它是人对周围的世界行使主动权的结果，而主动权的行使则是由于诱惑的作用。所有出发类型的人生经验都是与诱惑密切相关的，如探险、掠夺、征服、恋爱、旅游、科学研究、技术创新等等。这种经验类型的背后只用两个字就能够概括：欲望。欲望的所指构成了一个在前方的图景，驱使人们离开原先所在的地方，透过出发的行为达到在前方的那图景，把图景纳入属于自己的领地。欲望是无穷尽的，诱惑因此也是无穷尽的。每一次到达只能推动下一次的出发。无穷尽的出发编织成一个生命的旅程。和出发相反的经验类型就是回归。回归是对出发的放弃。因为出发的无休无止带来身体的劳累和精神的烦，而出发的目的地的无法最终确定导致精神的不宁和惶惑，于是精神就进一步追问出发本身的价值。对出发的怀疑导致对出发的放弃，而放弃出发就是回归。回归地通常是一个设定，比如说家园、故乡、母亲。家园可以是身体的，也可以是精神的。精神的家园通常就是天国、极乐世界或祖宗的栖息地。人文的创设，如宗教、哲学、文学，它们的本质是回归的，因为它们要发现身体和心灵可以永恒栖息的终极之地。终极之地不可能在前程未卜的出发中找到，它只能在回归的确凿无疑中被确定下来。出发是永无休止的一连串组合的行动，而回归则是目标清晰并且单一的单程旅行。对生命而言，出发是毕生的，回归也同样是毕生的。

/ 顺 从 /

除了顺从（conformity）神以外，顺从任何对象，它们都是一个经验上可以感知的存在物。例如：宠物的主人、马戏的驯兽师、儿女的父母、自己的上司、奴才的主子等，他们都不是虚无缥缈的。他们形象可见，声音可听，实实在在和被顺从者一起生活在这个世界上。唯独对神的顺从不同，神不是一个可以感知的存在物。顺从神，跪在它的面前，可是经验始终有一个疑问：它到底在哪儿呢？在西方的传统里，这个疑问是幼稚的。因为神不是可以感知的，神是超验的存在，它无处不在，无时不在，但又无形象可见，无声音可听，无实物可触。然而在东方的传统里，这个疑问是实在的，因为他们只有顺从可感知事物的经验，没有顺从超验事物的经验。哪怕迷信也不可以说是超验的，因为迷信所执着的神灵虽然不是经验的实物，但它却托身于某个实物而显现。一块奇石、一处古怪的树头、门槛、灶头、被鬼附身的身体等，都可以成为迷信的对象，更何况可以通神的巫师。迷信只能发展出惊异、恐惧的感情，而不能发展出一套宇宙秩序基础上的道德教诲（moral teaching under the universal order），就是因为迷信所顺从的对象不是超验的存在物。顺从是建立社会合作与秩序的基石，那么，顺从一个经验的事物与顺从一个非经验的存在物有什么不同？经验的事物都有确定的寿命，顺从它们只能在寿命的限度内维持权力和利益关系，一旦它们寿命终结，顺从经验事物形成的秩序就要瓦解。例如孩子顺从父母。父母的权力总是在孩子成长以后或他们自己身故后就结束了。但非经验的事物却没有寿命的时限，或者说它们的寿命是人类的寿命，即与人类同寿。所以，顺从非经验事物形成的权力关系具有永久维持的可能性。在人类的社会里，维持顺从经验事物而形成的权力关系都是用暂时的物质利益，例如，喂食、打赏、许诺、晋升之类；但维持顺从非经验事物形成的权力关系却是运用意识形态的信念，让处于秩序中的个人心悦诚服地接受自己所处的秩序的合理性。意识形态提供了一套可以跨越个体生命时限的对于秩序合理性的说明，而只有顺从非经验事物才能发展出这样一套意识形态的信念系统。

/ 信 仰 /

全知全能、独一无二的最高神的信仰是为了因应如下人类社会和人生的基本问题。第一，起源的解释（interpretation

of the origin)。在人类的智慧对宇宙、生命、智慧的起源能够给出科学的回答之前,神话式的解释是必不可少的,因为人类只有通过这种话语方式建构自己的尊严地位。解答起源疑惑的重要性不在于答案本身是不是真的,而在于它本身能否自圆其说。神话式的解答当然是自圆其说的。第二,社会秩序的顺从训练(the training of conformity)。个体在社会秩序中的顺从训练可以经由暴力压制、血缘感情劝诱等其他不同的方式达成,但信仰神的顺从训练却是最抽象、最没有个人色彩的顺从训练。它以理性的方式解决个人对社会和文化的内心顺从。第三,建立一套以个人责任为核心的道德教诲(moral teachings of individual responsibility)。社会的道德教诲可以以个人责任为核心,也可以以社会秩序为核心。但信仰神的道德教诲却一定以个人责任为核心。因为信仰不是身体的问题,而是灵魂的问题,每一个灵魂都是无可替代的。一神教的道德教诲一定面临单独的灵魂,灵魂的单独性导致了道德伦理的个人性(individualities)。第四,永生的许诺(the promise of life after death)。一神教处理死亡恐惧方式的独特性在于它把永生的许诺推到经验无法达到的彼岸世界,彼岸与经验一丝不沾。无论人性有多么贪婪,无论科学多么高度发展,死后进入的超验世界不存在一丝缝隙可以窥视,不存在任何经验的路径可以进入。于是,它的许诺也就是不可破解的永恒的许诺。

/ 三 角 阵 /

神（God）、先知（prophet）、牺牲者（martyr）构成一神信仰中稳定的三角关系。先知是神的代言者，神的声音只有通过先知才传达出来。神如果直接出来说话就不符合神的本性。因为神是神秘的，它不可能直接现身说话；另外，神是全知全能的，它直接说话说错了就没有转圜的余地。最高的在者只能通过代言人才能传达它的声音，先知是神和信众之间的桥梁。先知把神的意旨发布给信众，信众凭借先知的代言明白神的声音，领会神的教诲。神的全知全能和最高者的地位体现在两个地方。第一，它有信使，即先知。它通过先知预言这个世界，信众通过先知感知神的存在和威严。第二，神需要牺牲，信教者为信仰的献身被看成是对神的献祭。在这个世界上，除了神任何别人不可以要求有牺牲，神的至高无上的地位是被牺牲定义的。因此，神和信众的关系其实可以简化成享受献祭和献祭品的关系。神有这种别人不可以有的特别资格是因为神把永生和至福许诺给了信众。信众通过殉教行为证实神的存在和威严，信众在尘世所做的一切，其意义在于牺牲。即是说，信众从一切为了牺牲，一切为了献身中领悟生存的意义。在历史上，先知和牺牲者的界限并不是很清楚的。耶稣原来只是类似先知的角色，传神的福音，但他被犹大出卖,不经意之间做了殉教者。后来的神学解释只是把耶稣视为牺牲者。他"复活"之后把圣灵带给使徒,似乎也还保持了先知的角色。在宗教实践中,牺牲者的地位并不见得在先知的地位之下。如果说先知代表的是形而上学的宗教教诲,牺牲者代表就是尘世的宗教实践。殉教行为印证了教诲的意义,保持了教诲的生命力。正是因为这样,耶稣的血即殉教者的血至今在宗教仪式中还有特别的地位。然而,教诲却像乳汁哺育了一代又一代的牺牲者。

/ 秩 序 /

相信秩序是创生的,还是相信秩序是自然演化的,这两种信念存在一个很大的差别。前者是神秘的,是理性不可穷尽的,因此也是必须顺从的;后者是明晰的,是智慧可以领悟的,因此也是可以反驳的。一神教代表前者,循环论世界观代表后者。一个既然是创生的秩序在道德律的衡量之下,必然出现违背创生神意的异常。例如好人不得好报,坏人寿终正寝之类,但一神教反对这种因现世的乖谬而怀疑神意的善,不过违背神意的乖谬又分明存在。人的理性不可能对此获得圆满的解释。于是，必然归因于神创生的秩序是神秘的，它究极不可思议（inscrutable），也没有踪迹可寻（untraceable），并且也是不可反驳的。而演化的秩序和创生的秩序一样，也可能存在乖谬的地方，但如果我们是循环论者，问题就容易解决：把乖谬归因于违背自然，或者违背天道，而且演化的秩序在下一轮的循环中必将扫除这种不自然的乖谬。

/ 欲望 /

欲望（desire）有三种类型。欲求占有（desire to own）。举凡世界上一切有形与无形的东西，欲望都想把它们抓在手中，就像法老抓住他的权杖，巫师抓住他的法器一样。有形之物如土地、房屋、珍宝、金钱、女人，无形之物如权力、声望、名誉、不朽，都是欲望要征服的对象。欲望是天生的征服者，终生为此劳碌奔波直至撒手人寰。欲求知晓（desire to know），这是欲望的另一个本性——窥探的癖好。万物在人的面前罩上一层半遮半透的神秘面纱，欲望要揭去这层面纱，它要看一个究竟。这是一场和造物的斗争。毫无疑问，万物的秘密是属于万物的制造者的，这个制造者肯定不是人，可是欲望却要把它夺过来据为己有。欲望是天生的窥探狂，它要知道一切它所不知道的；它要窥探一切它能够窥探的。包括它可以窥探的和不应该窥探的，统统都在欲求知晓的目标范围之内。欲求创造（desire to invent），和欲求知晓一样，欲求创造也是灵长类动物的天性。欲望天生不安分，它要在大地上施行它的种种创造，表现和展示它的才华。例如，身体的创造有舞蹈、歌唱、仪式；借助其他媒介的创造有文学、美术、音乐；摆弄工具的创造有种种科技的发明。这些人类的创造形式多样，似乎各不相干，其实本质上都是一种自我的表现或者说是炫耀，向自然的表现和向同类的炫耀。征服的欲望、窥探的欲望和创造的欲望构成了欲望的三副面孔。三副面孔各有不同，可是都通往同一个东西，这就是追求满足。欲望一定要用满足来弭平它。或者征服了，或者窥探了，或者创造了，都可以缓和欲望的焦虑。

/ 文 本 /

文本的独立自足是什么意思？是文本和它流传的语境没有关系的意思吗？显然不是。文本的独立自足只能是指文本意图借以表达的语言及修辞的不变性。除非我们不能理解它的语言及修辞特征了，否则，一千年以前的文本流传到现在，它还是一千年以前的文本。如果我们只是在语言和修辞的意义理解它，那么，文本的意义是固定的。文本没有固定意义的说法是站不住脚的。文本的意义并不是一个空的书架子，可以随便往里面填充意义，应该问的问题是什么意义。如果是语言及修辞的意义，那么其意义是固定的、自足的、不变的。如果是语境中的意义，那么每一时代对它都有独自的解释，文本在语境中的意义是随解释而变化的。因为语境包含了读者对文本的提问，这种提问往往不是语言和修辞的提问，而是夹杂了读者的疑虑、猜测和现世用心而铸造出来的。疑虑、猜测和现世用心的背后是人们的欲望和感情。对文本解释的基本推动力量就是这些疑虑、猜测和现世用心。比如，经文说神在第三天创造了植物。到了阿奎那的时代，就发生了为什么在第三天而不是第二天或第四天创造植物的疑问，以及神为什么要创造植物的疑问。显然在经文产生的时代，读者并没有此类疑问。那时代经文的全部意义就是它的语言及修辞意义。可是，时移世易，到了十二世纪，人们的理性增长，异教的挑战激烈，第三天创造植物的经文说法必须有一个更强烈的理性基础才能说服信众，才能回击异教的挑战。于是阿奎那站出来解释经文。他用秩序回答第一个疑问，用装饰回答第二个疑问。秩序和装饰的意思显然是不包含在经文的语言及修辞意义里的，但是秩序和装饰的解释却不违背经文而从经文里衍生出来。文本可以脱离语境而存在，不过它存在的只是语言及修辞的意义。文本不能脱离语境而存在，这不能脱离语境而存在的是解释的意义。解释的意义随时代而变化，但对文本的解释始终存在走火入魔的危险性。

/ 传 承 /

思想在同一个传统内传承与创新常常表现为对核心概念即关键语词的借用和赋予新的含义。借用不离传统，表现了传承的一面；赋予新意则跳出常规，表现了创新的朝气。比如，柏拉图为解决同一性的问题，用 form 与 matter 来思考。以为凡是物理世界的事物都是 form 与 matter 的结合，form 是一个类，而 matter 则是质料。Form 是不变的，而 matter 则随生随灭。一匹马就是马的 form 与马的肉身融合为一的存在。这匹马死了，它的 matter 没有了，但马的 form 并不因此消失。那么这 form 到底是什么呢？他说是 horse‒in‒itself。同样的道理，人的 form 就是 man‒in‒himself；猫的 form 就是 cat‒

in－itself，如是等等。柏拉图的关键语词 form or idea 是为了解决同一性问题的，他要论证的是事物是可以认识的。到了康德的时代，事物的可以认识与事物的不可穷尽成了两难。中世纪因为有神的设定，神的不可穷尽轻易就抹过了这难题，但康德生在启蒙时代，神的设定被排除出哲学，如何在神不在场的情况下为事物的不可穷尽留出空间呢？康德显然是想到了柏拉图，借用他对 form 的定义，创造 thing－in－itself 的概念。以为 thing－in－itself 本体自在，并非认识的对象，不可知晓；人所知的仅为现象。柏拉图的 horse－in－itself 是为了认识的可能性；而康德的 thing－in－itself 是为了阻挡认识的狂妄。但康德借用了同一类的语词，这是一个思想在传统中却富有创新的例子。

/ 奇 迹 /

日常经验与奇迹是完全不同的事情。日常经验每日都可以重复，诉诸日常的理性就可以分辨是否可靠。例如当归补血，我们可以从前辈的历练中得到印证，亦可以自己反复食用求诸验明实效；又如血浓于水，童年靠父母的养育，每日进出于家庭与社会之间,每日都有事情发生供我们评估自己与父母的关系同自己与他人的关系,可以在伦常亲情与他人关系之间检验它是否可靠。因为日常经验完全是由个人感官接触范围内发生的事情构成的,它操作的主动权掌握在经验者自己的手中。只要事情是在这个范围之内,个人就有能力不断地验明某些事情和说法的真伪。但是奇迹就完全脱出日常经验的常轨。试想一下魔术吧,它是一种人造的奇迹。魔术师把它奇迹的奇妙复制出来以供我们想象真的奇迹到底是什么。人造版的奇迹尚且如此奇妙,真的奇迹就不是我们的日常理性能够接近或达到的了。它有可能根本没有发生在我们有生之年,经验也就无从印证。奇迹是漫长的等待,与其说它是某种将要降临的事物,不如说它是由信心支撑着的等待本身。奇迹只能见证,而任何见证都只是宣称。宣称对于宣称者来说,虽然可以认为是亲历,但它依然缺乏日常经验的普遍性。因此奇迹与日常经验无关,而与信心(faith)关联密切。没有了信心,就没有了奇迹。宗教的基础是奇迹,例如,创世、复活、天使、永生、最后审判,没有一样是可以经验的,但也同样没有一样不是可以等待的。抛弃了奇迹,也就抛弃了宗教。信心铸造了奇迹,而对奇迹的等待考验着信仰者。人的生命和两样事情相关,一样是日常经验,另一样是信心。我们的生活可以只要一样而不要另一样,比如只要日常经验,但是这样的生活是残缺的。生活而没有信心,这是什么生活呢？只能是完全世俗的生活。信心甚至不属于生活，但它却可以塑造生活，至少让生活变得可以期待。

/ 思 想 史 /

在思想史上，命题如同一个人说话的能力。环境刺激使人说出他想说出的话。但如果他是一个哑巴，则无论怎样的刺激，他都说不出他应该说出的话。如果缺乏了思想命题，也就缺乏了命题涵盖的可能思想。比如，直到近代思想将它解构以前，我们可以把神看作是欧洲思想中很重要的理念，很多次一级的命题都是围绕着它而产生的。有了神，就有了秩序完美性的假设；而有了秩序完美性的假设，同时就存在如何解释邪恶存在的紧张。If there be a God, whence comes evil? 如何解释邪恶，这种焦虑是随神的设定而产生的。古代中国思想没有唯一神存在的设定，也就完全看不到思想中有解释邪恶的焦虑。因为邪恶的存在可以从经验获得验证，并不存在一定要通过形而上论证的必要性。形而上论证的必要性是命题本身派生的结果。命题使思想获得了说话的能力，它配合环境的刺激，就会滔滔不绝地说下去，不同时代的环境刺激使它说不同的话语，但不论说什么话，都逃脱不了说话能力所固定的范围，直到命题的消失或被解构为止。奥古斯丁把邪恶解释成对信仰的考验，信仰需要在邪恶的烈焰中经受锻炼。于是没有邪恶，也就不能显出信仰的坚贞。阿奎那把邪恶解释成本然性的缺陷，它来源于次一级的原因（second causes），与神（first cause）无关，于是秩序的完美并不排除邪恶的存在。亚当·斯密则为邪恶的存在找到一个更精妙的解释。他说，邪恶不值得有德性的人更多的关心，因为它通常是我们计较的眼光的结果。天意会让邪恶在一个相关的世界中自然达到增进幸福的结果。于是，关键不是根除邪恶，而是认识天意，培养冷静地观察和认识事物的眼光（indifferent perspective）。他的解释奠定了现代经济学的基石。奥古斯丁、阿奎那、亚当·斯密分别身处在公元四世纪、十二世纪、十七世纪，可是他们共同拥有如何解释邪恶的焦虑，这种焦虑导致了他们不同的理论阐述。可是，为什么拥有共同的焦虑呢？解释只能是他们拥有共同的基本思想命题。可见，思想的演变不仅能从社会环境的变化获得解释，命题也是一个思想路向的基本因素。它是思想的可能性，为具体的思想提供了形式框架。没有一定的命题，思想就不会是这个样子。

/ 外 衣 /

　　语言,特别是书面语言把思想编织成一件有形的外衣,思想者穿着这件外衣生活在世上,人们凭着外衣的面料、色彩和构图辨别其中的思想。一旦思想者离世,这件外衣也就被遗弃在世上。先人的思想也是遗物,和所有的文治武功一样,是遗留的物品,它们与创造它们的人永远失去了关联。借助语言文字而不朽与借助文治武功而不朽一样,是愚蠢的想法。有此念头的人分不清自身与穿在身上的外衣的区别,以为有编织出来的外衣遗留在人世上就是自身的不朽了。须知任何遗物都是随时间流逝而腐烂的,帝国会解体,宫殿会倒塌,语言编织而成的思想外衣也会腐朽。当这件织物的材料——语言文字——腐烂到无人辨识的时候,思想便归于无有。

·

/ 反 抗 /

　　反抗自然秩序扩张的力量来源于人们对已经形成的短期

利益的执着，因为自然秩序扩张所许诺的所有人的福利实际上是一个远比一代人的生命甚至数代人的生命还要长的社会演化过程。就像你拿到一张巨额支票，它的真实性是无可怀疑的，社会演化是它的担保人，但兑现的日子却是你的下一辈子。这张诱人的支票对你毫无意义。与其来生享福，不如在现世挣扎。理性抚慰欲望的能力是有限的，尽管理性知道自然秩序的扩张终将带来所有人的福利，但是人类欲望的当下解决的性质却倾向于把它的未来许诺当作一个悬置的空论。在历史上，反抗自然秩序扩张的挣扎无日无之，先是王公贵族维持垄断权力的努力，然后是僧侣阶层抵制商业的扩张，以及官僚士大夫沉醉于旧日的荣华，再就是边缘社群和阶级的悲剧性的反抗。所有这些历史上无论居于优势地位阶级还是居于劣势地位阶级的努力都可以称为挣扎，因为自然秩序终将是要扩张的，因为它不是系于一个人或一群人的意志。它只是众多意志博弈的后果，挣扎固然可以将博弈的钟摆推向另一边。可是无论怎样摆动，博弈的后果毕竟最接近垂直之处。从历史上看，人类是不可能知晓一个理性的目标之后再全力推进这个理性目标的，哪怕这个理性目标就是今天我们已经认识的自然秩序。自然秩序是演化出来的，文艺复兴时期的佛罗伦萨、热那亚、威尼斯是这样，都铎时期的英国是这样，今天的中国也是这样。它的演化包含了对它的反抗。准确地说，人类的史书分为两页，一页是自然秩序的扩张，另一页是反抗自然秩序的扩张。扩张和反扩张被包含在一部演化的历史之内。

/ 奇迹 /

人生有两种基本的经验方式：日常经验的方式和想象奇迹的经验方式。或者说人生面对两类疑惑：日常的疑惑和奇迹的疑惑。对日常的疑惑发展出经验主义的方式解决此类疑惑，而对奇迹的疑惑发展出宗教的方式解决此类疑惑。日常的世界有一个特点，它几乎每天都是如此的，昨天是这样，今天也还是这样，明天大概也不会有多少差别。日常经验以人的感官感觉能力的限度为范围，划出自己的领地。超出此领地的，或者存疑，或者不问。因为它超出了感觉能力的限度。比如来世，它既属超感官范围的事情，故属不可知，因而只能存而不问。日常经验的事情因为在感官的限度之内，所以它们都是可以重复的，可以求诸证实的。某种判断是否正确，某种知识是否可靠，某个方案是否可行，都要看它们是否有验。当然验的方法有多种，但首先它们是可验的。所有的知识、人事、道德准则都要在是否有验的基础上确立它们的地位。然而奇迹是无验的,奇迹只能想象。比如,魔术师像变戏法一样,从袖里不断飞出鸽子。对此,我们也能检验吗?如果我们的袖子也能飞出鸽子,那魔术师就不算是魔术师了。我们只能想象某种超人的力量使得这奇迹发生了。创世、来世、复活、轮回、天国、地狱,所有这些都是属于奇迹范围内的事情。我们太有限,我们的日常经验达不到,我们只能想象。想象奇迹其实也是人生的一种经验,不过它不是日常经验罢了。因为人生不但只是当下,人生还必须面对未来,未来既不可知,便只能想象。如果未来是一些奇迹,透过相信奇迹而给予现世生活坚定的信心,那它们岂不也是我们人生的一种经验?只不过它们不同于日常经验,它们发生在我们生命的内心深处。或者称作信仰,或者称作内心经验(inner experience)。如果想象奇迹是人生的内心经验,那么,为什么会产生日常的疑虑和奇迹的疑虑的差别呢?或者说,我们已经有了日常的疑虑,为什么还会有奇迹的疑虑?这恐怕和人生如何处理当下和未来的紧张有关系。当下肯定不是未来,未来也不属于当下,但是未来和当下肯定是有关联的。人生和人类的社会,都是从过去伸延到当下,又由当下通向未来。人生的当下与未来的差别决定了日常经验与想象奇迹的差别。如果当下与未来是一体的,那日常经验与想象奇迹也是一体的。当下与未来不可能同一,那日常经验与想象奇迹也不可能一致。日常经验的方式视当下为通往未来的唯一道路。这种看待人生、处世做人的态度用鲁迅的话来表达最贴切：没有现在，何以有将来？但是想象奇迹的方式则视确定的未来是把握当下和领悟当下的唯一途径。信仰总是这样看待现世：没有未来，现世有何意义？日常经验的方式和想象奇迹的方式的差别根源于我们人生中现世和未来的紧张。应该说，这种紧张是根本无法消除的，因为它根源于生命的时间感和神秘的恐惧感。不过，在不同的文明，其紧张程度有所不同。中国文明这种紧张程度就很低，而在犹太—基督文明和伊斯兰文明其紧张程度就很高。这正如无须虔诚信仰的人生一般对未来只有一些模糊的意念，而虔诚的信徒则常常蔑视日常经验，或者对日常经验非常无知甚至拒绝。

/ 未 来 /

现在和未来（present and future）的分界线肯定和时间有关。时间划出了现在和未来清晰界限。也许心理学家可以做一个测试，让人们说出自己心目中哪一个时段属于现在，哪一个时段属于未来。我相信测试的结果会有比较一致的结论。但是时间并不是现在和未来的唯一分界线。比如，事情在我预知和控制的范围之内都不属于未来，哪怕它们发生在将来的时间段内。没有人像等待未来那样等待明天早上太阳升起，同样地，我买好了飞机票下个月去看我的朋友，虽然事情还没发生，它只是预计将要发生，但我的心一点都没有未来的感觉。因为这件事是我的经验可以达到的，而我的经验受制于我的知识和能力。我的知识和能力已经将它变成了当然之事，它也就属于我的感受范围之内的现在。因为它完全在我的知识和能力的控制之下。明天太阳升起的概率是百分之百，下个月我去看我的朋友的概率是百分之九十九。当一件发生在将来的事情，它发生的概率超过百分之八十，就不应属于心理上的未来了。也就是说，现在和未来的分界线也取决于经验对事情的掌握程度。知识和能力是构成我们心理感受何为现在的强大支柱。如果现在是一个王国，它的疆土就是经验，而国王就是知识和能力。疆土之外，是有待国王去开拓的荒芜之地，这片经验的荒芜之地就是未来。一部人类的历史，随着知识的积累和能力的提升，其实也就是现在王国不断开疆拓土的历史。它由当初一个小小的酋长国变成中古时期的领土国家，工业革命后已经是一个庞大的帝国了。现在感不断增强，未来感便被解构了。未来的王国有多大，没有人确切知道，总之它在现在的边界之外。只有为数不多的冒险家还在替现在帝国扩张领土。科学家、创业者属于此类人。今天现在帝国的疆土已经足够辽阔，足够它的多数臣民在其中寻欢作乐。对他们来讲未来不再需要满怀虔诚和恐惧认真地对待。未来的王国不是已经土崩瓦解，就不需要理会。

/ 信 念 /

信念（faith）本身有一种非常奇特的性质，它联系到经验但又不可能被经验所证实。任何信念都是由一个未来的许诺构成的，不论这种许诺是个人性的还是社会性的。总之它是一个关于未来的许诺。而许诺总是要被问是否有验，或者是否有验的迹象。是否有验或是否有验的迹象，就是信念本身与经验的联系。就像任何支票都包含兑现的可能性一样，信念本身也包含了有验的可能。因此，信念是可以被质疑它的经验的可能性的。所不同的是支票是近期的经济行为，它是否能兑现，等到兑付日期我们就可以知道了，而信念涉及的是长远未来的许诺，甚至是死后的许诺，它长远到我们的经验无法达到。谁能够经历死后呢？按理说无法被勘验的许诺很快便被人看穿，如同空头支票很快就被识破一样，但信念却不会因此而瓦解。因为信念构筑的许诺是由我们的信心和行动塑造的，当它被理性质疑是否有验的时候，理性引导的质疑本身又被质疑：我们对所信仰的投入是否足够？质疑难道不正好说明不够虔诚吗？于是，信念的无验永远有另一个答案，这就是我们还没有把全部信心和行动投入到许诺当中。如果有足够的虔诚，许诺就一定是真实的。这就是说，信念的可验性与许诺的真实性是由所虔信的程度与许诺的真实程度共同组成的。信念的有验无验不是自外于我们的客观性问题，而是我们对它的虔信程度的主观问题。项目的回报是毫无疑问的，问题在于我们是否有足够的钱财投入进去。项目不能建成不是因为项目的规划出漏洞，而是因为投资者太过吝啬，不愿意将所有的钱财都投入进去，以至于这项宏伟的事业迟迟不能竣工。于是，面对未来诱人的许诺，多数人都是半信半疑者，他们吝啬成性，又见风使舵，注定难登彼岸。只有极少数人可以把所有钱财和生命投入信仰，像豪赌的赌徒押上拥有的一切，即便是命。信念导致自我反省与追问的道理大概就在这里：信仰引来勘验的质疑，勘验的质疑开启自我的反省与追问。与信念最接近的事物是爱情，爱情也是一个许诺，这个许诺不是别人对你的许诺，而是你对自己的许诺。许多人非常不幸地认为它是别人的许诺，追问世间到底有没有爱情。其实，自我许诺的答案永远在于许诺人的诚信程度，爱情的许诺不能兑现是因为我们自己太吝啬了。所以维特根斯坦说，爱情是值得用全部身心与生命去追求的。问题是我们是否支付得起如此高昂的费用？

/ 一神 /

阿奎那给信念下了一个非常有意思的界说：Faith is a habit of the mind, whereby eternal life is begun in us, making the intellect assent to what is non-apparent. 其实，任何信念都与心灵欲求掌握前景有关。前景或远或近构成了不同虔信程度的分类：嗜好、迷信、一神信仰。嗜好只涉及心灵关注的近期前景，一般都是关于身体的焦虑，因此它只导致个人性的生活习惯，不能从中产生非个人的德行。迷信则涉及心灵关注的比嗜好远而比一神信仰近的中期前景。例如，家神、灶神、土地神崇拜，出门择黄道吉日，风水时辰禁忌、符箓神水驱魔除病之类，都可以归入迷信。迷信一般围绕身体的焦虑、近期行动的焦虑和家族团体利益的短期焦虑而进行，它可以导致道德概念的产生，甚至某些比较伟大的德行。一神信仰则将心灵涉及的前景追溯到时间过程的极限。无论是起点还是终点，心灵谋求将生命当作一个完整的时间过程囊括进来，由宇宙创生到末日审判，由出生到永生，全在心灵焦虑的范围之内。在一神信仰那里，心灵对存在的关注达到了可能的极限：时间的极限和空间的极限。它通过创生和末日的奇迹将存在断然地确定在一个时间过程之内，又通过创世的说法将神恩推及了万物。站在心灵的立场，一神信仰是将关注的最远的前景纳入到心灵掌握的目前。以眼光做比喻，嗜好站在平地上，看不了多远；迷信站在半山腰，看得不远也不近；一神信仰站在山顶上，看到了可能的最远处。一神信仰的心灵欲求的高远导致了三样对人类生活影响深远的事物：具有普遍性特征的道德准则——仁慈（grace）；将万民纳于神的股掌控制之下的冒险——征服；万事万物皆有时钟般的精确——秩序（order）。头一样是现代人道主义和人权观念的根源，第二样是殖民运动的精神支柱，而后一样则是现代实验科学的基石。

/ 语 词 /

语词如果抓不住思想，思想就会像一缕轻烟，飘散在渺茫无际的精神太虚。语词并不等于思想，但思想必须借助语词才能让他人识别、理解。但思想也可以不借助语词单纯停留在脑海里忽隐忽现地漂浮隐没，就像一道闪电，眼睛看得见它，可是当语词不能将思想固定在符合逻辑的句子表达里面时，这道耀眼的闪电就飞逝而去，飘散了的思想沉入了眼睛再也看不见的冥黑的虚空。思想犹如隐身于蚌壳内的珍珠，而心智的运用犹如辛勤的采珠人。语词是那根最终把珍珠串起来的丝线。经过了心智的辛勤和雕琢，最后被语词串起来的耀眼的珍珠，才是被语词抓住了的思想，它为智慧女神增添了诱人的光彩。

/ 拯 救 /

有三条通往拯救的道路。第一条道路是信仰，信仰的拯救没有来自自身以外的风险。除了自己没有人能够动摇你的信念，除非自己的信仰不能坚持，否则拯救是肯定的。信仰拯救的考验来自信仰者坚持信念的虔诚和毅力。坚持的瓦解导致信念的瓦解，信念的瓦解导致拯救的瓦解。换言之，是最终获救还是半途迷失，完全取决于人对信念的坚持。至于信念的具体形式是什么，那是次要的。第二条道路是理性。和信仰拯救一样，理性拯救也没有来自自身以外的风险，因为理性同样不是外在因素可以左右的。但是，理性很容易被遗忘，如果信仰拯救和理性拯救都涉及内心斗争的话，不断地反抗遗忘比不断地坚持信仰要更困难。因为信仰有一个明确的对象，这就是神。对神的崇拜总会发展出各种仪式，而对象和仪式都能帮助信仰者度过内心煎熬的困难时光。可是理性没有对象，它只能被记忆，或者被遗忘。每时每刻地记忆，努力让理性浮现上来，不要使它沉没下去，被遗忘的大海淹没。这就是理性拯救的功课。马可·奥勒留的《沉思录》就是一部每日功课的记录。一旦理性沉没于遗忘的海洋，理性拯救之舟也随之沉没。第三条道路是爱情。这是日常生活式的拯救，这条道路最符合人的自然本性，但通往爱情拯救之途却布满了陷阱。一边是罪恶，另一边是冤孽。有人故意犯下罪恶，却没有故意生造冤孽。犯下罪恶的人，可能得到惩罚，但也可能逃逸。然而无意踏入冤孽陷阱的人却无可超度，备受无尽的煎熬。爱情之舟能否抵达拯救的彼岸，本质上是随机的。因为它不受控制。设想一下，一只不受控制的两人小舟要渡过生活的海洋抵达预定的彼岸是多么困难！高度的随机性解释了这条符合人类自然本性的拯救之途遍布陷阱的原因。然而不论如何凶险和艰难，恋爱是生命之泉，为了滋润和再造生命，总是会有人尝试这条拯救之途，哪怕身前已经有无数覆亡的前例。

/ 理 性 /

理性与欲望并不存在截然的分野，理性只是欲望的另一张面孔。欲望只顾当下的得到，而理性则将冀望的得到纳入长期目标考虑。如果当下的小惠和长期的大利发生冲突，眼前的小惠往往被放弃；当做出如此考量和取舍的时候，欲望就呈现为理性。简单地说，理性就是运用心智和计算的欲望，或者说理性就是经过心智伪装的欲望。很显然，如果没有要从身外取得什么东西的欲求，那就既没有欲望，也没有理性。欲望泯灭之日，也就是理性消亡之时。欲望而运用心智计算的理由在于纯粹的欲望并不能穿越未来的迷雾，只有运用心智计算才能达到如此目的。为了不让己身因眼前的得到而遭灭顶之灾，理性逐步进化出来。但是理性的根却是欲望。人生还有一道屏障是理性无论如何也不能穿越的，这就是死亡。理性终究要在死亡面前却步，因为死亡是绝对的未知。当心智的计算直面死亡的时候，它就恐慌、忙乱和手足无措，种种违反理性的反应便在人生中表现出来：不负责任、行为不可理喻，一如初夜的忙乱。理性的死敌就是死亡。崇拜理性的人只能够通过遗忘的方法，暂时不让死亡浮上意识。孔子说，"未知生，焉知死"，就是这个意思。一旦死亡之念浮上记忆而笼罩意识，理性便开始瓦解，犹如阳光融化了冰雪。

/ 颂　声 /

"愁苦之辞易好，欢娱之辞难工"的说法，多半符合文学的事实。凡人都有心理的冲动，向别人传达自己的快乐或成就，但这种传达通常被对方理解为炫耀，得到吃力不讨好的结果。这可以解释为人性的嫉妒，即人天生不喜乐见他人的快乐，不喜乐见他人取得成就。一句话，不喜乐见他人的情绪和位置在自己之上。嫉妒的心理根源来自求偶的竞争（courtship game），这种输赢的零和游戏自动物时代以来就是如此。雄性向雌性炫耀自己的身体强壮、精力充沛、性能力无双的时候，一定为其同性的同类所不喜。因为假如它得到了雌性而胜出，便意味着同类失去了机会。竞争的结局毫无例外是他人的得到就是自己的失去。反过来，雌性也是这样。如果自己的情人被同类勾引走了，那一定对其恨之入骨。在如此竞争规则之下，如何让同类分享自己的快乐呢？绝对没有可能。性的快乐只能被当事者双方所分享而为同类的他者所不乐见。在动物世界，这是普遍的真理；在人类社会，虽然有理性的开解，但千百万年以来的积淀依然如故。种族的繁衍需要性的竞争，性的竞争伴生的就是嫉妒。动物时代以来的法则阻挡了快乐情绪的传播。即使在文明社会，凡是进入到竞争的角色，我们都可以观察到竞争者之间的嫉妒表现。

嫉妒阻挡了快乐的传播。故此快乐具有天然不可分享的性质。虽然当事者乐于炫耀快乐，但是快乐者的快乐却被处于不快乐中的同类拒之门外。古往今来，颂歌难工，所谓难工，并不是文辞不优美，而是优美文辞的字里行间表达的快乐情绪天然具有不可传递的性质。颂歌只有在欢庆仪式中助兴的短暂作用而没有长久流传的可能。

/ 不 现 身 /

现身的神和不现身的神有一个重要的区别：现身的神与信仰者存在身体的纽带，而不现身的神与它的信者不存在这重关系。现身的神是一个膜拜的对象，信者俯伏在它的面前，现身的神与信者在崇拜仪式行为中结成身体的关系。因为现身的神也是一个身体，宗教仪式显示的是身体（神）与身体（信者）的关系。信者与神所显现的身体具有感情的投入，不现身的神与信者就没有这一层身体的关系。由于神不现身，每一天都变成对信者信仰的考验。信仰神变成一个与日俱存的功课、一个每天都要面对的考验。因为不现身的神仅仅由于它的不现身就自然具有神秘的性质。当你的心灵不能够将它浮现上来的时候，它就是不真实的。它的真实仅仅是由于你的虔诚而将使浮现在你的心灵，神不是一个可现的存在，它或者是所有的存在（God is who he is），或者什么都不是。两面的极端存乎心灵的信仰。因此，信仰就不是一个现成的许诺。它是一个许诺，但不现成。因它的不现成，信仰它而得到的许诺就成了每日的考验。对不现身的神的信仰就是这样转变成日常生活的紧张。神现身的理由在于心灵需要抚慰，而神不现身的理由在于心灵需要历练和考验。

/ 谋 死 /

　　唯物史观用人的衣食住行去解释人类社会和人的精神世界种种问题，无疑合理，但仍有未及之处。人的衣食住行其实就是人的生的问题，生的问题固然举足轻重。举凡工具发明、技术积累等，对人类社会制度的构造和演进至关重要。当我们需要解释一种制度变迁的时候，将它还原为某种生产力水平的结果，也未尝不可。但生的问题显然不是人生的全部，死也是人生的一个大题目。死的问题与衣食住行没有关系，任何衣食住行水平上的人都要面对死亡。草芥蚁民会死，王侯将相也无从永生；古人有死，今人亦不能幸免。对死亡到来的知觉是人类自我意识成长的第一课。如果说历史存在一条线索是关于人类谋生的话，也同样存在另一条历史线索是关于人类谋死的。所谓谋死，就是如何解决死亡问题。与谋生得仰赖工具的进步和技术的积累不同，谋死只能依赖意识和精神的创造力。事实上，人类精神世界的种种复杂现象，如神、信仰、永生和灵魂不朽、天堂和地狱、来世以及宗教仪式，都是围绕谋死而演化出来的。若人不死，难以想象有宗教现象。宗教的出现当然与构筑现实秩序存在一部分关系，但绝不是全部。没有死亡的恐惧和紧张，宗教绝不是我们能够看见的这个样子。谋死的问题极大地推动了人类精神世界的发展。这种发展和人类物质财富生产的发展看不出根本性联系。唯物史观所谓物质生产决定精神生产云云，哪怕是归根究底地决定，也有对人类历史审视的失察之处。用工具和技术积累的观点，用生产力发展水平的观点，无法解释历史黎明期各种文明何以产生如此不同的宗教：埃及的阿蒙神信仰、希腊的自然宗教、犹太族的一神教、印度的多神教、中国的家神信仰。无论理论的努力如何归根结底，宗教信仰惊人的复杂性总是归咎不到物质生产的原因上去。事实上，至少部分原因是这样，宗教是精神对死亡的反抗。不同的民族有不同的反抗招式，有的倾向于淡化，有的倾向于抚慰，有的倾向于独断，有的倾向于超度。这种复杂性是人的精神复杂性的反映。它们正是表明了人的精神的创造性，与物质产生水平并没有必然关联。

/ 竞 争 /

如果神给人下派十个通往永生天国的护照，人为此能确定公平的程序公正筛选出这十个人吗？恐怕可能性接近于零。一则因为福利实在太诱人，二则因为资源太过稀缺。每个人都志在必得，公平的程序对强有力的潜在竞争者来说，缺乏遵守的必要性，永生的欲望将驱使他们不顾一切来获得自己想要得到的东西。公平的程序在过于激烈的竞争面前将无法建立。这类竞争可称为"致命竞争"。当然上述仅是假设，没有人会接到天国的护照。但这个假设的意义在于它揭示了，公平的程序的建立实际上是和竞争烈度存在关系的。资源的紧缺程度和人们对这些资源的需求的迫切程度实际上是影响了公平程序建立的可能性。我是怀疑无穷的博弈自然就出现公平秩序这种说法的可靠性。博弈的结果是会出现秩序，但不一定是依赖于公平程序的秩序。当血流成河的时候，那十个人也许就筛选出来了。但这不是依赖于程序的结果。公平的程序在过高的期待诱惑和过度紧张的竞争压力下是不可能形成的。贪欲和竞争一定瓦解程序建立的可能性。早期文明的历史提供了印证这种看法的例子。产生在广袤陆地上的政权都是独断的政权,埃及、巴比伦、中国均没有例外。只有演化在爱琴海无数岛屿的希腊文明是城邦民主。为什么?广袤连片的陆地易于攻伐掠夺,土地肥沃易于增加人口,前一种因素放大了人的权力欲望,后一种因素增加了资源竞争的烈度。唯一可能解决秩序问题的途径,只有战争攻伐。仅仅依赖强人建立起来的秩序当然就是独断的秩序。由此看来,包含有程序正义的人类秩序并不是必然,独断的统治也不是必然的。这无涉于所谓的"普遍规律"。秩序是演化的结果,而演化出何种秩序,则要看人类和环境的相互作用。多少遵从程序的秩序是在比较罕有的局限环境下演化出来的。

/ 梵 蒂 冈 /

梵蒂冈城是精神世界在现今人们生活所处位置的绝妙象征。自从奥古斯丁之后,就有了上帝之城和世俗之城的说法。

上帝之城不但凌驾于世俗之城，而且也必须统治世俗之城。他对人类的期望太高了。历史曾经给过一段时间让人类来表演关于精神生活优先的理想，可是这场表演意外地拙劣，那段神权统治的历史同样充满血腥和暴力。不过中世纪教会统治的历史并不证明精神生活毫无意义，它只证明让教会托着精神生活的名号来统治，实际上不是真正的精神优先，它只是世俗化了精神之妆，沐猴而冠罢了。然而自从教会的统治一步一步退却之后，世俗之城真正日益壮大，它开疆拓土，迅速扩张，终于还教会以精神世界的真面目。今天的梵蒂冈就是它的象征。这片没有世俗尘埃的领地出奇狭小，只有零点四四平方千米。它被广阔无边的世俗之域层层包围，屈圈在高高的城墙背后，就像龟退缩在它硬硬的躯壳里一样。世俗有广袤的空间，可以任意妄为，但精神却无能为力，它只能在世俗面前树立起一个不一样的形象。至于世俗是否追随，是否收敛自己的横蛮，那是世俗自己的事情，精神是无力干预的。但精神也有它高傲之处，也有它绝对不可征服的神圣之处。梵蒂冈有全世界最精致的美术，有令人震撼的教堂建筑。任何世俗的傲慢都要在它的面前低下头来，任何世俗的奢华在它的面前都黯然失色，任何世俗权力都在这个由不朽的激情和惊人的想象力构造起来的世界面前折服。世俗虽然强大，但它没有精神那么顽强；世俗虽然富有，但没有精神那么高贵。梵蒂冈被红尘万丈的罗马包围却没有被淹没，它的存在似乎昭示一个真理：精神之光是微弱的，但它却是不朽的。

/ 冥世 /

对死亡的看重程度有一个简单的判别标准，就是看有生之年舍得花费多少精力与生命为即将到来的死亡和超升做准备。如此看来，古埃及法老和中国道士并列夺魁，世上无人能出其右。名列第二的窃以为是拥有家神信仰的华夏中国人。犹太、基督和佛教都不算看重死亡。因为教义对人有肉体和灵魂之分，死亡只是肉体的事，而灵魂是否死亡或称为下地狱，则系乎今生的拯救。将灵魂的或存或亡悬置于一个未定的地位，是为了把死亡的恐惧转化为有生之时的伦理努力，于是灵魂便从生命的终结这一事实中分离出来，而经验可以见证的死亡只有肉体的死亡。灵魂有可能永生便意味着灵魂优先于必然死亡的肉体，也就是今生的伦理努力的意义远远超过肉身的死亡。相反，中国传统的家神信仰没有灵魂与肉身的截然分别，却有一个冥世的概念。人生时是人，在人间；死后为鬼，处冥世。但冥世又不是具有明确的永生意义的来世，不是一个可以独立于今世、与今世无涉的世界。它似乎是介于今世与来世之间的一个面目模糊的世界。如果说它是来世，它又没有任何关于来世是如何的想象，而任何真正的来世都有一个明确的想象。所以冥世的设定大概最多只有一半是慰藉人对死亡恐惧的，而另一半是为了今生的伦理努力。一个隆重的葬仪是对在生的一次隆重的激励，它和祭奠一样，也是一次对在生者的隆重的炫耀。冥世的存在解释了今生的成就和苦难的意义，它同时也给在生者一个身后的许诺，当然这个许诺包含的被子孙尊重的现世含义，要远远超过身后在冥世继续另一种生活的意义。

只有古埃及人和中国道士是真正看重死亡的。他们把死亡看成是身后生活的开始，并且这种身后生活是完整的，没有灵魂和肉身的分离。死亡是今生和来世之间的门槛，因此，今生所做的一切，只是如何跨过这道门槛。这种信念使得今生没有独立的价值，所有的精力与生命都付与准备中的超升。古埃及的文化是名副其实的死亡文化。埃及的财富、智慧、精力多少都付与金字塔、木乃伊、死亡书这些进入来世必不可少的准备功夫。就像一个虔诚的道士一样，一生遍历名山大川，遍访高人，内外兼修，都是为了可能的飞升登仙。今生在永生信念的照耀下，只是来世的一个准备阶段，而只有来世才是真正的生，因为它永存不灭。

人类在生命终结这一事实面前展开的想象，其丰富性真是不可思议。来世不是一个统一的信仰，在不同的文明或不同的时期，人们对它的信仰程度是有分别的。永生是一笔价值无可估量的可能财富，就像六合彩，而世人则是赌徒。有人以小搏大，质押少量赌资；有人慷慨一点，愿意多付；也有人把全副身家性命抵押。神秘的是，只有到了生命终结以后，神才会告诉你，谁人如愿以偿。

/ 语 言 /

有三个标准估量语言的生命力。首先是持续的科学、思想和哲学的创造，其次是激动人心的文学作品的涌现，然后是日常交流的应用普及程度。能够在这三个方面都有出色表现的语言无疑是蓬勃扩展中的语言，反过来则是衰落的语言。语言的衰落是如何发生的呢？是从什么地方开始的呢？当然是从科学、思想和哲学的创造力的枯竭开始的，从出色的文学创作的枯竭开始的。科学、思想、哲学和文学都是用语言表述的，这些藏在语言里面的文化是语言的内核，它们是维持一种语言生命力和吸引力的至关重要的因素。当初罗马人征服希腊，却以学希腊语为荣，还不是因为希腊语中有无可匹敌的思想与文学。希腊语在当时的普及程度可以从不属于希腊思想体系的最早《圣经·新约》文本都是用希腊文书写这一点得到证实。可是，为什么后来希腊语逐渐衰落了呢？最简单的回答就是希腊语不能源源不断提供新的思想与文学，当人们把希腊文的著作翻译成拉丁文之后，希腊文就成了古文献，一种供校对和研究用的语言古董。语言失去了它生命的内核，它就沦落为二等公民，只在日常交流的领域应用。拉丁语曾经是古代地中海国家的世界语，但它后来的故事完全重复了希腊语的命运。可见思想和文学的持续创造对维持语言的生命力是多么重要。语言的生命并不是以人口数量的日常应用为核心的。当一种语言不能在思想和文学方面维持其创造力而只被用来作日常交流，它的衰落已经很严重了。语言的衰落就是文化的衰落，不过，这不是个人的天才努力可以化险为夷的。语言的衰落只是文化衰落的表征，语言的衰落是症状，不是病因。文化的衰落才是病因。

/ 教 义 /

基督教教义创造了内心的紧张，改变了人的精神世界的面貌。它的特别之处不在于新的道德戒律,而在于对道德戒律的新的阐述,它令道德建立在灵魂的内部紧张之上。比如同情心,我相信它是最为古老而且朴素的道德感情,各民族都有关于同情心的道德教诲。儒家讲"仁者爱人",佛教讲慈悲,其实讲的都是为人在世必须发扬同情心的意思。这说明善待同类的感情很早就被意识到并被推许为高尚的感情。可是,人为什么要善待同类?多数宗教对这个问题并没有深究。儒家和伊斯兰都停留在自然感情的层面,它们把同情心看成是自然的感情,人生来就具有的禀赋,在生的努力是要把它们发扬光大而已。佛教对同情心略有追究,它的解释是本于"苦难相怜"的共同感觉。人生本来是悲苦的,我们自己悲苦,所以对他人的悲苦也应该伸出援手。只有基督教的说法惊心动魄:我们之所以需要对他人做出仁慈善举,并不是因为别人的处境必须我们搭救,而是因为我们需要拯救自己的灵魂,罪人的灵魂只有通过仁慈才能救赎。德行被说成是自我的精神救赎,而自生而有的罪孽是自我救赎的必要根据。不是因为我们高尚才对别人伸出同情的援手,而是因为我们有罪孽才需要这样一个拯救的行动。善待同类没有什么好值得夸耀的地方,它非但不说明我们禀赋的高尚,相反,它只说明我们是那些对罪过有悔意的罪人。那种客观上增进了共同福利的道德感情,其他宗教都是把它放在"表彰大会"正面鼓励一番,只有基督教是把它放在"审判法庭"上面持续地煎熬。自从罪过一说被引入精神世界,灵魂就永不得安宁。它要在罪与非罪之间来回折磨,要在罪孽与拯救之间惶恐不安,要在救赎的路途上接受终生的考验。

基督教对道德戒律的新阐释引发了意外的革命,它使同情心指向的对象更加具有普遍的性质。虽然人都有"善待同类"的自然感情,但什么是同类?却是在不同民族不同时期有不同的含义。一部人类的历史说明,同类不是一个自然分类的概念,而是一个文化的概念。希腊人没有把野蛮人看成是同类,罗马人也没有把奴隶和俘虏看成同类,同样,华夏人也没有把周边夷蛮看成同类。同情心和类实际上是相互牵涉的,类的范围局限了同情的范围,而对同情心的理解又使得类的范围受到限制。显然,如果道德教诲把同情心当作自然感情,那不利于它扩大同情对象的范围的。因为高尚的感情当然不能授予异类。但基督教把基于同情的善行当作自我救赎,却有可能使同情心指向的对象范围扩大。因为当人被认定是罪人的时候,已经处于最低等级了。人心所有的傲慢被剥夺掉,仁慈的对象没有阶级的分界,没有信仰的差异。至少理论上如此。所以耶稣才会说"爱你的仇敌"。当然,在历史上,基督教的仁慈指向的同类实际上是同自己具有相同信仰的人或愿意接受相同信仰的人,而不管他们是什么阶级、什么出身、什么风俗习惯等等。基督教对异教徒的仁慈始终蒙上权力的阴影。可是,无论如何,基督教对道德戒律的阐释是人类道德感情的巨大革命，它使同情心的对象能够伴随经济增长、知识积累和人类活动边界的扩展而推进到更普遍的范围。

/ 斯多葛 /

斯多葛主义和儒家道德教诲不同的地方在于，前者是一种关于个人对自我责任的道德，而后者是一种关于个人如何实践人伦规范的道德。斯多葛道德义务所理解的个人生活就像一个包袱，每个人都必须背起属于自己的包袱，没有别人可以帮你、代替你背起这个包袱。因为生命属于你的同时，生活的包袱也就随之属于你。如果遭遇到怀疑、松懈和彷徨的情形，那就只好求诸自己。个人要面对自己的信仰，面对自己的神。因此，斯多葛道德的规范是以自我为中心的，诸如坚忍、节制、审慎、简朴和理性等等。它们不是在一个具体的实践活动中被定义的，别人的实践活动永远不能代替自己去理解和实践什么是坚忍、节制、审慎、简朴和理性。在不同的时代，这些实践规范被认同斯多葛道德的人结合当时的社会情形，衍生出那个时代关于什么行为是符合这些道德义务的具体规范。但是，有一点却是在任何时代都一样的，这就是斯多葛伦理永远是一种关于个人如何履践自己在世责任的道德。儒家的道德教诲当然最后还是落实到个人，教诲的目标是形成理想的道德人格，但它的教诲却不是关于个人在世对自己的责任，而是关于个人在世对他人的责任。所以，儒家道德的行为规范都是在人伦关系中定义的。君臣、父子、夫妻、朋友的人伦关系的必要性决定了忠孝、仁义、廉耻等实践规范。当你遭遇怀疑、彷徨的情形，你要返回到人伦关系之中寻求正确的答案。虽然什么是忠孝和仁义也会随着时代的改变而改变，但不变的是人伦关系定义我们所应当遵循的行为规范。在儒家的道德实践之下，个人生活并不是一个光需要自己背起来的包袱，而是一个血缘亲情和地缘友情能共同背负的包袱。凡君臣、父子、夫妻、兄弟、朋友之间伦常中人，互相帮扶，共赴生活之难。理想的道德人格的最终目标就是要造就能够分担人伦之中他人的生活重负的君子。

斯多葛道德和儒家道德的区别解释了一个非常重要的社会现象。这就是为什么斯多葛道德对基于规则的社会秩序的形成能够提供道德资源的支持，而儒家道德却没能做到同样的事情。人的行为一定是随着社会情形而改变的。古代社会的合同契约的活动在全部社会活动中所占的分量并不大，但随着"自然秩序"的扩张，它在现代占了主要的分量。那种关于个人在世对自己的责任的道德教诲就能够相对顺利适应这种改变，因为它所教诲的也正好是新的社会情形需要的。对处在新社会情形的斯多葛道德来说，只要略微调整关于个人责任的具体概念就可以了，而它的道德教诲的方向是不必调整的。因此社会情形的改变并不显得与道德教诲的传统有什么实质的冲突，它只是和负载这种道德教诲的权力机构有所冲突罢了。但儒家道德在新的社会情形面前要遇到更多的麻烦。新的社会情形首先是人伦关系涵盖不了，其次是新的社会情形需要个人承担个人责任。例如，合同活动要求的信用并不在人伦关系之中，就社会实践的规范来说，儒家的道德教诲在这点上是失语的。现代分工所要求的专业精神它在本质上是个人的，它的建立需要分离"人伦的纠缠"，而儒家的教诲却始终不离人伦。在这一点上，儒家的道德教诲又是缺席的。虽然古老的道德教诲能够延续到现代的社会，因为现代社会还是存在人伦关系。但这并不足够，道德教诲的资源稀缺使得基于规则的社会秩序的发育长期处于营养不良的状态。

/ 仁 慈 /

基于个人责任（personal responsibility）的道德准则和基

于仁慈（mercy）的道德准则是矛盾的。个人责任意味着个人是强者，它把生活的包袱全部背在个人身上。如果这个原则完全成立，则人类社会不需要有同情心。强者能完成自己生活的责任，不需要别人同情帮助，而同情强者就是对他或她最大的侮辱。当这种道德准则不是自己领悟到而是由他人强加头上的时候，它就要求个人各安天命。强者的天命是统治社会，而弱者的天命是逆来顺受。于是，个人责任的伦理就变成"残酷的道德"。相反，仁慈意味着众生是弱者，他们无能力背负自己生活的包袱，需要有同情心替他们背起这个包袱。基督早期牧羊人的形象就是绝好的象征。但这种伦理也有一个无法解决的处境：同情心哪里才是尽头呢？它的极限是个人生命的牺牲，只有耶稣为了拯救众生而牺牲自己才够格达到仁慈的极限。如此一来，仁慈的伦理便构成对个人责任伦理的对立。就人类历史来说，早期是个人责任的强者伦理通行的时代，基督教出现以后却是仁慈的弱者伦理兴起的时代。当然，成熟时期以后的基督教道德混合了个人责任和仁慈的不同教诲的道德体系。当一个社会因分工发展越来越有机地联系在一起的时候，弱者的道德会不会逐渐减退呢，就像宗教势力在现代社会的影响减退一样？

/ 个 人 /

　　个人观念并不是现代的产物,不可以将现代思想的崛起描绘成个人观念的崛起。我相信个人观念在不同的时期有不同的版本,只是现代的版本更加耀眼一点,但它的基础却早已奠定。满足两个条件即可称为个人观念:第一,个人选择优先;第二,个人的优先选择在道德上被认为是善的。如果这种理解能够成立,那确实个人主义观念的历史就有另一番面貌。伊壁鸠鲁的享乐主义当然可以算作是个人主义的。享乐仅及于己身,而与他人无关。享乐是一种感官经验,感官经验是他人无可替代的。伊壁鸠鲁把个人享乐看作是人生最终的目的,是最高的幸福,因而也是最高的善。除了用个人观念去把握伊壁鸠鲁哲学,还有什么更切合对实情的理解呢?斯多葛哲学倡导的个人责任其实也是个人主义的,不过它却是极端理性的个人观念而不像伊壁鸠鲁那样奉行感官优先。容忍、节制、审慎和理性的斯多葛原则与伊壁鸠鲁的享乐原则相反,但植根处同样是个人,它谈论的不是感官的个人,而是对自己负有责任的个人,也就是理性的个人。基督教伦理中的仁慈当然不是个人观念,它谈论的是个人与他人的关系,但基督教信仰中的灵魂拯救却是更为深刻的个人主义,它是神学的个人观念。因为灵魂天生就是个别的,绝对不可能有普遍灵魂这一说。灵魂的得救与否注定就是个人的事业，别人是帮不上忙的。灵魂拯救的说法，一下子就把个人观念寄存于牢不可破的超越的彼岸，使得个人永远有一绝对不容侵犯的空间。它在西方哲学与思想里，虽然不是起源最早的个人观念，却是最为牢固的个人观念。同样，个人观念在中国也有它的古代版本，这就是道家的"真人"和"神仙"。得道登仙是个人修行的最高境界，也是无与伦比的善。神仙家无君无父，无男无女，视世间为一玩物，它的个人观念将肉身的享乐和灵性的修为结合在一起。总之个人是思想广阔的天地，思想在这片土地上驰骋已久，它并不是被现代的个人主义刚刚征服。当然个人观念在现代社会比之古代社会更为深入和普遍，乃至成为基本的意识形态，这是因为现代市场经济秩序以及与之相互配合的法律制度日益壮大，占据现代社会主流的结果。

/ 自由 /

身处奴役，自由从反抗中来。身处拒绝，自由从疏离中来。

/ 合 约 /

实际上可以把道德理解为一个盟誓性质的合约（covenant），因为它是人对规范性价值的许诺，只不过关键的是人们和谁签约和所签的合约具有什么样的性质。前一个问题牵涉到道德在性质上的分别，后一个问题牵涉到道德在实践上的特征。就第一个问题而言，人们只可能签两种不同性质的合约，一个是自我和自我签订的合约，另一个是自我和他人签订的合约。自我和自我所签订的合约就是对神的信仰和由此而来的对个人责任承担。宗教把神设定为超验的彼岸存在，信仰就是人对神所立下的盟誓。这盟誓就是一份合约，人不可违约，不可背叛。但若从客观的立场去看人和神的关系，其实它们也就是人的自我和自我的关系，不过它是通过神学的话语表达出来罢了。凡是讨论个人对自己责任的道德，如信仰、节制、审慎等，都是自我的合约，而讨论个人对他人的责任的道德，如博爱、仁慈、施舍等，都是自我和他人签订的合约。自我合约的困难在于签订这个行为本身，自我立誓对人而言是一件困难重重的事，因为自我天性放纵，不喜约束，悖逆成性，和自己签约就是自甘约束。因此，信仰实质上是一件自我征服的壮举，并不是每一个人都能够完成这件自我征服的壮举。多数人不是视自我合约为无物，就是犹豫不决，终其一生而不能立誓。自我的征服也许要花上一辈子，就是说这份合约的签订是终身的行为。所以，教会才有那么多礼拜仪式，它们的功能在于不停提醒你：赶快签约。与自我签约本身的困难不同，与他人的合约的困难在于签约容易而履行困难。对他人责任的道德几乎不会遭遇异议，人们当然异口同声地赞同，个人不用深思，举笔就可以签约立誓，然而实行起来却困难重重。个人不是根本不打算履行诺言，就是半途而废。因为这份合约的实行与自我利益相矛盾，甚至牵涉到巨大的自我牺牲。履约得到的收益可能不多，但付出的代价却不少。每个人在实行的时候都会三思而行。自我的合约是一份令人举棋不定、立誓艰难的合约，而与他人的合约是一份订立容易、履行困难的合约。

/ 人为 /

语言本身就是一个事实范例，让我们理解自然与人为的差别。在文字出现以前的语言一定是自然演变形成的，它不可能是被创造出来的，人绝无可能创造语言。因为语言的存在依赖生理基础，声带就是一个经过漫长进化而形成的器官。

语言一定是与声带和口腔同时进化的，声带的每一点微弱改进都有利于人发出比先前更复杂的声音，而语言实践又有利于改进发声器官并使这种获得性遗传给下一代。有文字以前人类的语言已经存在了不知多少万年。就通信意义说，连鸟类的鸣叫、唱歌都可以理解为鸟类的语言，更何况人类独特的声带发出的复杂声音。因此声音语言是与生理器官和本能相关的生理特征，它不是文化的。可是文字出现以后，事情就变成自然与人为在语言中混合了。文字是创造出来的，是少部分人有意识的发明，书面语言是文化的。它的出现大大改进了自然语言，人为的因素干预了自然演变的进程，它使得自然演变的进程变成了一个意识和知觉的对象。当人只有声音语言的时候，没有人会觉得有一种叫作语言的东西存在。它是自在的。文字产生以后，声音语言就变成了他在。书面语言绝不仅仅记录声音语言这么简单。当人类能够写下一行句子的时候，下面的问题就接踵而来：这行句子是什么？自然就是这样被意识和知觉了。又如，文字的出现造就了对不在场的读者（potential reader）的个人表达，内心世界随之变得微妙和精致。因为语言的运用不再局限于即景即场的面对面沟通，通过书写，语言创造了个人的内心独白。这种独白首先是个人的表现然后才是和不见面的读者的说话。思想、文学在出现独白的基础上才能发展起来。书面语言甚至创造了更复杂的语言表达技术。即场即景的说话总是简单明了，内心独白的写作当然更精妙入微。写作的存在提高了语言表达的水准。这一切都要归因到文字的发明,也就是归因到人为对自然的干预。文字的发明在古代中国被视为惊天地、泣鬼神的壮举,这也许是古人对人为施加于自然进程的影响后果有震惊的感受。

/ 困 境 /

认为不同的文化价值观之间没有演化程度或原创程度的优劣,并不符合人类进化史的事实;而认为不同的文化价值观之间存在演化程度或原创程度的优劣,则不符合人类的道德信念。前者导致愚蠢的"政治正确";而后者则助长肆无忌惮的霸道强权。这是一个学术的困境:究竟要说出一个可以观察到的事实因而可能强化现实的不公正,还是要说出一个内心的愿望而违背事实?我相信这里不存在一个绝对的答案,但是困境出现的原因却是可以理解的。文化价值观之间存在演化程度和原创程度的区别,这只是事后的观察。这事后的观察并不能等同任何正在进行中的选择,而正在进行中的选择是一个未知之数。事后的观察如果代替了前景的未知,霸道强权就有理由横行于世。换句话说，文化价值观演化程度和原创程度在生存竞争中的地位关乎造化，并非人的权柄。但如果以事后观察的事实作为凌驾对方的理由，那就是以人代行造化的权柄。这是越俎代庖。真正能够回答不同的文化价值观在演化程度和原创程度方面的优劣的是连续不断的自然选择。自然选择的结果可以被观察到但不能因此结果而将之凝固化，并作为自我优先的理由。越俎代庖是违反人的伦理准则的，但因为阻止他人的越俎代庖而否认事实则落入了相对主义的愚蠢陷阱。文化相对主义可以作为弱势者争取权益的理由，但并不证明它有事实基础。对于天生有偏见的人类，明辨事实的静观只是一种无力的洞察，现实却是摇摆在霸道强权与相对主义的愚蠢之间。

/ 苦难 /

人生的苦难是外来的还是源于生命的，这恐怕是斯多葛伦理和基督教伦理分歧最大的地方。斯多葛主义把苦难理解为命运给予，它是外来的。虽然外来的苦难有宇宙秩序（universal order）的合理性，但它毕竟在自身之外。理性和智慧的作用在于使我们认识到宇宙秩序的合理性,而坚忍、节制的美德则是意志对苦难的抵抗。前者是理智的化解,后者是意志的解决,全部是针对人生苦难的。斯多葛主义通过直面身外的苦难彰显了个人的尊贵。斯多葛伦理世界有点儿像熔炉,身外是熊熊的烈焰,但只要你是金刚之身,这熊熊烈焰不但不能熔化你,反而能成就你的品性,显示你德行的无与伦比。但基督教伦理不这样看待人生的苦难,它没有了命运的观念。苦难不是外来的而是本源于生命的,苦难是生命的一部分,人爱生命就应当爱苦难,苦难甚至是快乐的来源。爱苦难的最高境界就是殉教。在殉教的行为中,信仰等于牺牲,但并不是为了信仰而牺牲。从事件的先后固可以作如是观,但基督教伦理并不认同"为了信仰而牺牲"的逻辑,而认同信仰就是牺牲。它尘世的意义是拯救了这个堕落的世界,天国的意义却是荣耀,因为肉身生命的被剥夺成全了灵魂的纯洁。心理分析学用被虐待狂情结来解释基督教伦理,恐怕不是很妥当。以基督教对苦难的领悟来说,有几分像被虐待狂情结。因为苦难会成为快乐的来源,这毕竟是常识难以接受的。但更合理的看法是基督教用更情感化的方式对待生命,它不像斯多葛主义那样理性,凡是情感不能接受的难题都要寻找一个理性的回答。基督教对待生命全凭一股无比的激情,凡是生命遭遇的它都把它们囊括进来。既然快乐是生命自身的,苦难为什么不可以也是生命自身的?既然是生命自身的,当然就要热爱它，拥抱它。苦难出现在生命的历程里，不为别的，就为它是生命的一部分。苦难就像身上有手，肩上有头一样，没有理智追问的那个为什么的问题，它就是出现了，出现在生命里。如果说斯多葛主义把苦难当作对象去克服，基督教就是把苦难当作自己的身体去热爱。在热爱苦难中考验意志，在热爱苦难中迸发激情，在热爱苦难中拯救尘世，在热爱苦难中证成信仰。基督教的出现对希腊、罗马的伦理是非常具有革命意义的变革。

/ 生 存 /

"在世生存"（existence in this world）和"生存在世"（existing with the world）是很不一样的。这样说并不是在玩弄文字游戏。在世生存意味着生者服从在世的所有秩序、规则、制度，然后才谈得上生存。你首先必须尊重在世，然后才谈得上生存。它把先在于个体生命的在世所有的一切视为必须服从与认同的前提，摆在个体生命的面前，个体的价值是由这先在的在世所有的一切定义的。"在世生存"的逻辑并不奇怪，它用在世的所有一切来规范、确认生存。因为"在世生存"的世界观认定,生存不可能离开在世,于是在世优先于生存。这里说的在世,并不是个人生命的在世,而是先于任何个体而在世间的规律、秩序乃至道德义务。倘若不是认同与服从这在世的所有一切,则生存不是荒谬的就是无意义的。如果说"在世生存"是站在在世的立场来考虑生存,那"生存在世"就是站在生存的立场考虑在世。因为生存与在世不同,生存是短暂的,并且是仅仅属于个人的肉身的;而在世则是社会的,并且比生存具有更久远的性质。生存虽然不可能离开此世,但不能离开此世并不意味此世可以优先于生存。"生存在世"的世界观认定,假如没有了生存,那在世的所有一切也同样地没有意义。我是先有生存,然后才需要在世。因为生存是暂时的,所以它必须是优先的。自我的生命具有优先于秩序、规则和制度的地位。"在世生存"和"生存在世"的世界观对立,是产生于在世与生存的分离。在价值判断里,人们倾向于把在世与生存分别为两件不同的事情。中国思想就是把在世与生存认定为两件事的例子。儒家站在"在世生存"的立场,道家站在"生存在世"的立场,各不相让。但我们是否能够追根究底地问:在世与生存到底是不是两件事?把在世与生存分别为两件事到底有多少合理性?这些问题恐怕没有一个确切的答案,因为在世与生存的分离是传统造就的,正如神圣世界(the city of God)与世俗世界(the city of man)的分离也是教义造就的一样。不过有一点比较清楚，如果你是信奉一个超验的神，那在世与生存一定是不必分离的；但如果这样，却又产生了神圣世界与世俗世界的对立。超验的神启发的是拯救，而任何拯救必然同时包含在世和生存，因为拯救是生存的拯救，也是在世的拯救。拯救必须有对象，那就是生存中的个体，拯救又必须有场所，那就是在世。但拯救又创造了神圣世界与世俗世界的分离，因为既然要谈拯救，就必须把已经拯救和未经拯救做一个彼岸和此岸的划分，贬斥此岸的世界，推崇彼岸的世界。说到底，彼岸还是此岸，在世还是生存，都不是一个本然的问题，它们所以出现的缘由，要在思想的传统里寻找，把形而上还原为历史。

/ 责 任 /

道德体系中的自责（自己负责）和他责（对他人负责）总是需要保持平衡，任何一方不良的发育都是道德体系的严重缺陷。希腊、罗马社会缺乏他责的道德，即缺乏仁慈、同情、关爱、施舍、人道这样一些道德范畴的讲究和实施；古代中国社会则缺乏自责的道德，即缺乏个人背负自己生活包袱的概念与习惯。自责伦理的基石有二：一是对作为宇宙秩序逻各斯（logos）的承认；二是对人性恶的深刻认识。只要确认如 logos 般井然有序的宇宙秩序，并在这个宇宙秩序中确定个人责任，又断然否认人的性善，那就必定迫使人走上自我救赎的天路历程。中国古代社会既缺乏前者的世界观，又缺乏后者的人性观，伦理体系中的自责道德发育不充分。比之欧洲社会，这个差别十分明显。不过无论是自责的道德还是他责的道德，都不能单独构成对人类心目中"应然世界"（ought to be）的合理描述。只有两者共同在场并保持一种制约性的平衡，才符合对"应然世界"的合理描述。假如人类社会只取单方在场的"应然世界"，自责的道德将把人类引向奴隶制社会或类似奴隶制社会。

/ 家　神 /

人类生存于现实世界，只是一个现实的存在者。但人的生存却必须构造一个与之相对的"应然世界"（ought to be）。这个理想中的世界是由一些可供实践的原则组成的，以备纠正、补充、反拨现实的世界。应然的世界是有意义的。现实的世界已经存在，不必论证它存在的理据，追问它的来源属于科学研究领域的事情。但应然的世界却必须给予说明，好让这个不在现实中存在的构造出来的世界显示出"庄严相"和"神圣相"，使它的根基牢固，不易被摧毁。一般来说，基督教、伊斯兰教是通过设定一个人格神的途径，为"应然的世界"建立彼岸的根基，而佛教将应然世界的理据安放在本真之性的内心觉悟，中国的传统则介乎两者之间。中国人以祖宗为信仰的对象，而祖宗兼具神性与人性。家神信仰既有以祖宗为神的倾向，又有以祖宗的教诲为本真之性的最高体现的倾向。但祖宗既没有人格神那样绝对，那样全知全能，祖宗的教诲又没有内心境界那样澄明纯粹。所以它两头都沾边，但哪一头都发展得不够极端，哪一头都不够纯粹，庶几与执其两端而取其中的中庸之道相吻合。如何说明"应然世界"的理据，是一个文化的核心所在。如果文化有内核，有外表，那相对于实现世界的那些可供实践之用的原则就是文化的外表，而论证这个应然世界的根基则是文化的内核。

人在现实世界的行动既取决于应然世界的那些实践原则，又取决于理性的判断及其知识。理性和知识的积累常常导致应然世界的实践原则的改变，而又间接引起应然世界赖以建立的根基动摇。例如，中世纪的基督教世界，以异端为罪大恶极，一定要宗教裁判异端并处以火刑，但理性的推进终于在启蒙时代渐渐意识到原来实践原则的不合理性，再进一步则引致理性与信仰的对立。这是欧洲思想在启蒙时代颇为壮观的一页。以人格神的方式安放应然世界的根基，似乎从一开始就埋伏了理性与信仰对立的线索。中世纪尚能相安无事，是因为理性和知识的积累不够强大。当强大到一定程度，摊牌无可避免，启蒙时代就是这样一个摊牌的时代。相比之下，中国家神的信仰就不存在摊牌的可能性。家神不是人格神，随着世代的绵延，所信仰的家神不断被替换，替换造成信仰严肃性的逐渐失落。就是说，家神本身的庄严相和神圣相，不用等及理性的发展就已经在无休止的替换中世俗化。"郁郁乎文哉"的周代最纯正，至春秋战国时就礼崩乐坏，尽管历经孔孟内心化的提升，世俗化的趋势却无可避免。理性对家神信仰的侵蚀速度和强度远甚于理性对人格神的侵蚀速度和强度。比拟于自然的侵蚀，如果家神信仰如石灰岩，那人格神的信仰就是花岗岩。被侵蚀的速度快，一方面意味着世俗化的程度加深，但另一方面也意味着家神信仰的传统包容性也大些，因为它不把信仰凝固化、绝对化，自然也没有必要去除各种与自己不同的异端。

/ 先 验 /

先验和经验的争议其实有很简单的化解：经验的获得性遗传就成了先验形式。通过后天经验而获得进入遗传，这种获得性所遗传给后继世代的肯定不是经验的内容，而是先验形式。如果经验内容也能够遗传，个体成长就不必经由漫长的学习阶段了。经验的内容肯定是在遗传中被抽掉了，只有它们的形式能够进入遗传，变成一种属于后继世代掌握经验的可能形式。例如逻辑、语法等，都是掌握经验的可能性形式。对于个体来说，逻辑和语法的确是先验的，说它们是历史地经验地形成的，这并没有什么意义。因为实际上实证的回溯是不可能的，如何能够还原语言的数十万年演化过程？况且语言进化的每一阶段都有它在那个阶段的先天形式与具体经验内容配合的问题，追溯将会变得无穷无尽，直至追溯到智慧的起源或生命的起源。因此，要说明人类的认识，不涉及先验是不可能的。先验并不是一个悬置的假设，而是无数世代的后天经验的获得性遗传。它彻底脱离了一切具体的经验，而上升为后继世代认识事物、掌握事物的先验形式。

/ 超 度 /

对某种价值的执着实际上都意味着对其他不同价值的轻视或否定,但没有什么比得上对一神信仰那样,产生惊人对其他一切不同价值的彻底否定。信仰一神导致对其他价值的否定,不是在众多的可以选择的价值中否定某一些而对另一些有所保留,而是干净彻底一股脑儿地全盘否定。只要是属于世俗肯定的选择,一神信仰都要给予极力贬斥。它把世俗当作人生痛苦的根源,连世俗本身都没有地位,更难以想象世俗所肯定的价值选择还有什么值得留恋的。这种信仰带来的发生在精神生活里的彻底否定有一个好处,这就是由于有了彻底的否定,尘世生活勾引起的所有怨恨也就一笔勾销了。怨恨产生了痛苦,勾销了怨恨,也就去除了痛苦。宗教被认为是精神的鸦片,这种说法其实也承认了一神信仰在精神镇痛方面的药理作用。信仰之所以能够产生抚慰心灵的作用,就在于它否定的彻底性。不问理由,不留余地,不容辩解,一口咬定世俗一切都应当摈弃,除了神圣的价值。这种精神现象,看起来肯定一个超验的"假定",而实际上它的真义在于否定联系到感官的世俗。因为世俗在心灵里刻下的都是怨恨的烙印,只有彻底否定产生无边的痛苦、哀愁、灾难、悲伤的世俗,才能勾销心灵挥之不去的怨恨。生存积聚的怨恨总要有一个出口，理性的堤坝再高，也拦不住怨恨的洪水，充其量它只能暂时地阻挡怨恨洪流的爆发。只有信仰在精神生活里的现身，才能化解怨恨造成的生存危机。信仰不是引导怨恨，不是劝说怨恨，也不是压制怨恨，而是否定世俗的价值，而那奔腾于世俗间的怨恨的洪水，自然也就在被否定之列。如果任何人都需要生存的凯旋来安慰自己，那强者的凯旋就是战胜敌人，夺取财富、土地和女人，而弱者的凯旋就是信仰神，崇拜神。信仰者从勾销怨恨中体验到凯旋的滋味，就是从天国投射的微光中体验到凯旋的滋味。当然别人会问，这属实吗？答案是，彻底的否定是一个实践命题。你不做，就不知道。

/ 灭 绝 /

意义面临最大的挑战是灭绝。如果任何事物都有灭绝，那任何事物都没有意义。人们之所以认定这个行为比那个行为更有意义，是因为他们认定这个行为比那个行为更有长久的价值。比如，所有具有正面的道德价值的行为都可以造福他人，也可以供后人模仿，它们显然是更具长期性的，相反那些只造福自己的行为不具有被模仿的价值，它们的意义只及于己身，因而是无价值的。在信仰时代，意义具有无可比拟的严肃性，那是因为灭绝的威胁还没有出现。虽然个体有死，但还相信永生；即便怀疑个体的永生，但也还相信人作为类存在的永生。因此道德行为的长期性可以被幻想为无穷无尽的绵延，它们远比我们的生命更长久。意义就是指引人们将自己渺小的生命融入人作为类存在的无穷绵延之中的明灯。因为有了永恒性，所以意义不会被怀疑，不会被动摇。信仰时代尚没有力量瓦解想象出来的人作为类存在的无穷的绵延。灭绝的魔鬼还被关在"无知之幕"的背后。但在科学昌明的现代，知识打开了"无知之幕"，灭绝这只魔鬼走到了生活的台前，威胁着意义的严肃性。灭绝是长期性瓦解的有利因素。所谓永恒，所谓长期，都在灭绝的面前显示出荒诞性。一个声称永恒的事物都有灭绝的一天，本身就谈不上永恒；一个声称长期的行为被灭绝缠绕，本身就谈不上长期。灭绝让人们想象的永恒和长期面临了极限。极限的出现也就让永恒还原为衰朽，长期还原为短期。意义在灭绝的打击下失去了严肃性，由公主的尊贵降格为婢女的下贱。归根结底，信仰时代之后的意义危机，是知识昌明造就的。

/ 死 寂 /

意义的极限是死寂。死寂是绝对的空无。空无本身不可能有意义。在死寂的临近面前,意义正在瓦解。现代社会面临两种死寂的同时威胁:一是人作为个体的死寂;二是人作为类的死寂。人生有死,万古如斯,为什么单是现代才如此突出,成为瓦解人生意义的威胁?古代世界,第一流的聪明才智,是致力于建立话语系统,消解个体死寂带来的意义空无。犹太先知、佛陀、耶稣、孔老、柏拉图等,无不是此类人物。人类的文明得以维持不坠,各自显示出自己的生机,有赖于这些智慧之士构筑的话语系统。在相信并且体验到这些话语系统确实带来心灵宁静的基础上,意义的空无被暂时克服。而现代世界,福利来自技术发明和个人的职业努力,纯粹的个人努力和生活期待之间构成空前紧密的关系。第一流的聪明才智转移进入世俗社会谋求个人的福利。古代世界解说意义的这些话语系统被搁置一旁,位在可有可无之间,个体性死寂的幽灵就是这样被撩起了遮盖的面纱,以它死神般的面孔显现在尘世间亟亟谋取世俗福利的个人面前。至于人作为类的死寂的前景则是科学发现和技术发明带来的。直到上一个世纪之前,人还不能想象人类自身居然也还有死寂的一天。个体有死,这很早就知道了。某些物种的灭绝,达尔文时代也能想象，但是无论如何也不能想象灭绝也会降临地球上居支配地位的人身上。尽管宗教有末世论，但人类的死寂将是一个物理事实，无疑是在最近才被承认的。它源于事实的发现：某些星球曾经存在过生命，而现在复归死寂。这意味着地球也有如此的一天。地球像一笔财富，也有被耗尽而枯竭的时候。无论以什么形式耗尽，是核战？是自然的终结？是外星人？是星际的灾变？总之人作为类的灭绝的前景，它像一个物理事实那样一清二楚了。既然类都可能灭绝，意义是多么渺小，多么微不足道。

/ 尼 采 /

思考一下尼采的例子是颇有意味的。尼采和马克思一样，代表了一种对"现代"的怨恨，但尼采的怨恨与马克思的怨恨来自完全相反的方向。马克思的怨恨来自"底层"，尼采的怨恨来自"贵族"。前者怨恨现代社会的秩序允许上层剥夺下层太多，后者则怨恨现代社会多数逼迫少数太甚，少数精英几乎无路可走。马克思的理想是"剥夺剥夺者"，尼采的理想他自己没有说，恐怕是恺撒时代的罗马帝国。有意思的是尼采对"金发猛兽"（beast with golden hair）的钟爱并没有使他成为一个思想的恺撒。尼采对"主人道德"的赞许也没有使他成为一个优雅的柏拉图。相反，尼采是一个思想界蓬头垢面的斗士，他是一个愤世嫉俗的"超人"。我们知道，一个真正的贵族是不会蓬头垢面的，而一个真正的主人也不会愤世嫉俗。尼采的理想和他提倡这种理想的方式之间存在着巨大的裂痕。由此我们知道，尼采的贵族理想只是他心中所愿，而他的所愿实现的可能性已经不复存在，贵族的理想已经一去不返。尼采的意义不在于他不合时宜地宣称过时的理想，而在于他宣称的方式本身。他有勇气自命"超人"而与整个俗世对抗，这使得他不同凡响而被后人记住。他对贵族的偏爱仅仅是表面意义的修饰，修饰下面隐藏着的怨恨才是尼采之所以为尼采的根本。不是贵族的高傲，也不是贵族的优雅，更不是贵族的理想塑造了他，而是现代本身的怨恨造就了尼采。只不过他的怨恨穿上一件旧时贵族的外衣罢了，就像马克思的怨恨穿上穷人的外套一样。穿什么样的外套是次要的，重要的是衣服遮盖着的身体。尼采的形象使我们清楚看到，外衣遮盖着的身体叫怨恨。虽然尼采和马克思的怨恨来自的方向相反，不过终归都是怨恨。怨恨使他们分别成为后现代思想的源头，因为他们启发了人们对现代社会的批判。当人们觉得社会失去正义，社会没有民主的时候，人们就会想起马克思；而当人们觉得市场的媚俗淹没了个性，民主的平庸扼杀了天才的时候，人们就会想起尼采。尼采和马克思一样，是以"自然秩序"（市场社会）为核心的现代社会的解毒剂。

/ 二 元 论 /

关于世界终极根源的世界观可能只有不多的几种类型：一元论、二元论和介乎一元论和二元论之间的类型。犹太－基督世界观是典型的一元论世界观，而琐罗亚斯德教是典型的二元论世界观，中国传统的周易世界观基本上属于二元论的，但夹杂了一元论的要素。一元论的世界观是线性的，世界有起始和终结。一元和世界终结之间是有关系的：当人们以一元去说明世界的开端的时候，一元也必然意味着世界终结。一元论有世界的创生，也必有世界的终结。相反，二元论的世界观只有世界的起始而没有世界的终结，有始无终的时间过程只能是无穷的循环。同样，二元和循环之间也是有联系的。二元论看起来只比一元论多了一元，但二元论的思维模式却大不一样。二元构成了万物运动迁延的基本要素，如果世界有一个终结，那二元中的一个要素就必然要战胜另一个要素，不如此则世界不能有一个末日，但这样的假设违反了二元论的思维模式。贯彻到底的二元论虽然每一元的性质、价值和道德功能并不一样，但它们却是相互依存的，互为前提的。如果一元能够排除另一元，这就不是二元论的世界观，而是一元论的世界观了。所以，在二元论那里，只有世界的起始而没有世界的终结。这就是为什么一元论能够产生"最后的审判"，产生"世界末日"的观念，而二元论只能产生无穷循环的观念。

/ 堕 落 /

"永劫堕落"（eternal degeneration）是一种永远不能恢复的堕落。佛说苦海无边，回头是岸；又说放下屠刀，立地成佛。这种对启示真理的突然发现和皈依只能是个人生命中的奇迹，不可能同时也是人类精神史的现象。个人良心的唤起产生于某种特殊情景下的顿悟，它与理智的成熟与否无关，而人类的永劫堕落与良心问题无关，它产生于理智的成熟。《圣经·旧约》中关于人类始祖吞食智慧果的诅咒，终于在启蒙时代之后由传说兑现为现实。信仰的建立需要依赖一重无知之幕的遮盖，需要依赖一种长久不变的生活方式维持，启蒙之前的社会状况刚好能够和这种情况相配合。信仰不能没有神，而任何神都托身于传说、奇迹、风俗、习惯之中。人们世世代代为这种传说、奇迹、风俗、习惯所感染，才维持了历代相传的信仰。可是知识和理性的发展突破了这重无知之幕，它把原本具有启示真理意义的那些传说、奇迹、风俗、习惯还原为宗教学、人类学、社会学的对象。一件原本具有神圣意义的事物在理性的观照下变成了冷冰冰的学问的研究对象。信仰被知识所瓦解，虔诚被好奇心所代替。已经撩起了无知之幕，已经走上了社会变迁的快车道，信仰如何还能有它从前崇高的地位？信仰的再生是不可能的，因为信仰在现代的式微不是产生于人类良心的腐败，不是产生于一时的道德衰朽，而是产生于知识和理性的增长。从进化的角度看，这是一种成长。它意味着人脱离了充满幻想和幼稚天真的阶段，进入了推崇智慧和理性的成熟阶段。但从神圣的角度看，这却是堕落，万劫不复的堕落。因为多少个世代以来，信仰都是人类生活意义的最后根源。信仰的瓦解意味着生活意义最后根源的枯竭。在意义枯竭面前，堕落作为人类精神史戏剧中的一幕——也许是最后一幕——当然也就鸣锣开场了。

/ 自 然 与 神 /

自然与神这两样东西值得玩味再三,思之令人进入生命的迷宫。"我"生而有心(意志),万物却完全无心。有心遇无心,一大困惑随即而起:"我"的意志施之于万物,无论怎样殚精竭虑,都不能确保环境会随"我"而转移。"我"生而在世,无可避免时刻与这个陌生的异己物打交道。有心的如何因应无心的?每一个体生命,每一个"种",都要遇到此问题。看来,因应的办法有二。一是把无心的打扮成有心的。树立起一个神来将无心的万物当成如同人一样有心。万物如同人的四肢手足,在"心"的统辖控制之下。这统辖万物四肢手足的"心"就是最高神。万物因神创而有"心"。树立起一神的观念,万物在一神的统辖下就有了秩序,就像"我"掌控身体的手足一样。在一神的俯视下,万物都只是至高无上绝对者的"器官"。给自然万物树立起一个意志——神,这个意志其实就是"我"的意志。绝对的一神论给万物带来秩序,然而这秩序不是自然本身的秩序,而是"我"赋予它的秩序。秩序乃"我"的安排,万物众生只可接受,不得反抗。一切在"我"的面前都是客,以"我"为主,而万物众生皆是客。一神直通言辞背后的"我",一神就是言辞创造出来的另一个"我"。将"无心"的世界有心化,这种价值观天生兼具有进攻性、侵略性、征服性。世上有很多个"我",此"我"不同彼"我"。故在彼此竞争的世上,一神是克服他者意志的利器。但无论人是否最终都生活在同一神的光耀下,都不能改变一个事实:宇宙万物是无心的,万物众生虽生随灭,自然演化。故此,另一个有心因应无心的办法是将故有之"心"空洞化,把有心的人化入无心的自然,消化"我"遇到无心之物时而起的困惑。"我"本有心,然而有心者小,无心者大。小不能胜大,强行取之,自寻烦恼。小者去心,无"我",自身就化入自然大道,等同于自然大道。失其"心"而返归自然。将我"心"抛却,汇入自然,融化入无心的广大世界。自然演化在这种自我空心化的价值观下,不仅意味着人生的状态,也意味着悟解了更高级的真理。自我与自然为一,这里的为一,不是同为一物的意思,而是"从心所欲,不逾矩"的意思。既然掌握了万物众生的真谛,无心的"我"也可以变得很狂妄。"天地不仁,以万物为刍狗。圣人不仁,以百姓为刍狗",就是这意思。

/ 无 限 供 给 /

理性一头连接着内在的欲望,另一头连接着外在环境的刺激。欲望无穷而资源有限,环境压力迫使欲望只能在局限范围内伸张,欲望与环境形成博弈的局面。所谓理性就是面对博弈局面选择最优方案的能力。如何了解和评价环境对于一个具体期望的压力,选择符合其利益的最大可能性方案行事,永远是个人或社会集团此世生存需要面对的事情。环境不会说话,它不会直接告诉你压力的临界点在何处,永远需要在欲望的驱动下去了解、分析、判断。如果欲望小于环境压力的临界点,就错过了获得更大利益的机会。如果欲望大于环境压力的临界点,以蛇吞象,就必定以亡败告终。假定环境能够无限满足人的欲望,那就不需要理性了。整体设想环境压力不存在是荒谬的,但若个别而论,有限的自然馈赠却可以近似于无限供给,有的却要奋斗谋求。前者如空气,后者如食物。结果我们看到,关于空气与呼吸,理性完全没有机会得到发展。没有形成关于呼吸和空气的社会知识,没有空气如何分配的社会体制,个体亦没有如何呼吸空气的技能。原因只有一个,除了污染地区空气近似永不匮乏,不存在环境压力,不出现环境与欲望的博弈局面,不需要使用理性。然而食物不是无限供给的。饥饿曾经是史上人类生存的最大威胁，如今仍然是大部分动物生存的头等难题。人类经历了从狩猎、采集，到驯养、种植，再到大规模机械化生产的过程，产生了数之不尽的关于这些方面的知识，社会组织也由于获取食物方式的改变而改变，理性能力在此种锻炼中不断增强。如果今后人类能做到食物近似无限供给，那么只有两种可能性：人类的文明停止在某个水平上不再进化，或者一部分人近似于猪而被另一部分人豢养。南太平洋岛屿发展停滞的小部落可以印证前一种可能性，而后一种可能性见于科幻作品。

/ 虚 无 /

　　虚无是现代价值观。尽管保守人士深恶痛绝，有道德关怀者视若寇仇，但它还是如期而至。当年尼采有感于宗教衰落而指出的那种虚无，犹是虚无的皮毛，不是骨肉。那是社会转型期间旧有价值观瓦解，新起价值观尚未建立时的暂时虚无。就像古人哀叹礼崩乐坏、世道衰微那样，社会过渡期的虚无在人类历史上屡屡出现，适时降生。这里说的虚无不是暂时的虚无，而是恒久的虚无，它先前未曾出现过。如今挟持科学和理性的力量缓缓推进，在人心的土壤播下虚无的种子。它结出什么样的果子现在还不得而知。有一点很清楚：它如期而至。这种恒久的虚无是由人的知识的长久积累而实现的。知识进展勾勒的图像已经很清楚了：人的肉身、自我意识以及社会结构、文明，无一例外都是基因的工具。长久以来，基因与肉身、自我意识、社会、文明之间，前者利用后者的关系一直被隐蔽着，不为人知。正是全然无知的基础上，人才有主宰万物的主人感，才有生而为人的荣耀感，才有为义务而尽责的使命感，才有以人自身为目的的人本理念。而事实上，主宰万物的感觉只是幻觉，或者说无知，又或者说被蒙蔽。事实上人只是更隐蔽而高高在上的主人的工具。这个主人不说话，这个主人躲藏在仆人不可见的深处。然而千万年来这个主人以它的方式发号施令，指挥仆人。终于有一天，知识揭开了谜底。主人身份被撕下来，换上仆人的标签。主人幻想的破灭就是科学和知识进展导致的觉悟，而对仆人身份的认知，就是虚无价值观的萌蘖。仆人是按照吩咐办事的人，他对生身的环境，没有责任，没有义务，没有目的。人类进化至今的一切，也是如此。它的出现，与别的生物出现，没有什么不同。将来灭绝，也和已经灭绝的生物一样，归宿同处。

/ 仁 慈 /

人类的早期并无"仁慈"观念，正如尼采所说，唯有"强力者的道德"。剥夺了弱者之后顺理成章产生的当然是那些将剥夺合理化、神圣化的伦理观。"恻隐之心"所能起作用的范围不会超越血缘狭小的圈子。征服者对被征服的同类，决不讲"恻隐之心"。人类首个"私有"的对象，不是物，而是人。人最早将被征服的同类作为私有的物件，一如猎获的猎物一样，依次再将土地、饰品、房屋当作私有物件。兽类所能"私有"的，莫过于猎到的食物，而被征服的同类最早的意义也等同于食物。对于从食物演变而来的奴隶，还用得着讲"恻隐之心"吗？"强力者的道德"不愧为人类最早的道德。然而崇拜权力意志的道德也带来了强烈的人类冲突，它至少没有缓和这种冲突。个人与个人、部落与部落、邦国与邦国皆以己方为强者而谋求奴役他方。为了奴役而进行的这场冲突随着部落和邦国毁灭对方能力的提高愈演愈烈，"私有"涉及同类引起了存亡的危机。这个时候"仁慈"作为克制"强力者的道德"的因素才始出现。耶稣发起"千年奴隶道德的起义"；佛说"众生平等"；老子将"天之道"与"人之道"作为矛盾的范畴来处理，扬"天之道"而抑"人之道"；孔子倡"仁德"。"仁慈"的出现不是一个偶然的事物，雅斯贝尔斯称圣贤群起的时代为"轴心时代"。这个时代人类最重要的进步就是演化出具有普适性的仁慈伦理观。人类的心智进入到酝酿伦理观念以迎接大规模社会合作的时代，仁慈伦理即是即将来临的社会的产物。这个时代虽然一如既往继承了先前时代的奴役、剥夺、压榨和欺凌，但它至少使这些人类的行为变得可以忍受，变得温和，又或者给予被奴役、被剥夺、被压榨和被欺凌的人带来微茫的期待。

/ 宋襄公 /

宋襄公是愚蠢的代名词，"宋襄公之仁"被现代称为"蠢猪式的仁义道德"。对他的评价折射了"高贵"的没落与"无赖"的崛起，这两种品格此消彼长的背后是贵族的消亡与游士的兴起。封建时代贵族征伐不断，尚武好斗。以血缘划分等级，绝大部分人被打入先天卑贱、等级低下的草根下层。非贵族由血统低贱而身体低贱，由身体低贱而地位低贱，由地位低贱而品格低贱，反过来贵族由血统高尚而体格高尚、地位高尚和品格高尚。以先天理由创造维持后天不平等的贵族社会，促使贵族上层演化出以鄙视非贵族为前提的"高贵道德"。"高贵道德"流行在贵族圈子，视名誉为生命，信守承诺；任何行为，均以手段高于眼前目的为依归。征伐的双方虽是你死我活，但也不为取胜不择手段。宋襄公是一个范例。公元前638年，楚宋相争，宋襄公有两次取胜的机会。一次楚军正在渡河，另一次是楚军已渡过泓水但未成阵列。攻其不备正是兵家的信条，宋襄公均以为不可。战败之后，宋襄公说："君子不重伤，不擒二毛。古之为军也，不以阻隘也。寡人虽亡国之余，不鼓不成列。"他的理由当时就被大司马驳斥，历史上恐怕也只有傻子会赞同他。然而他却代表了古代社会曾经存在过的伟大的道德精神。他不但视楚军为敌方，而且也视之为与自己一样具有高贵品格的人。与这样的人交手，一定要条件对等的情形下一决雌雄，否则胜之不武。名誉与品格的高贵竟然胜过生死之念，难怪只有传承殷商血胤的宋襄公才有如此"高贵德行"。宋襄公的信念一如欧洲贵族决斗，公平、对等而按照程序，若乘虚袭击而取胜，则名誉扫地。宋襄公宁取败亡，不取不誉。春秋战国礼乐荡然，只求达到目的不择手段的"无赖精神"便大行其道。"宋襄公之仁"，弃如敝屣，他被目为愚蠢，也合乎情理。宋襄公属于曹刿说的"肉食者"之类，而曹刿本人是游士。曹刿说"肉食者鄙，未能远谋"，直指秉持"高贵精神"的贵族在礼崩乐坏年代的不适应。鄙，就是不能变通，不能审时度势。然而宋襄公虽以惨淡收场，但后人也迷恋成王败寇，忘记了向这位高尚的失败者致意。

/ 利玛窦 /

上帝存在需要以推理来证明。要人们信从推理，唯理是尚，则要有唯理论的文化传统作为基础，而中国文明恰好欠缺唯理论的传统。利玛窦的传教事业进展缓慢，他的策略是主攻上层，虽然最终站稳了脚跟，但付出与收益不成比例。大概在于基督教的神是一个创造主，万有的原始。怎样将这个造物主（Creator）的创造证明给非基督教传统的中国士大夫，令他们信服？经验的演示是无从进行的，已经被创造出来的世界不可能再创造一遍。也就是说，这与基督教信仰传播性命攸关之点是"无验"的。"无验"是其神格的根本特征，与民间信仰所崇拜的神的神格不同。后者如灶神、财神、土地神等，神格世俗，具"可验性"，信从的好处与不信的报应都有传说、经验实例摆在人们面前。如某人修道登仙、某人求佛得子、某人拜佛发财，虔诚应于今世人生，是为"实验"。基督的神就不能这样例证。万有被神创造出来，充其量这不过是万有存在的一个解释。既然不能拿实效来"验",便只能拿虚理来"验"。只能"理验"而不能"实验"的基督教要敲开中国的大门,其传播的困难可以想见。利玛窦《天主实义》搬出中世纪的"四因说",证明具体事物被创生时有实例可"验",但推而广之而证明万有之被创生,仍然是属于推理,是"理验"而不是"实验"。仅仅依凭推理说服儒生接受创造主的概念,这或许是利玛窦事业吃力而迟滞的原因。Creator是一个不能"验"的神,而本地神是可以"验"的神。实用理性一说,在此可以找到一个有力的旁证。或可以一问:利玛窦在北京立足十年,在中国传教二十七年,何以没有做最重要的事情——翻译《圣经》?这一定与这块土地重视"实验"而轻视"理验"有十分密切的关系。利玛窦也一定对此了然于心。他只能拿"理验"去征服喜欢寻根究底有教养的儒生,此等儒生不会很多。如果他将教传秘宝《圣经》翻译出来,其中亚当夏娃、伊甸园、摩西见神、耶稣受难升天等传说和奇迹为士林所知晓,基督教将立即被贬为次于佛道诸神仙的"志怪""奇谭"。神秘的面纱被揭开而失去其神秘性,他传教事业的优势也仅仅剩下《万国全图》和自鸣钟一类的图籍和技艺了。利玛窦有此担心,故将《圣经》秘而不译,仅撰对话体短著《天主实义》和《畸人十篇》,宣传教义。

/ 途 与 家 /

精神创造与"在途"密切相关，而事功发扬则与"在家"不可分离。"在途"和"在家"都是描述主体的位置感。在途者没有确凿的位置，途是不断的流，在途者随着这个流不停迁移。置感是不确定的，缺乏认同，永远飘忽。然而"在家"却不同，家是固定于时空的某处。在家者以这个地域为坐标认识周遭世界。世界是在家者的家园，它属于在家者。家，可以属于在家者；途，却不可以属于在途者。家不可以鹊巢鸠占，途却可以你来我往。在途者永远困惑，不得归宿。永远困惑，故思；不得归宿，故叹。一思二叹，诉之于"说"，便是源源不绝的精神之旅的足迹。旅人多思，旅人多叹，自古已然。在家则不然，在家者心安理得，他是周围世界的王，而周遭世界是他的臣民。他发号施令，坐镇指挥。既发号，又施令，便诉之于"作"。于是事功的发扬、土木的兴作，源源不断。犹太人的历史就是关于"在途"和"在家"的绝妙隐喻。千百年来，犹太人没有家园，四散流徙，随处托身，毫无事功的成就可言，却有惊人的哲学、思想、文学和科学成就。二战结束，犹太人复国，重夺"应许之地"，由"在途"转化为"在家"。在家者无思无叹，故无"说"；但在家者长于建设家园，故有"作"。数十年来，与周边阿拉伯人大兴干戈，一不做，二不休。造作无休，正是犹太人由"在途"变为"在家"之后的命运。人在世界之中的"思"和"作"，并没有如同想象那样密切的关系。"思"并不总是为了"作"；"作"也不一定非要有"思"不可。虽然"思"同"作"的主体都同是人。人的或"思"或"作"，是由人在世界中的位置感相连的。"在途"者多思，"在家"者多作。

/ 异 化 /

为实现某个目的，一定要有某种手段。而当手段付诸实施后，它往往偏离目的，似乎免不了目的和手段注定分离的尴尬。哲学的解释称为"异化"。除了哲学的解释，还可以有经验的理解。手段和目的并非实体性的关系。手段是实践性的，而目的仅是它意义的呈现。意义的呈现并非手段的本然属性。例如竞技体育的目的是为了健康，但在竞技体育和健康之间，并不存在实体性（必然）的关系。健康（意义）只是呈现在竞技体育之中但并非竞技体育的原来属性。因为竞技体育是人类的活动，而健康只是它（竞技体育）向我们呈现出来的一种意义。而且人们希望它这样呈现的时候，它才这样地呈现。如果人们不希望它这样呈现，那它也当然可能别样地呈现。就是说，竞技体育完全有可能呈现别样（非健康）的意义，只要人们愿意。竞技体育既可以有健康的意义，也可以有金钱的意义，更可以有反健康的意义。因此不可以把目的看成是范导、制约和规范手段的能力，它只是人的实践性活动中呈现出来的意义。同一类型的人的活动，完全可以呈现多种不同的意义。手段是实践性的，目的是非实践性的，目的与手段不在同一层面。人是善于从实践性的活动中发现它多方面意义的聪明动物。手段的意义呈现是以自我欲望为圆心的，当这个圆心转向不同的方向，就有不同的意义呈现。为了伸张正义的目的使用了暴力，但正义管得住管不住暴力这种实践性活动呢？换句话说，暴力是不是只有正义这样一种意义？答案显然是否定的。暴力既可以呈现为正义，也可以呈现为建立残暴的统治秩序。暴力实践的发动者发现暴力在实施过程中，参与者结成垂直统辖关系，这种垂直统辖关系有利于上层满足个人的欲望，也有利于清洗不纯洁的分子。暴力对正义的伸张在社会历史实践中演变到这一步，它就离开了伸张正义而致力于经营秩序。这说明，人不能通过重组正当的目的而保证手段的不偏离，只能通过限制手段来校正偏离。

/ 正 义 /

人世间有"惩罚的正义",也有"申冤的正义"。惩罚体现了正义的伸张,申冤得直同样体现正义的人间落实。惩罚可以不经任何人间程序而降临在"犯罪之人"头上,这是惩罚的真正意义。民间所说的"天谴""天收""报应",就是惩罚的真义。惩罚所体现的正义,它不在人间秩序之内,但可以落实在人间。它是一种高于人间秩序的"普遍秩序"(universal order)。人间可以无正义,当然也可以有正义。即便有正义,也是有局限性的正义。同人间秩序相比,"普遍秩序"当然高高在上,如民谚所说"举头三尺有神明"。人们怎样知道这个"普遍秩序"在人间的显现,怎样知道举头三尺的神明?答案是通过惩罚。惩罚显现了来自"普遍秩序"的正义。惩罚是正义的化身。它是神圣的。无论这个"普遍秩序"被设定是神创造的,还是自然自在的;无论称之为神,还是称之为天,它都具有人不可能达到的那种神圣性。来自"普遍秩序"的惩罚力量本身是非程序的,不是人力能够干预或预测的。因此"惩罚的正义"是神秘的。人只能看到由犯罪到惩罚的因果相续,从事件前后相续中猜测显现的神圣意味,绝不可能知晓或穷尽这种来自非人间的正义。"惩罚的正义"的神秘性由它只可显现而不可知晓而来,人对于"惩罚的正义"只可察其迹,不能晓其本;只可视其形,不能知其理。"天谴"无涉于人的力量而它可以假手任何力量,当然也包括人的力量。"天谴"的落实是借力而行。借谁的力?借任何力。"惩罚的正义"又是无处不在。相比之下,"申冤的正义"则依赖人间秩序才能实现。悲苦的人间冤屈经由人间秩序而沉冤得雪,自然就体现了正义。不过这种正义是人间的正义,正如冤屈也是人间的冤屈一样。人间的沉冤得雪缺乏神秘性,一切都由人做出来的,一切也是人所知晓。"替天行道"当然不若"天道自行"来得神秘。中国的悲剧只表现"申冤的正义",故其悲剧精神比古希腊或莎剧表现的"惩罚的正义"相去甚远。

/ 诗 意 存 在 /

胡塞尔"生活的世界"或"本源的世界"只能呈现不能"拥有",人能够"拥有"的是"对象的世界"或"功利的世界"。这话的意思并不是说原来就有两个不同的世界,或者原来只有本源的世界,后来由本源的世界派生出另一个对象的世界。世界在人面前的不同是"我"和世界构成不同关系而产生的。"我"愿意并实践与世界构成什么样的关系，世界将在"我"的面前成为什么样的世界。世界不是一个固定的"东西"，有永远不变的面貌。世界为"我"所不认识但必须与之打交道。如同一个他者，"他"可能成为"我"的朋友，也可能成为"我"的敌人，端看"我"与"他"的关系有怎样的机缘，有怎样的发展。如果"我"要把世界当成工具实现人的幸福、快乐，那世界就是一个"对象的世界"和"功利的世界"。世界成了认识和施行意志的对象，这仍然不意味着世界本来就是客观的，不意味着世界本来就是对象性的。世界没有本来是什么样的问题，世界的本来面目这个问题是"我"来到这个世界，与世界共同存在，才创造出来的。要是一定得说出世界的本来面目，一定得说出"根"，那就只好说"我"是一回事儿，世界是一回事儿。由于两回事儿凑巧同时碰到一起，两回事儿合在了一起，所以就产生了"根"的问题，产生了世界的本来面目的悬疑。人生在世，一大要义是满足欲望，追求幸福。这样企求的结果，不可避免把"我"的欲望当成主体，把世界当成工具。由于主体和工具的关系，世界于是就成为认识的对象，成为施行意志的对象，世界就在"我"的面前具有客观性。世界仿佛是一个不以人的意志为转移的客观世界。"我"与世界的这种关系具有公共性，别人可以与"我"分享，"我"也可以在此基础上与别人进行社会性合作。科学研究以及所有功利性的人类活动，莫不以

"我"与世界结成如此的关系为基础。但"我"与世界还可以结成私密性的关系。海德格尔说,"人诗意地存在"。这时候"我"与世界的关系,就是私密性的关系。"我"可以不把世界当成满足欲望的工具,当成认识的对象,当成施行意志的对象,而是在世界之中体验,在世界之中玩味、欣赏。这时候,世界就是一个完整的呈现。"我"面对着世界完整的呈现,既不与别人分享,也不与别人合作,就像"我"与世界签订私人合约,别人也不知道,无从参与。"我"与世界的诗意关系是私密性的关系,它只关乎生命,而生命从来就是个人的。

/ 血 祭 /

祭祀用血,这是一个普遍的人类现象。犹忆当年在三都与苗人结拜兄弟,即场杀鸡滴血,喝鸡血酒,是为歃血结盟。祭祀所用的血等级又有区别,最金贵的要数人血,其次马牛等大畜生,再次猪羊等肉食畜生,又再次鸡鹅鸭等小畜生。即使如今文明大开,汉人祭祖用乳猪和鸡,亦是血祭的孳遗。耶稣被出卖而钉十字架,这本是教派内部冲突的冤案。耶稣门徒保罗循血祭的意义解说这件冤案：神差遣亲子耶稣来人间为人赎罪，钉死耶稣是人之罪，血是神恩的见证，十字架是救赎的希望。保罗的释义奠定了教义的基础。祭祀用血的道理何在？这是一个非常有意思的问题。任何仪式实质都是装饰，文化意义上的装饰。由于抽象意义是人的感官不能达到的，比方神、祖先、灵魂等，眼不可见，鼻不可嗅，耳不可听，手不可触，舌不可尝，怎样才能让人相信它们存在呢？人只生活在经验的世界而又要与非经验世界沟通，直接沟通是不可能的，唯一的方法就是间接沟通。所谓间接沟通就是使用象征和隐喻的方法，它必须一方面是经验世界的行为和动作，另一方面又不同于日常的行为和动作，在日常的行为和动作中寓含超乎它们的意义，而仪式的使命正是如此。凡仪式必用道具，而血是所有祭祀仪式道具中最不同寻常的道具，它是生命本身。动物有它即有生命，无它即死亡。拿天地间最宝贵的东西——生命，拿生命中最直接等同于它的东西——血，做提升仪式的神圣性的装饰，确实是最合理的方案。故此血在仪式中是最具装饰效果的，仿佛珠宝中的钻石，有它熠熠生辉，寒光逼人；无它则死气沉沉，暗淡无光。血祭经由人而大畜生而小畜生，逐步衰落，人类好像越来越吝啬，越来越舍不得把最宝贵的东西献给神，献给祖宗。这种道具价值的衰落伴随着仪式的世俗化，说明由仪式所象征和隐喻出来的抽象意义，在社会中的重要性越来越下降。人的生存渐渐不太需要它了，所以献给它的东西也越来越少，祭品越来越缺乏价值。

/ 知 其 不 知 /

苏格拉底（前469—前399）探索知识的态度——认真严肃地探求知识而终于认清自己原来是无知的——似乎暗示了知识与人的关系。知识不是人可以拥有的"他者"，知识只能被人分享而不能被人所拥有。就像阳光一样，它明亮，它照耀，难道人可以拥有阳光而将其独占？答案是否定的。阳光不能拥有，也不能垄断。无论是人类还是一部分人，都不能阻止其他生物和另一部分人类继续分享阳光。人只能分享阳光，只要有眼睛，就可以分享到它的光亮。知识不是人的创造物，知识是自然的，它给予所有探求它的人，如同阳光给予所有愿意看见它的眼睛。知识一方面烛照我们的生活，另一方面却也告诫心灵：越多分享自然的恩惠，便越是证明恩惠的无边与神秘，越是应该谦逊和包容。知识启发了人认识自己的无知。人生如同在无尽隧道中的探险，只有擎着烛光，才自觉隧道的无尽。如果没有光，一定以为尽头就在眼前。

知和不知看起来是相反的,"知之为知之,不知为不知,是知也"。知与不知的截然相反性质,是在知识的个别性上表现出来的。在更高的意义上,知其不知才是最艰难、最大的知。这时候的知不是个别的知,可以在知与不知之间做出仲裁。总体意义或伦理意义的知是没有"他者"的,它不能被占有,如果把实际上不属于人的东西而自认将之占有而其乐融融,那就是最大的无知了。知不知又不仅仅是谦逊,它更重要的是求知的态度。谦逊是对人的,知不知是对知识的。然而只有在追求知识的过程中才能知晓自己的无知。这后面一点是苏格拉底关于知识的观念与孔子关于知识的观念不同的地方。

/ 灵 魂 不 朽 /

在《斐多篇》苏格拉底分别尝试三个论证来证明灵魂不朽。第一论证:凡事物都从对立面中产生。生和死是对立的,因此死必然来自于生。那个死之后的生,就是不朽的灵魂。第二论证:人的出生类似于睡眠和遗忘,学习则是回忆起已经遗忘掉的知识。人能够获得知识,它必然来源于此生之前的另一个生命,这个生命就是灵魂。第三论证:一事物之所以如此乃是因为它分享了它的"形"（相），如同美的事物是分享了美本身，善的事物分享了善本身。因此人的生命必然是分享了生本身。事物可变而"形"（相）不变，具体之人可死而生之"形"永不磨灭，而这个不磨灭的生本身岂不就是不朽的灵魂？其实，这三个论证的前提都可以重新推敲，都可以反驳。它们的结论也未必可靠。但令人印象深刻的是苏格拉底是讲道理的，他诉诸的方法是逻辑的、理性的。只要同意他的前提，赞成他的结论也就势所必然。有意思的是苏格拉底获得他推导出来的结论而并不能令他对"灵魂是否不朽"这件事释怀。即使有逻辑和理性的结论他仍然耿耿于怀，仿佛事情还没有坐实。所以在篇末的对话，他把所有论证抛诸九霄云外，反而求诸希腊的神话和传说，把天堂和地狱大肆描绘一番，坚信自己死后在另一个世界一定得到神的眷顾，找到公平、正义和心爱的朋友。最后他没有忘记告诫门徒，别把他描绘的天堂和地狱当作事实本身，但是它们和事实必有某些相似的地方。苏格拉底的这个转变耐人寻味，它表现了逻辑和理性的途穷。毫无疑问，逻辑和理性可以帮助我们发现关于事物的知识，但并不能从已经发现的知识中获得意义。知识是普遍性的；而意义是心灵性的。就像一个拥有关于善的知识的人，并不等于他本身就是善的一样，而善是我们个体生命在此世生存的终极目的。苏格拉底完成了他关于灵魂不朽的三个论证之后，马上发现了这三个论证的

"意义的漏洞"。如果灵魂是不朽的,那恶人的灵魂也是不朽的。这结论无异于给了恶人一张进入天堂的通行证。这事终究不妥。于是他把天国、地狱、最后审判请出来,因为神话、传说能够构造意义,它们隐含惩罚和奖赏。归根结底,灵魂不朽不是逻辑和理性的事业,而是我们生命本身的事业。它只可以相信,只可通过隐喻而领悟,不可通过论证而坐实。

/ 先 知 与 师 /

先知是神与人之间的信使,传神的语言,说神的话语,师则是道的先觉者,传道授业,启发后学。先知和师都要面对大众,但两者却大有区别。先知用命令式的语气说话。在众人面前,先知是全知者,大众则唯唯诺诺,听从吩咐。先知的社会角色恰如坚定的带头羊,带头者在前,群羊唯有俯首跟从。耶稣与十二门徒的关系、保罗与各教区教众的关系,都可以见证先知君临教众的绝对者的社会角色。神人两隔,人在此岸尘世,而神却在遥远不可及的彼岸,此岸和彼岸之间端赖先知传言沟通。先知虽不是神,但在众人面前,先知却是离神最近的人,是神的灵光显现者。在神面前,先知与众人的地位天然地不平等。先知绝对垄断关于神的话语，由此也垄断了从话语派生出来的社会权力。先知的全知者的扮相、命令式的语气、绝对者的地位，都是由"神的信使"这种角色赋予的，换言之，一神信仰塑造了先知的角色。除非不再信仰神，信神则必有先知此一角色。师则不同，师只是传道授业。他们同大众的关系是先觉与后觉的关系，先觉者有责任有义务启发、诱导后觉者学习、领会道的大旨，而后觉者也有责任、有义务听从师的训诲、教导，服从师的指点，以期在教学相长的切磋中共同进于道的境界。先觉者与后觉者在领悟道的切磋中，也能够建立关于道的话语权力关系。无疑师是占据主导关于道的话语权力，而后进则处于恭顺、服从的谦卑地位。但有意思的是这种话语权力虽然也是垄断的，却不是绝对的。师应当与后进一起切磋却不可以使用命令式的语气说话。师虽是先觉者却不是全知者，在关于道的个别知识方面，师完全有可能不如学生，师有尊崇的地位却不应凌驾于学生之上。换言之，师对道的垄断仅仅是因为与学生相比，师先知一步。这先知一步，可能被后来者居上，也可能被他者取代。因此师的话语权垄断地位一方面有赖于自己的进德修业来维持，另一面也有赖于学生内心主动的顺从。师的垄断地位缺乏绝对性，不似先知，是信仰神的传统赋予了其权力和地位，绝对不可动摇。造成师对话语权力"垄断而非绝对"的社会角色的原因，在于道的此世性质。道不外于人，在道面前人人平等，师也好，后学也好，没有人可以声称只有他才是道的化身。在人与道的关系中，有人先得道，有人后得道。道不需要一个绝对的角色来代自己发言，道只要人来领悟、把握。道弥漫于万有，道消隐于人的心里。道的此世性质决定了师的社会角色，拥有关于道的话语权力，但不是绝对者（道的化身）。在师统中，师的权威是在传承、教学、切磋中建立的；而在先知传统中，先知的权威是靠声称、奇迹、训诲来建立的。

/ 绝 对 与 相 对 /

绝对主义是邪恶的，相对主义是愚蠢的，但两者都是必要的。绝对主义所以必要，在于人的有限性；相对主义所以必要，在于进化的随机性。

/ 原问题 /

思想史关注的对象通常都是思想者表述出来的观点,却很少关注支配这些观点背后的"原问题"。一个时代的"原问题"不是思想,它不是一个判断或命题,而是思想者思考的焦点所在,是判断或命题的潜在主词。不同思想者对潜在主词的思想表述可以大相径庭,也可以截然相反,但这个潜在主词却是不变的。聚焦思考之后得出结论可以相互不同,但是聚焦的所在却是不离其宗。每一个时代都形成一些思想驰骋的聚焦点,这些聚焦点是"原问题",思想则是围绕着它们的展开论述。比如近现代思想学说纷呈,但实质皆焦虑于"贫穷的发现";思考路径离不开"中西比较的情结";拯救国家毫无例外倾向于"民主的神话"。这三个"原问题"在近代思想者那里是无意识的,他们甚少正面谈论它们。不过思想者表述出来的观点都是围绕着这些"原问题"的。在他们表述思想的字缝里,随时都能够发现这些潜在的主词。近代一系列惨败之前,尽管中国也有饥荒、灾民,但天朝富足,地大物博,物阜人丰,从来都是被普遍承认的。史书的陈述、传教士的印象、士大夫的诗文都可以做证。贫穷不是朝代国家的属性。可是近代以降事过境迁,逐渐地,贫穷就成了一项思想舆论最重大的自我发现,惊醒于中国在物的世界里一无所有，成为朝野的共识，也成为思想者的焦虑。于是有人说优胜劣汰，有人说富国强兵，有人说殖产兴业，有人说剥削有功，有人说科学技术推进生产，也有人说资本也是先进生产力。当然反过来也有人以精神文明世界第一而笑傲江湖。无论正面立论还是反面立论，内里都潜藏着因发现贫穷而带来的惶恐不安。因惊醒于中国的一穷二白而挣扎奋斗，致力于摆脱贫穷的梦魇。在近代，还没有什么比得上"发现贫穷"对思想者和一般民众的影响那么深远，它是近代的"第一发现"。西学东渐以来，思想界好谈中西比较，有"中体西用论"，有"中西文化论战"，有"东西文化及其哲学"，有新儒家向"西方"持续叫板，有诸多"中西思想""中西思维"比较研究。各家的结论或有不同，有人抑中扬西，有人褒西贬中，有人调和两端，总之中西对举。胜义之间彼此势同水火，要之中西平分秋色。百余年来，思想者中西比较的习性牢不可破，视之为思想的"情结"（complex）毫不过分。世界之大似乎只由两家包办，其余不入法眼。印度或偶然及之，穆斯林则等同无有，日本更是蕞尔，黑非洲荒外之地，弃之可也。丰富而多样的世界被简化为两极对等的世界，仿佛半斤八两。"中西比较情结"反映了中国大国地位失落之后重新寻求其潜在可能性的思想努力。除此之外，并没有告诉我们多少东西。在近代，由于所有失败都被归结为政治的独裁专制，民主就成了包治百病的良药。民主是战斗的旗帜，民主是声讨的檄文。这与其说反映了政治事实的进展，不如说反映了西学东渐以来的政治时髦。正所谓世界潮流，浩浩荡荡，顺之者昌，逆之者亡。

/ 荣 耀 /

荣耀（glorious）最早的起源不是他者羡慕或仰视的目光，不是他者授予的尊敬和崇慕。荣耀是自我认同的产物。这认同与血统有关，与神有关。认为自己的血统比他人的血统高贵，自己的先祖比他人的先祖的尊崇；认为自己崇拜的神才是真神，他人崇拜的神是伪神。血统的高贵和神的高贵是荣耀最原始的资本，这项资本由自我声称而来。当然自我声称要不落入可笑的境地，则必须依凭武力。征服了不轨之徒，自然就赋予他们低贱的恶名。荣耀最初不是他者的尊敬，而是自我的声称。荣耀观念的这种起源看似毫无根据，缺乏客观性，其实却为自尊提供了最为牢固的基础。旁人若是质疑，答曰高贵不证自明，天然就是如此的。荣耀的本质就是强制性地认为自己比他者高贵。犹太人的选民（chosen men）观就是一个最好的例子。犹太人自认是神的选民，不正是自我声称吗？但恰恰是自我声称，它才显示了人世间那种天启（apocalyptic）式真理得以确立的终极根据。天启真理不赖客观，不赖证明，全赖自我声称。一个人也好，一个民族也好，当放胆声称拥有他者所没有的荣耀之时，才脚踏实地，直面人世间残酷的真相。荣耀源于自身而不源于他人的荣耀观，在世俗化过程中逐渐瓦解。荣耀转而成为一项他人授予的正面价值，不是因自己而荣耀，而是因他人的赞誉而荣耀。他人的赞誉成为荣耀的核心价值，荣耀亦因此而蒙上了虚幻。荣耀有赖他人的赞赏，如同市场上的商品，因众人抢购的价值增高，因众人抛弃而价值走低，随供求关系而变动，没有本身牢固不变的内在。古典的荣耀观被世俗潮流所解构，人生就在这虚幻之流中沉浮、漂荡。

/ 身 体 /

身体在古典时代带有贬义。肉身与衣食住行相连，肉身与世俗相连，在这个意义上，所有动物都一样。当人还原为肉身，古典时代通常称这样的肉身为"禽兽"。是什么使得具有与禽兽毫无二致肉身的人最终超越于禽兽之上，而成为可以傲视"禽兽"的人呢？这是古代思想都在思考并试图回答的。柏拉图的回答是灵魂，孔子的回答是德性。灵魂凌驾于身体之上，德性也超迈于肉身。灵魂指向天空，身体垂向大地；德性永恒不变，肉身瞬时腐朽。柏拉图提出爱欲说的本意是要解决缘何会追求真理，追求灵魂的不朽。他认为那是因为我们有爱欲，爱欲使我们追求更圆满的对象，而真理和灵魂就是更圆满的对象。可见柏拉图以"爱欲"为形而上学铺路，而不是为形而下作证。文艺复兴之际"爱欲"离开了柏拉图原来的思考模式，面向苍穹的爱欲转变为面向尘世的爱欲。身体开始脱去古典时代的贬义，转变成堂皇的正身，也就是由爱欲的变形为开端。当爱欲转向尘世，它就带着感性、浪漫和反抗。爱欲被激情所灌注，犹如"性"本空而物激之为情。从文艺复兴到浪漫主义，其中对感性的论述和偏好，都与"爱欲"的转义有关。身体、肉身也就从肯定感性中获得正面意义。身体正面意义的另一起源是自然权利学说。欧洲自然权利学说从霍布斯开始，讨论人可以拥有什么样的权利。从霍布斯到洛克，权利的主体当然是抽象的"人"。抽象的人是可以没有身体，因为那时代作为主体的人关注的权利是自身之外的物的权利。这些物主要是财产、制度，它还不曾涉及身体。不过随着自然权利的逐渐扩展，总有一天使主张权利的主体触及人的身体。比如人身自由权和言论自由权就颇有点身体的味道，虽然不是很明显。可女性的投票权、堕胎权和婚姻权就很明显是身体的权利，尤其是后者。这种身体权利最好的注解是《伤逝》里子君的话："我的身体是我的。"自然权利学说由政治、经济领域扩展到身体完全是这种学说的本身逐渐扩展的结果。不过在自然权利学说阶段，肉身依然是一个整体，自我也维持着完整。后现代女性主义将权利扩展到极端的程度，肉身绝对高扬的同时，也在碎片化。它不再是一个完整的身体，转而变成性、血、经、乳、臀等不同碎片。感性彻底离开了德行，感性的张扬变成了随意操作身体的魔杖。

第二辑

社会历史

历史事件的解释和意义不是同一回事。

/ 对 立 /

同是阶级利益的冲突，地主与佃农的关系比资本家与工人的关系更脆弱，更容易演变成你死我活的对决局面。资本家与工人的关系，尽管在利益上是处于对立的位置，但却包含了复杂的社会分工、技术和经验的因素在内。工人即使夺取了工厂，赶走了资本家，也未必能够熟悉市场、客户、原料和销售，未必能够使工厂按照原来的轨道运作，继续盈利。单方面的激烈行动在这种现代社会分工格局中是毫无建设意义的，局面不可能按照单方面的愿望演变。地主与佃农的关系则不然，他们的利益对立，但相互关系中并不包含复杂的社会分工因素，而且农业的技术和经验也是十分简单，世代流传，变化不大。双方诉求无法调和退让的时候，更可能诉诸暴力而暂时解决。佃农夺取了地主的土地，马上就能够耕种，取而代之，生产照样进行。土改没收地主土地分给农民，随后便是丰收，这是最好的证明。地主和佃农的利益对立有先天的脆弱性，这种脆弱性容易导致暴力的收场。上述的看法可以解释马克思的阶级斗争理论何以在工业化国家只有微弱的呼应，而在前现代色彩浓厚的国家却大行其道。

/ 教 训 /

　　历史的教训往往演变成噩梦，永远昏睡不醒的噩梦。前辈临行告别这个世界，永远都是那样喋喋不休，急切把自己生活的教训、智慧的结晶归结成临终嘱托传给晚辈，而那些希望保住前人荣耀的晚辈也想得到过去的真相和未来的启示。但他们没有想过，两辈人之间存在着经验和欲望的斗争。前辈代表经验，晚辈代表欲望，而经验总是要输给欲望的。每一个生命都是一张白纸，欲望要在上面写字作画。别人的经验只是一个他者，他者总是敌不过欲望主人的，就像自己的脑子不可能让别人长久占领一样。历史的教训终归变成虚妄，后人总是重复前一代人的覆辙，这是我们在历史记录里屡屡见到的。前面的飞蛾扑火，后面一只飞蛾肯定看见了，可是它为什么也毫不犹豫地飞扑过去呢？只因为它是生命，生命就要生活在它自己里面，它有自己的自由意志，要按自己的方式生活。这就是牢不可破的意志，这就是生命的壮丽。理性、经验、智慧，也就是历史，试图阻挡这生命的壮丽，怎么可能不失败呢？站在后设的立场，我们只是其中可怜的小飞蛾，历史只不过是小飞蛾耳边嗡嗡作响的微音。

/ 权 宜 /

规则和权宜是两个基本途径，用于管理人的生活。设想一下：如果生活里没有规则又不准使用暴力，那一定是欺骗、拉拢、奉承、出卖成风的混乱社会。骗子和无耻之徒是这个社会最适宜于生存的人；而如果没有权宜又不准使用暴力，那人类社会一定是一个蚂蚁的社会。蚂蚁社会的生存，只讲规则，没有机巧。规则是理性的，它超乎个人之上。只有众多的人群服从一个共同的行为规范，才能称它为规则。规则使得生活单纯，因为它使我们遭遇的生活可以预见。只要遵守规则 A，就可以预先知道规则 A 管辖下的事物前景。比如选举以得票多者为胜。假如我决定参选，则可预知如我得多数票就一定当选。这样我就可以不必担忧选事本身是否确凿无疑，而集中精力争取选票。如果选事没有任何规则，参选人就面临没有规则的游戏，结果一定服从丛林定律：弱肉强食。丛林定律不是一个参与者共同遵守的东西，它是生存竞争的结果。没有规则的游戏结果是任何参与者都无法预知的，没有任何给定条件，游戏纯粹就是一团混乱。人既不能忍受蚂蚁般的生活，故必须权宜以折中；人既不能忍受丛林般混乱，故又需规则以规约。可是规则和权宜的平衡点在哪里呢？

/ 意 义 /

历史事件的解释和意义不是同一回事。解释事件属于认知范围,在于说明事件的来龙去脉和前因后果,但事件的意义则不一样。事件的意义是后续事件赋予的,连续的后续事件决定了某前一事件的意义。如果有分歧的后续事件共同塑造某前一事件,那么某前一事件的意义就出现各执一端的争议局面。如秦灭六国成大一统。汉继秦兴,贾谊即有微言,因他痛感权力专横的后果;李唐结束南北分裂,柳宗元则赞赏秦一统天下;晚清季世,秦一统是黑暗的代名词。事件本身没有孤立的意义,意义是后人根据自己对当下环境的感受赋予的。历史想象的出发点是想象者的现实感受,也就是后续的事件。想象者的现实感受混杂了欲望,混杂了对未来的期待,而对未来的期待需要寻求它的合理性。这种合理性不能由期待本身得到说明,它必须回溯过去,建立过去、现在、未来的连续性。这样,在连续不断的历史之流里,欲望才能穿上合理的外套。不过在理智看来这件合理的外套只是一件皇帝的新装,它对皇帝本人没有任何实质作用。

/ 两种人 /

有两种人能够抓住社会急剧变迁带来的机会,分别处于社会的上层和底层,他们是握有权力、懂得谋求寻租的人和走投无路的人。对前一种人来说,社会变迁意味着手中的权力可以兑换成财富。权力是公共的,财富是自己的,寻租行为利用了制度转换而形成的缝隙。地位和欲望的合作完成了权力和财富的交易。地位不是人皆相等,不在拥有权力的位置上,就没有抓住寻租机会的可能。就像失去土地的地主,出租什么?就像破了产的银行家,拿什么放贷?不在权力位置上的人,就是失去土地的地主和破了产的银行家。尽管有欲望,也束手无策。但走投无路的草根通常也能抓住机会。因为机会不是一个职位,而是人生的可能性。在惯常轨道生活的人只能看到生活惯例提供的好处,就像在车上只能看到沿途的风景。科长只能看到处长的好处,而处长只能看到局长的威风;讲师只能想象教授,教授只能想象博士生导师。在惯常轨道生活如同上楼梯,机会对上楼人来说,只是更上一个台阶。可走投无路的人是被生活抛离轨道的人,他不得不依靠自己的努力重新建立属于自己的轨道。就他而言,正因为走投无路,才发现了生活的另一种可能性。生活的安全感被剥夺了,冒险心却增强了,而可能性正是要靠冒险心才能发现，这真有置之死地而后生的意味。简言之，手握权力的人和草根冒险家分享了社会急剧变迁带来的大部分好处。它再次证明经济学的道理：公共政策的福利从来都不是针对所有人的，只有一部分人从中得到绝大部分好处。

/ 不 朽 /

在时间中永恒是不可能的。永恒意味着无时间，必死的个体及被灭绝笼罩的类，怎么能够经验无时间？除非我们能够想象无时间是什么，否则我们连永恒的边都摸不着。之所以有人信仰永生或不朽，只是由于时间的尺度不同而已。那并不是真正的永生和不朽。当人们把身后的功业、德行、著述不断为后人赞赏称颂或者不断被人斥责诋毁看作不朽的话，实际上他们是跨越了自己的生命长度想象不朽，用了一把比自己的寿命稍长的时间尺来度量永恒。这样做并不可靠，它不是建立在理性基础上的。对任何一个历史情景的记忆，越往后便越模糊。在人类世代的迁延更替中坚信不朽，实际上就是坚信后人会永远习得并记住某一刻。当然记忆是跨越世代的唯一桥梁，但它不是恒久不变的桥，而是一座变动不居的魔幻之桥。踏上这座魔幻之桥通向历史,那历史就不是一个固定的目的地,而是已经消逝的过去和现在的经验混合的杂物。这也就是历史情景越是往后便越是模糊的原因。遗忘像蚕,慢慢蚕食人们坚信的那些可以不朽的功业、德行和著述。先是面目不清,尔后是张冠李戴,最后是不了了之。幸亏有了这蚕,历史的包袱得以减轻,虽然这违背了逝者的遗愿。但如果所有逝者的遗愿活人都无从抗拒,那活人就成了活着的死人。不朽是活人创造的神话,也是活人过分的贪婪。他们的神话要由下一代的活人来消解。

/ 葬 仪 /

死亡是一个私人事件。这句话的正确性好像不言自明,因为从来就没有发生过自然意义的甲可以代替乙去死的事。死亡从来只在生物个体自身之内发生。可如果人类能够真正洞悉死亡是私人事件,怎么会存在那么多与死者不相干的葬仪呢?怎么会有那么多无聊的诔墓之词呢?理由只有一个:死亡的恐惧征服了生者的理智,生存的焦虑诱发了围绕死亡的仪式。生者固然与社会存在公共性的关系,但并不意味死亡有公共性或社会性。相反死亡意味着公共性关系的结束。例如合约关系是典型的公共性关系，虽然缔约是双方的，但缔约形式的存在必然是制度架构的结果。没有制度架构则不可能发生缔约行为。但是死亡即是缔约关系的终止。死者与社会不复存在任何关系，死者从公共领域中彻底隐退，死者生前与社会的合同由于死亡而永久解除。死者遗留在世上的东西是他的历史和亲属私友对他的思念。思念的存在是葬仪存在的唯一正当理由。只有亲属和私友能够思念死者，而社会组织是不会思念任何人的。社会组织进入葬仪就只会败坏葬仪的追思性质。它把葬仪变成变相的政治仪式，一种蹩脚的政治仪式。

/ 上 天 /

有人间之事，有上天之事。人间之事就是人可行之事，而上天之事就是造化行于人世间之事。人可以知上天之事，但不可替造化行上天之事。替造化行上天之事即是视百姓为刍狗。人强而行之，只能自取其咎。地震、洪水、瘟疫、干旱等自然灾害，人莫不视为惨祸，然造化行此等灾祸于人间，虽有大害于当时人，但亦有惠泽于其后。灾害导致人口大规模减少，缓和了人口与资源的矛盾，反而为日后的繁荣铺垫了基础。如果不是感情用事地看问题，当时的灾害就是日后繁荣的序幕。这种浅显的道理人类是知道的，但却不可以人为地以灭绝人口来解决资源的相对匮乏。因人不可掌造化的权柄，没有任何权力可以决定究竟谁可以留在此世，谁又必须提前离开。独断专行的统治、邪教均属人而行上天之事。看来好像是通往强盛和威福的捷径，行而久之，无不自取灭亡。

/ 性 /

性对既成秩序而言，既是构造性的力量，又有消解性。社会组织总是倾向于维持既成的局面，而促成改变的挑战来自内外环境的各个方面。性是其中之一。假如一个奴隶主喜欢上一个美丽的女奴，会有什么结果呢？女奴的地位和境遇肯定会改善，她会得到更多的食物、衣物，也许不会再做以前的重活；她地位的改善也许会使她的亲人的境遇也多少有所改善；奴隶主因她而满足了欲望，增加了个人生活幸福的量。这一切的最终结果带来了奴隶制下的奴隶主和奴隶的游戏规则的局部改变。同样，一位贵族小姐爱上了健壮的武士，像摩西早年的故事一样，社会等级的不可更改，至少在此个案中不能完全遵守。性所遵循的原则是身体，而身体是造化的投资。这项投资是神秘的，事先无人能知晓，知道了也无法修正；它并不遵循组织等级的序列原则。造化钟爱的完美身体可以出生在任意的人家。于是，性的游戏规则与组织等级的游戏规则就可能出现冲突。它使得人类借助文化顽固坚持的一些东西在性的面前不得不低头让步。性是造化埋在社会组织既成秩序里的定时炸弹，它可能爆炸，也可能不爆炸。当它爆炸的时候，秩序就多了一种改变的力量。

/ 外 星 人 /

假如外星人入侵地球，目前民族国家的世界体系会发生怎样的变化？一个可能的变化是出现全球统一的世界政府以取代目前的联合国和区域国家联盟。人类或将因这一事件创造出高于民族国家的政治联合体。国家是外生刺激的产物。安全威胁激活了国家这种依据属地属人原则而统治的政治组织。因地理、种族、历史和文化的不同，国家的统治范围有大有小，疆域时常发生变化，但民族国家这种统治的形式是恒久存在的，至少在目前丝毫看不出国家消亡的迹象。历史上，统治者曾受野心的驱使四出征战，妄图将全球纳入统一的版图，亚历山大、成吉思汗、维多利亚时代英国统治者、希特勒等，但事业全都归于败坏，无所成就。个人野心总是敌不过人们关于安全威胁的不同理解，版图扩大在统治者看来是给予了人民更有保证的安全许诺；但在该地域生活的人看来却是被施加了更大的暴政。由此看来，实现更大的统治抱负不可能导致世界政府的出现，只可能促使国家冲突的产生。如何才能使生活在全球每一个角落的人产生共同的安全利益的需要，换言之，如何才能让所有人同时感到共同威胁的存在？外星人的入侵是目前可以想象的一种契机。一旦人类面临这种共同的威胁，世界政府就可能出现。民族国家如果要消亡，它肯定不是自然自动消亡的，它是被更高更大规模的政治组织取代的。

/ 分 工 /

　　城镇的生活比乡村的生活具有多样性，而都市的生活又比城镇的生活具有多样性。这一切都是由于人类聚居和分工精细化造成的。越巨大的都市就越能激发人追求生活的个别嗜好，并且实现它。音乐家、瘾君子、美术家、自由撰稿人、皮条客、科学家等，所有各色人等只能依赖都市而生存。这说明聚居导致分工精细化，分工精细化又唤起了个别嗜好出现，而个别嗜好割裂了生存的自然状态。音乐就是音乐家的整个世界，吞云吐雾就是瘾君子的天堂，绘画雕塑就是美术家的生活，爬格子就是自由撰稿人的生存，拉皮条就是皮条客全部，窥探自然就是科学家的使命。个别嗜好得到充分发展和满足的同时，人生的自我同一性被割裂，生活被撕裂成了碎片。虽然我们不能知道什么样的生活可以拥有人生的自我同一性，但我们清楚地知道自己不能过另一种生活，而只能过这一种生活。这就意味着生活被碎片化，内心也被分裂。生存的自然状态可以定义为尽可能降低分工水平那样一种生存状态，也就是说尽可能简单地生活，尽可能贴近自然而生存。越是依赖于与他人分工合作的生活，就越是割裂的生活；越是分工精细化的人生，就越是非自然的人生。虽然分工越来越细是逐步演化出来，但逐步演化出来的东西并不都是自然的。因为我们在得到一种可能性的同时，失去了另外的我们未知的人生可能性。越是痛感失去另外的未知的人生可能性，就越是令我们感受到生活的迷失。简单的生活能够消除这种痛感，令人生回归自然。

/ 幸 福 /

幸福和伟大其实都是人生的成就，不过它们同自我的距离有远有近，各不相同。人生的幸福属于私人，与他人无关，遂被目为平庸。如不足为外人道的隐私性爱、享受丰裕的物质富足、完美的亲子关系等，这些都是人生在世幸福的要件，但它们都不能泽被他人，于是公众习惯地视之为平庸。在这个意义上，平庸也就是幸福。由此可知，幸福是与肉身的距离最近的一种感受状态。冰雪肌肤、华衣美食、宝马香车、儿孙绕膝，哪一样不是与五官打通而融为一体？哪一样不是肉身的通泰？哪一样局外人可以分享？所以，平庸的幸福实际上是肉身自我最重要的成就，它被目为实利。这种自我的成就是由感官的自我感觉来定义的。而伟大则不同，伟大属于功业。一项了不起的发明、一个强盛帝国的建立、一次影响深远的探险，它们都是现世的功业。功业所以伟大，是因为它能泽被他人。公众虽然不能分享伟大者的声誉，但能够安享他们播撒的泽惠。公众或者感恩图报，或者仰慕虚名，遂把能泽被他人的功业成就视为伟大。伟大与自我的距离甚远，感官不能从中得到益处，站在肉身的立场，它简直就是虚名。因为这种成就是由他人的承认而定义的。如果没有人承认，则无所谓伟大。自封的伟大不是伟大。但如果没有人承认，依然还有幸福，幸福无待于他人。

/ 公 共 性 /

公共生活和私人生活的界线在于生活者是否戴上面具。公共生活是一种戴上面具的生活。如果私人生活也戴上面具，那就悲哀了。戴上面具的生活流于表演，不过尽管脱离本相的表演，说不定更深刻地表现了不戴面具时不能达到的潜能。问题在于观众永远无法测知演员从面具到真实内心的距离究竟有多远。人戴上了面具，进入公共生活领域，就有欺骗他人的可能，天然带上行骗的嫌疑。公共生活需要理性，需要计算，唯有这样才能达到协同一致的行动目标。但理性计算和协同行动后所得到的利益无法均衡分配给每一个参与者，就算是击退了入侵者，保卫了家园，有钱人得到的收益也要比一贫如洗的人多。每一个参与者站在各自的角度衡量自己以及别人在共同利益中的收益，它们不可能是相等的。这样欺诈就派上了用场。哪怕社会成员都识破当权者的诈术，政治欺诈还是一如既往发生。人的社会，舍此无路。公共生活意味着理性（道德理性），理性不能不连带欺诈。公共生活与面具的相连是必然的。

/ 性 选 择 /

性选择在动物世界标准简单，个头、体能决定一切。而人类社会，由于有文化因素的加入，标准变得复杂。大致上男性的标准保留了较多的生物性成分，注重女性的身材、相貌，而作为文化性标准的品行和教养，是不得不与家族和社会达成的妥协。而反观女性的标准，则是文化性成分较重，注重财富、地位、教养，而作为生物性标准的身材、体能、容貌只能退而从属。文化的介入改变了性选择的标准，它使性选择变得更加复杂。但仔细分析下去，性选择的最终目的

——获得最优后代——还是一如既往获得坚持。文化并没有改变性选择的目的，它只是改变什么是最优后代的定义。动物阶段，个头、体魄代表一切，所以竞争得胜的雄性在遗传上最有可能实现这个目的，雌性的选择代表了对这种遗传可能性的认可。人类社会，个头、体能的重要性下降了，财富、地位对后代的成长极端重要，最优后代的遗传意义减弱而社会意义增加。所以女性遵从文化标准多过生物标准，实在是代表最优后代期望的改变。不过，从性兼有享乐和繁殖双重含义看来，动物世界里性的享乐和繁殖是统一的，而在人类社会性的享乐和传宗接代通常是分裂的，享乐往往屈从于传宗接代。享乐是个人主义的，而传宗接代是家族事业，在东方社会尤其如此。

/ 界线 /

原则同权宜看似存在一条明确的分界线，好像河流的两岸各不相干。但神秘的时间之桥将它们联系在一起。如果时间不是给定的，解决任何问题都可以从容应对，那就无所谓权宜。反过来，如果解决任何问题都是火烧眉毛般急迫，那就无所谓原则。但什么叫作急迫,什么叫作不急迫,很大程度上是当事人感觉的结果。在不同的文化环境,时间急迫的尺度是不一样的。撇开这一层不论,能够花得起较长时间解决的问题就留给原则判定,而必须当即见分晓的问题就让权宜裁决。换言之,时间成本低的问题取原则优先,时间成本高的问题取权宜优先。例如,公平是属于原则范围,司法诉讼的案件通常需要花较长时间才能获得最终判决。因为需时间长久是获致公平原则落实的极端重要条件。而行政处理的事端,多数必须当即了断,所以只能让行政官权宜从事。但时间有时会使得本来是原则优先的问题变成权宜优先的问题,解决问题的重要性远远大于问题按什么方式去解决。事态一旦演变到这地步,权宜就会压倒原则。例如2000年美国总统选举,是否公平,五十年后历史学家或找到真相。但最高法院的裁决无疑是向权宜妥协。因为最后限期到来,国家必须有一位总统,时间的压力使原则让位于权宜。

/ 前 景 /

个人主义文明和集体主义文明的前景取决于人类社会的

政治秩序是自然演化（spontaneous evolution）的，还是着意建构（construction）的。如果社会是演化出来的，那么人就不知道它下一步的去处是哪里，因为它下一步的去处结果是随机的。这样，自由意志就在随机选择中扮演十分重要的角色。个人主义文明的合理性就在于它许诺和保护自由意志的随机选择，它使得生活方式是随机的而不是设计的。但如果政治秩序需要着意建构，类似建筑物一样是根据蓝图施工的结果的话，那么一个社会里政治秩序的前景则需要大体确立。纵然不知具体细节，难以万应具备，但轮廓至少粗存，大纲必须固定。因此表现个体独立，发扬自由意志就不是那么重要，社会的随机性可以降得尽可能低，而重要的是个人参与到蓝图的施工之中。集体主义文明的合理性在于它鼓舞和强化社会的既定目标，有助于蓝图所代表的统一意志的实现。假设事后证实人类社会是自然演化的，那集体主义文明最终也逃不脱崩溃的命运；而假设事后证实人类社会是着意建构的，那个人主义文明最后也会消失。届时人类社会的政治秩序将成为一个统一的有机组织。然而谁能告诉我们人类自己的命运如何呢，抑或真相就是我们自己信念的结果？

/ 喜 剧 /

　　喜剧的本质是复仇，当然是温和的、美学的复仇。人们在现实里不能发泄怨恨，因为有时怨恨的对象不是一个活着的人或具体事物，或者寇仇已经在肉体上死亡了，但怨恨未消，于是就有了喜剧的创造，有了喜剧中开怀的大笑，在笑声中置对象于被审判的地位，借助笑声完成复仇的行动。心有憎恨、心有仇怼，而尚未上升到敌意的恨是喜剧笑声的基础。一个对象可以令你发笑，其实在笑之前你已经蔑视它了，已经憎恶它了。没有这个心理基础，笑声是发不出来的。笑声就是报复，想象中的报复。人们不能在力量上战胜它，或者没有必要用力量战胜它，于是就改变它的形态，挖掘它的荒谬，把它置于一个喜剧情景来嘲弄一番。人间的正义有时候在庄重的法庭实现，有时候又在谐谑的舞台伸张。公正判决有时候是法官的责任，但有时候又是由喜剧作家承担。法官和喜剧作家都"伸张正义"，但场合与含义皆有不同，两者相似又不可混为一谈。

/ 长 时 程 /

人类的历史,当然包括文字发明以前旧、新石器时期的历史在内,如果越用长时程宏观的眼光看,则历史研究就越有自然科学的色彩;反之,越以短时程微观的眼光看,则越有人文科学的色彩。宏观的视点和微观的视点并没有彼此长短之分。之所以存在这种差别,是因为随着宏观视点和微观视点的游移,对象的性质也在改变。看历史眼光越长远,人类的主观意志对历史影响的重要性就越下降。换言之,人类的自由选择本身在如此长跨度历史进程中的重要性是可以尽量少予以考虑,或者忽略不计的,而一些人类自身以外的因素就在这种考量中越发突出。例如宇宙空间的因素,地理、气候和自然环境的因素,技术的因素等。但如果以微观的视点看历史,人的意志就相当重要。因为决定事件性质和进程的,不是地理、气候、人类与其他物种关系等,而是当事人的自由选择本身。正如长远看,我的生命并没有意义。我并不生活于长时程的社会,而只生活于现在。我的生命的意义只能够在生命长度所包含的时间度内显示出意义。超越了这个时间度,我生命的意义就可以忽略不计。研究历史如同观察事物,你在化学水平看到的事物和在物理水平看到的事物尽管是同一个事物;但它们的原理、性质、规律却大有分别。其分别可以大到我们根本怀疑它们不是同一事物而是不同的两个事物。它们到底是一个还是两个事物呢？其实取决于观察者的观察视点。以存在的眼光看，它们是一个事物；以科学分门别类的眼光看，它们是不同的事物。同样，历史研究可以成为自然科学色彩强烈的人文研究，条件是以长时程的眼光看它。

/ 家 族 制 /

汉人家族制的生活方式能够最大限度配合人的生殖欲望与能力，它使人口增长的限制转移到食物而不在制度本身。家族制是促进人口最大限度增长的制度，食物的条件能够许可到什么程度，人的生殖欲望与能力就能够满足到什么程度。家族制是如何配合人的生殖欲望与能力的呢？首先，它把尽量多繁衍子孙看成是晚辈的道德义务，它赋予子孙繁衍乃人生最重要的价值，使人口繁衍不仅具有人口增加的自然意义，而且具有道德意义。正所谓"不孝有三，无后为大"。其次，家族制通过纳妾使财富与人口成正比增长，并推动财富向增加人口转移。家长有多大的家财就纳与家财相当数目的妾，男性的生殖欲望与他拥有的财产因媵妾的制度而得到相互配合。欧洲贵族制度就不是这样，贵族拥有比平民多得多的财产，但这种制度并不允许贵族生育与他们财产相当的子孙。不得纳妾，这是一道巨大的障碍。一夫一妻，就是再想多要儿女，也受生理性的生育能力限制。另外，贵族得考虑爵位传递的长久性，保持门楣家财，除第一继承人有资格，其余均为候补。无继承权的子代必须考虑自己的出路，故对所谓"祖宗"兴趣不大，没有生殖繁衍的动力。贵族制下的财富并不转移到养活更多的人口，而是转移到奢华的享受、宗教活动、文化艺术的收藏和创作、满足求知欲望与兴趣的技术发明、科学研究等活动之中。家族制则鼓励将剩余财富最大限度转移到生育活动之中。广有财产的人多娶妾，薄有家财的富人一妻一妾，没有余财的人只娶一妻。另一方面，生在贫穷人家的少女是社会潜在的生育力量，在贵族制下生育潜力就难以释放，但在媵妾制下就能够释放出来。贫家女为富家妾，既解决生存所需的食物问题，又发挥出女人的生育潜能。财富在媵妾制下就是这样向人口增加转移了。再次，家族制创造了家族之间的人口竞争。家族以丁口旺在社会上立足，人丁旺即为一种财富，它为造成基层社会的局部势力的不二法门。丁口旺的家族往往压倒丁口不旺的家族。每个家族为求丁口旺，尽量多多生育，以防外人欺负。在中国，造成势力有三要素：权力、钱财、人丁。人丁旺就是所谓人多势众，另外可以通过嫁娶结成姻亲，造就广泛的社会势力。

/ 激 情 /

愤怒、嫉恨、痴爱、狂喜等个人感情，革命、暴动、复仇等公众或个人事件，都依赖于激情作为其基础。激情存在于个人内心。是什么把激情激发出来的呢？多数人一生中的绝大部分时间激情是潜伏的。激情的爆发取决于时间感觉有没有被一个情景极大地压缩、挤压和浓缩，取决于激情是不是被放在生命的高压锅内。人的自然生命有限，这本来就是生命欲望的天然压力，激情的种子就埋在生命这块有限的土壤上，时不我待从来就是生命的警号和鞭策。然而生命也是向往无限的，永恒、不朽、灵魂、天国等宗教的向往，个人德行圆满的道德教诲，也在相当程度上转化、超越和升华了生命有限的焦虑，压抑了暴乱的激情种子的生长。表现宗教精神的雕塑，如圣母、佛祖、观音等，面容圣洁、安详、宁静，大都表现出对激情的超越。升华进入无限的人类精神，当然是与尘世的激情相互对立的。因为时间感觉不再能够威胁生命，生命透过超越、升华，已经和永恒、自然及天国联系在一起，于是人类精神就表现出另一番面貌。

但是世事难料的特别情景仍然刺激着生命的焦虑。生命有限的焦虑既可以通过宗教的超越而舒解，也可以通过某种情景的挤压而加强。例如嫉恨，如果你嫉恨一个人，那你人生的其他可能性就因为嫉恨而被剥夺了,因为你认为是他或她挡了你的道。实际上你还有别的道,但因为你的嫉恨而蒙住了你的眼,你看不到其他路。嫉恨的情景让你觉得路途阻塞,前途困顿,时间感觉被与他人的敌对关系所压缩,压力促使你去行动,去复仇。激情于是喷薄而出。又如社会革命,外国势力的压迫,国内矛盾的加剧,统治者的束手无策,通常使革命者觉得只有暴力革命才能拯救国家。然而社会自然演变的可能性永远是存在的,只不过所谓"国难当头"的情景使革命者看不到罢了。时间感觉为"国难当头"的情景空前压缩,生命被浓缩到一个紧张的情景,激情被挤压出来,激情呼唤行动。社会暴力于是就成了革命年代的日常生活。"俟河之清,人寿几何?"特别情景、时间感觉与激情的关系如同链条,环环相扣。情景改变时间感觉,被压缩的时间感觉诱发激情,激情加强了情景的紧迫性。

  人类没有必然的途径缓解生命的焦虑,但存在可能的途径,这就是向着永恒、自然和不朽的超越。激情是没有办法消除的。它或者诉诸极端感情和狂乱事件喷射而出,或者被不朽引导而转换、升华。

/ 裂　缝 /

　　外来的意识形态观念一定要借助本土文化、社会体制的裂缝才能在新环境的土壤扎根。外来观念被吸收的程度也要视文化和制度裂缝的大小而决定。如国民革命两大意识形态之一的马克思主义是西来的意识形态，几乎同时传入日本与中国，但在日本没有扎下根，却在中国却牢固扎根。其中一个解释是，中国社会体制的裂缝较大，日本社会制度的裂缝小。中国行家族制，长辈纳妾，一家之中嫡庶矛盾激烈，长房与小房的利益冲突或成水火。被压抑的庶出者或小房后生借受新式教育蓬勃的机会，吸收激进的革命思想，反叛社会。这是外来观念的星星之火，之所以燎遍中原大地的社会基础。相较于同一时代富裕家族的嫡出者或有家族义务感的长房长孙之类，这些年轻一代多追随三民主义，而其偏出者和庶出者或可不负家族义务的晚辈，则多追随更为新潮的革命观念。

/ 禁 忌 /

食物禁忌与人权观念或许存在关联。什么都吃的风俗对尊重人权观念的建立是不利的。或以为这样的认识不免荒唐。泛食物主义与人权观念有啥牵连？当然，有食物禁忌不见得一定有助人权观念生长，但没有食物禁忌确实不容易生长出人权意识。基于某种信念的理由不食用某物，比如，猫或狗，是表示人对它们的尊重。对动物的尊重有助于启发人类对自己同类的同情心，同情同类就是人权意识的起点。一个没有食物禁忌的人是粗野的，他视所有的动物为口中的美味，动物和他也就不在同一的权益线上。这样，他在日常生活中缺乏机会发展他的同情心，习惯于践踏生物，难保他不把践踏生物的习性运用到践踏特殊的生物——人的身上。对动物的粗野最终是对人的粗野，对动物的横暴最终是对人的横暴。不食用某种动物看起来是一件小事，但对尊重人的意识的生长却是一件大事。因为食物禁忌创造一种日常生活，让动物与自己处在同一权益的水平线上，让自己的同情心每日都得到训练和提升，而没有食物禁忌则显然缺乏如此的日常训练。什么都吃不仅是一种恶习，而且长远来看是一种不容易让自己、让别人生活得有尊严的习惯。

/ 人 口 /

吃谷类食物的民族通常在地域条件相同的情况下能够养活比肉类食物民族更多的人口,这是因为两者处于食物链不同等级的原因。假定单位面积的碳水化合物转化率相同,肉类食物民族因为畜牧的原因,经过一层中间的消耗,碳水化合物转化成牛羊等蛋白和脂肪再进入人体,从自然中得来的热量损耗约百分之三十。谷类食物的民族不必经多一层的中间损耗,从自然中得来的热能热量全部直接进入人体。所以,在从自然得来的热量相同的条件下,谷类食物能够维持更多数量的个体生存。食物的不同反映的不是制度差异对人口的影响,而是自然条件、技术和风俗习惯对人口的影响。

/ 食 物 链 /

食物链解释了生物世界不同物种所处不同位置的原因,处于较上一级的生物和处于较下一级的生物彼此扮演不同的角色,通过食物链关系维持自然的平衡。类似的现象在人类社会同样存在,"依附理论"指出发达国家和发展中国家的依附关系,其实就是国家竞争之中的食物链现象。发展中国家处在食物链的较低一级,在全球分工里负责提供密集的劳动力。发达国家则处在食物链的较高一级,负责提供资本、信息和技术。因为资本和信息相对稀有,所以占有较高一级位置,而劳动力则多有剩余,易于替代,故处在链条较低位置。全球的分工和生产其实是建立在不同发展程度的国家间的这种相互依附的平衡的基础上的。可以想见,发展中国家经济崩溃,发达国家享有的富裕则大幅倒退;发达国家的经济崩溃,发展中国家人口祸害立时爆发成不可收拾之势。如同生物界草食动物种群衰退,肉食动物则不堪其觅食之苦;而肉食动物种群衰退,则草食动物种群数量成不可遏止之势增加,终因草料有限而产生数量过多的灾难。发达国家因为社会的现代发展较早而处在食物链的上游地位,发展中国家发展迟缓而处于下游地位。劳动力和资本、信息的这种相互依附关系一经形成,就不容易改变。追赶云云,多属安慰的戏谈。改变人类社会食物链的格局的唯一之道在于创新,重新形成技术、资本、信息的新优势。但这样根本性的国家命运重新洗牌,类同个人转命,不是眼前可得。

/ 技 术 /

技术可以极大地改变国家间的力量对比，但一个时期的主导技术所以在一个国家演化出来而不在另一个国家演化出来，主要取决于一个国家的自然条件和社会制度是否支持该技术的成长。并不是所有国家的自然条件和社会制度都同等程度地支持同一种技术，结果更高程度地支持该技术的国家就在国家力量的竞争中处在更强有力的地位。人不能预料下一个时期的主导技术是哪个类型的技术。已经取得的优势很可能在下一阶段发展中就被他人取代，国家力量的对比出现风水轮流转、各领风骚的情形。如航海技术最先在地中海发育，是因为地中海相对风平浪静、岛屿众多，既有物资交流的迫切需要，又没有受那么严重的海上风暴威胁。中国东南沿海虽然有漫长的海岸线，但沿岸夏季台风频繁，风急浪高，一年之中只有一次吹向东南和吹向西北的季候风，与东邻日本和与南洋国家的往来极受限制，航海技术的成熟自然要比地中海和阿拉伯国家迟缓很多。丝绸技术中国独领风骚数千年，机织技术的部分我相信是他国很容易模仿的。但其他国家长期不能匹敌，个中原因是因为他国没有如中国这么丰富的原料支持，形成不了有效需求，少量的需求刺激不出一个有规模的国内市场。中国有广袤的宜桑土地，无数分散的农户，可以提供巨量的蚕丝，有强大的生产能力，就国内市场的需求足以促进丝织技术的精细化，所以这种优势能够保持到大规模航运出现和工业革命之前。工业革命所以在英国最先出现，当然是因为英国最先演化出一套有效保护个人财产的法律制度。如英国最先制定专利法，无数大陆的发明家都跑到英国以实现发财的梦想。当今信息技术欧洲不再领先同样是因为社会制度方面的原因。福利社会既约束了国家的野心，也约束了个人的野心。约束了国家野心则限制了军事技术的研发，约束了个人野心则消磨了人民在技术方面的创造热情。

/ 仪 式 /

仪式能够成就共同的生活形式，理念却只能成就个人的生活。比如基督教有主日崇拜的仪式，一到周日社区的教众就在约定的时间，衣着整齐地来到教堂，跟着唱诗班唱诗，听牧师讲经文，祈祷，礼拜结束后与教众相互问候交流。这些都是共同的生活形式，它们的存在全因宗教的仪式而创造出来，仪式让人们的生活变得不再孤立。我是这样生活，同时也知道别人像我这样生活，因生活有了共同的形式而变得彼此容易交流，因生活有了共同的形式而拉近了彼此的距离，因生活有了共同的形式而彼此"社会化"（socialized）了。仪式创造了认同的基础。很显然如果我的生活和他人的生活没有任何共同的生活形式，那就真是风马牛不相及了。但理念却不能成就众多人共同的生活形式，尽管众多人相信同样的理念。理由在于理念不是生活的形式，对理念的把握完全依靠个人的体验、经验、认识。个人的悟性、知性水平决定了人对理念的解悟，同一理念在不同人的心中就有不同的"心像"。相信或者认同某种理念，不会带来共同的生活形式，只会带来千差万别的个人生活。比如道家理念性强而仪式性弱，我们在历史上几乎找不到道家的共同生活形式，哪怕相对一致的修炼方法也彼此差异巨大，难觅共同之处，只能看到因人而殊异的道家个人生活。道家所成就的差异巨大的个人生活显然是与它的理念性强有密切的关系。因为道家对终极的追问建立在对道这个概念的解会上，它几乎没有一套仪式去呼应这个概念，相反却把建立生活形式的责任交给了个人，让个人从理念的解会出发独自发展一种单个人的生活。

/ 歧 视 /

歧视是人自我认同的结果，歧视与认同自我是一件事情的两面，对自己、同类是认同，对他者就是歧视。不同层次的自我认同便有不同层次的歧视。例如不同种族的人各自认同自己的种族，那么就有可能歧视与自己不同的种族。认同某种文化的人，有可能歧视与自己文化不同的人。认同某种生活趣味的人有可能歧视与自己生活趣味不同的人。人类总是在歧视中表达认同，在认同中产生歧视的。对自己所认同的趣味、习惯、文化、性别、种族认同越深，对不属于自己的趣味、习惯、文化、性别、种族的歧视也就越深。一个在这些方面毫无歧视（偏见）的人也就是对这些东西毫无认同的人。不认同某样生活形式，才能对其他生活形式宽容大度，就像一个不讲方言的人，他才能和更多的人交流。不歧视，没有偏见不是道德教养和训练的结果，而是超越了某个层次的认同，或者说把自己的认同建立在一个更具有普世性特征的生活形式上的结果。例如古代士大夫不会如一般民众那样歧视方言。一般民众没有机会脱离狭小的地域生活圈子，只能够说本地方言，听见有外地乡音则难免不习惯而生龃龉。士大夫周行全国，以弼助天子镇抚地方为务，操通行官话处理政务，语言的认同就比民众更有普遍性，能理解百姓乡音，不会少见多怪。对歧视的反抗是承认的斗争,这场斗争难有胜利者。因为一个已经认同某种具体生活形式的人只能在那种生活形式中生活下去,改变的可能性少而且迟缓,而想象一种没有地域性的能为全球人类接受的生活形式,是非常遥远的事情。

/ 蒙 灾 /

灾变对强势物种和对弱势物种的影响是不一样的。如果灾变的力量达到毁灭一切的程度,那无论强弱,一律归于灭绝。但如果灾变的力量没有达到毁灭一切的强度,那么通常灭绝的就是强势的物种,而弱势的物种则能够在灾变的打击下生存下来。六千五百万年前陨石导致的大灭绝是这样;冰河时期的到来,智人战胜尼安德特人的例子也说明这一点。不但自然界是这样,人类社会也是这样。如果异族入侵的战争和革命可以看成是人类社会的自身灾变的话,那么社会灾变最大的受害者当然就是强势的社群。古代中国每当异姓革命兴起,皇族以及统治集团的命运便惨不忍睹,屠戮死伤无数,贵族公室女子被卖为奴婢贱妾。革命过后,前朝显贵扫地荡尽,无有孑遗。灾变打击程度的不同是与在秩序里受益程度呈正比的,两者是正相关的关系。在秩序中,强势物种受益的程度肯定大于弱势物种,它们处于生物链的较高梯级,消耗较多的能量。灾变破坏了秩序,打乱了既定的生态平衡,处于较高梯级的物种显然面临更大的生存危机。革命也跟自然灾变一样,革命打乱了既定的社会秩序,而在这个秩序中的强势集团,本来就依赖于较多地剥夺弱势阶层的利益而生存。革命来临,剥夺变成不可能,依赖亦变成不可能,强势社会集团顿时失去了其生存的社会基础。而弱势阶层与社会秩序的联系较为疏离,纵使革命来临,失去的也不如强势者为多。马克思说,无产者在革命中失去的只是锁链,获得的将是整个世界。

/ 恐 怖 /

恐怖行为(terrorism)是现代社会弱者的复仇,它以鱼死网破的姿态登上生活舞台。古代社会的强弱相争,以争夺道义的正当性为号召,无论强者还是弱者都把自己视为正义的化身,而把对手视为魔鬼。争夺道义的正当性有利于说服黎民百姓，争取支持。得道多助，失道寡助，是双方的共识。但现代社会民智大开，其结果是人们已经觉悟到视所谓道义的正当性为说辞的程度，华丽的说辞无人相信，也起不到说服或迷惑民众的作用。民智开启之后的强者和弱者之争，演变成抛弃一切说辞的赤裸裸的利益争夺。强者利用手中的财富与技术监控、支配不满的弱者。弱者既乏财富，又无技术，不能以同样的手段抗衡强者，恐怖便成为弱者不约而同的取胜法门。恐怖是一种隐蔽战，弱者隐身遁形，强者莫知其踪迹。不同于古代社会的强弱对抗，弱者均挺身而出，不论占山为王还是啸聚为匪，都是打出堂堂旗号与官府对抗。梁山尚揭替天行道的旗帜，前有聚义厅，后有忠义堂。而现今的恐怖行为者不分对象，毁灭一切，斩草除根，同归于尽。恐怖分子诉诸波及社会所有角落的心理战是其一大特征，因为恐怖分子不能以强者作为打击对象，而只能以恐怖行为震慑、威胁全社会秩序，透过造成恐怖气氛和混乱来打击强者。弱者利用的是生存意志的优势，以冒死一击、玉石俱焚的恐怖袭击来要挟、恐吓强者。西方的恐怖主义研究（study of terrorism）将恐怖行为视若洪水猛兽，他们深明恐怖主义对现代社会的威胁。盖社会越发展，它的体系脆弱性也越明显；体系越脆弱，恐怖行为造成的威胁也越大。恐怖行为的登场，不但重新塑造国际关系和国际秩序，也重新塑造普通人的日常生活。日常生活将笼罩在不知来自何方的恐怖气氛之下。

/ 适 者 /

灾变的存在使哪个物种是自然选择的适者扑朔迷离，莫能知晓。达尔文自然选择理论中适者生存（survival of the fittest）的观点，其中适者与生存者是相互定义的。如果要问谁是生存的最适者，那目前生存着的物种都是生存的最适者。生存者只是对灭绝者而言是最适者，而在尚存者中却找不出谁是最适者。假如自然没有灾变，尚存者中是可以找出最优者的，那就是诸物种占统治地位者。它进化出最成功的生存策略而使自己处于诸物种中的王者地位。但是潜在的灾变却使物种之王者地位变成不能确定的虚幻，最优者头上的王冠会轻而易举地被灾变摘去。恐龙曾经因为身躯庞大、牙齿犀利而雄踞侏罗纪时代诸物种之王者地位，但陨石降临地球恰恰使恐龙平日最成功的生存策略转变成最致命的伤害。灾难时代食物短缺，食量大者最先死亡。灾变具有不可知的特点，灾变来临无从测定预知，性质不可确定，生物只是相互竞争，发展自己的生存策略，至于下一个幸存者是谁，或者说适者是谁，盖凭天而定。

/ 资本 /

资本主义以前的社会制度均达到技术发明与思想创造同既定的社会秩序之间合理平衡，人的创造力常常变成现存社会制度的瓦解力量，于是政治宗教势力就用阻止技术发明，压制思想异端的方法维持现存社会的既定秩序。以信仰和道德作为最后分界线判断技术与思想的创造是否危害社会秩序，这种统治手法是资本主义以前社会惯用的手法。当然一个社会找不到其他有效途径平衡秩序与人的创造力之间的冲突，以信仰和道德划界的方法就是唯一可能的选择。资本主义的吸引力在于它能够将人类无论是技术还是思想的创造力对社会制度的正面贡献发挥到最大的程度，而对社会制度的伤害减低到最小的程度，至少令人的创新不再成为社会制度的瓦解力量。这是人的社会制度演变史上很具飞跃性的一步。古往今来，人类有很多技术发明，可是我们也只是从近代开始才能确知发明者和受益者是同一个人。此前，发明者受益甚少或者根本不受益，甚至因此而受难。至于思想的异端遭遇就更惨，等待他们的或是牢狱之灾，或者身首异处。那时代几乎没有人能够从批评社会制度获益，鼓舞思想创新的动力不可能来自社会制度本身，只能来自异端自己认同的道德信念。但是资本主义制度却能够使异端从批评社会制度中获得好处，至少不使异端因思想创新而受害。莎士比亚因挖苦金钱的罪恶而赚了一麻袋金币；巴尔扎克因抨击金钱社会而还清了债务；狄更斯因揭露社会的丑恶而名利双收；马克思揭露资本增值的秘密虽赚不来钱，但至少不会因呼吁埋葬资本主义著作《共产党宣言》而惹来牢狱之灾。他在大英图书馆的研究得以进行下去的财政来源是恩格斯无私的资助，而恩格斯的财富是因为他经营产业。归根结底，马克思能够完成批判资本主义伟大事业是因为资本主义提供的财源。如果他身处十九世纪东方国家，其后果不堪设想。一种社会制度是不是现代的可以有很多标准，能否最大限度鼓励技术和思想的创新冲动，能否最大限度减低这种创新冲动对社会的伤害，应该是其中的一个标准。

/ 授 权 /

如果公众的授权是构成统治的要件，那么政制的不同就说明存在不同的授权类型。认为极权统治未经公众授权而予以否定是没有道理的，不同统治秩序是根据不同的授权类型而形成的。它们的区别是授权形式不同的区别。除此之外，皆是偏见。不能把集权统治单纯看成是武装抢夺得来的，如同强盗抢夺他人财物一样。将道德善恶之心渗入观察人类社会政治秩序的形成是幼稚的。人类社会统治秩序的建立，革命、暴动、起义也是一种授权的形式。这种授权形式可以称为"沉默的授权"。它以臣民或人民的沉默、不反抗为授权的根本特征。沉默和不反抗即是默许同意，沉默授权下的统治者不必征得公众主动表示出来的同意，而只需要他们在行动上表示不反抗，统治者在此基础上获得被社会视为正当的统治权。公众的沉默、不反抗当然可以看成是授权予统治者的正式同意。"沉默的授权"具有一劳永逸的特征，因为它是以公众的沉默的期限为限度的，只要公众还沉默，只要公众还不反抗，那么自开始沉默以来的授权还是有效的。不过没有人知道公众会沉默多久，没有人知道公众不反抗的极限在什么地方，所以也就没有人确切知道这种一劳永逸的授权的真正时效是多长。总之，一旦公众不再沉默，一旦公众揭竿反抗，革命的出现就是授权的结束；同时革命也是下一轮统治授权的开始。议会制度的统治需要公众每一个人公开同意，这种授权形式被称作"投票的授权"。投票授权需要反复申明的仪式，这就是每隔三五年就举行的选举。因为只要是投票授权，制度上就存在对选民沉默的忧虑。公众忧虑台上的统治者是不是自己支持的，而统治者也忧虑自己是否得到足够数量的选民的支持，能够摆脱忧虑的办法就只有间歇性地进行选举。即使耗费巨大也在所不惜，因为选举是关乎这种授权形式的存废。在人类历史上，既存在由沉默授权向投票授权的转变，也存在投票授权向沉默授权的转变。这两种不同的授权类型并不是一成不变的。

/ 顺 从 /

宠物顺从主人，换来食物和躲避风雨的窝；马戏团的野兽顺从驯兽师，换来了食物的奖赏以及免除了挨打的恐惧；孩子顺从父母立刻就得到了赞扬；恋人相互顺从得到了爱意的绵延和爱巢的不坠；丈夫顺从妻子，免除了唠叨的烦扰，换来了家庭的平静；风尘女顺从风流客，得到了额外的打赏；奴才顺从主子，可以作威作福，得权行令；下属顺从上司，换来赏识和晋升；信徒顺从神，免除死亡恐惧，得到永生的许诺。顺从（conformity）无论生物社会还是人类社会都是一种精神性的增加自己潜在福利的方式。它通过让渡尊严自甘拜下风而交换自身没有的东西，或者免除自身的恐惧。顺从是一种个人的社会仪式，经过了顺从的仪式就跨出了个人绝对孤独的境地，融入了一个比自己更大的团体和社会组织中去，变成它们中间的一员。宠物的乖巧、野兽表演的卖力、孩子的听话、恋人的相互赞美和絮语、丈夫的沉默、风尘女的曲意逢迎、奴才的卑躬屈膝、下属的谄媚、信徒的下跪，都不过是个人进行的社会性仪式。还有黑社会的歃血结盟、加入组织的宣誓、基督徒的受洗，都可以作如是观。没有尊严的让渡，就没有顺从；没有顺从，就没有比个人更大的社会组织。顺从仪式是一道跨离个人绝对孤独的门槛，跨出了这道门槛也就离开了个人的绝对孤独，进入了团体和组织；不过跨过了这道门槛，也面临失去独立、自主的风险。

/ 支 付 /

建立在支付（payment）基础上的人类关系是自然演化的，因为支付行为的双方都是自愿的。如贸易、雇佣、买卖等，强迫并不能使支付行为发生，即使发生也不能长久。从前的村镇贸易集市大概都处在周围村庄十里之内的交通方便的地方，是因为这样的地点对买卖双方均是最合理的选择；工资的水平大致反映了资本和劳动力供求的平衡。中国成为"世界工厂"，中低端制造业有竞争力的原因之一是存在大量廉价劳动力；宋元时期的泉州之所以成为东方贸易的口岸，并不是官府一手促成的，相反是商人的贸易活动自发地形成的。发生支付行为的双方虽然是自愿的，但并不意味着实质的平等，因为双方的议价能力（bargain power）强弱不等。议价能力的强弱与参与者的背景因素有关。有的人议价能力强，有的人议价能力弱。只有议价能力相当的参与者达成交易，才算真正的平等交易。但在现实世界里，这种从形式到实质都平等的交易并不多见。贫贱易屈，寡财易诱，人穷志短，从来如此。为了糊口的女佣反抗大腹便便雇主的非礼，在我们的世界总是稀少的，而买凶取人性命，就屡见不鲜。支付行为虽然是自愿的，可并不排除支付人双方背后资本凭借的差异。这种差异有时是先天的，有时是后天的。举凡资本、信用、学识、名誉、体能都构成支付行为发生时的"资本凭借"。于是，对待这种自然形成的支付关系就产生了两种相反的态度和行为。议价能力强的一方倾向于推进支付行为向社会生活的各个方面渗透，就像贸易商人倾向于废除任何政府管制，实行彻底的自由贸易一样。因为支付行为的渗透给议价能力强的一方带来既有利益的最大化，也带来扩展潜在利益的机会。而议价能力弱的一方则倾向于逆转和限制支付行为在社会生活中渗透，因为他们预期这种渗透给他们带来的伤害远远大过收益，至少他们不能期望他们在这种渗透中获益。于是支付关系在社会自然发生并且自然演化的同时，又存在两种不同的力量对它发生作用,一是推进它的渗透,一是逆转和限制它的渗透。历史上大部分的冲突和斗争,无论是暴力的也好,非暴力的也好,都存在这样的背景。自然演化的支付行为,引起了人类的期望,也引起了人类的恐惧。为了这些期待和恐惧,人们进行与历史同样长久的战争、革命、厮杀、罢工、起义。透过各个时期的斗争和冲突,我们既看见支付关系的自然渗透在人类社会产生的期待和诱惑,也看见它带给人们的紧张和恐惧。

/ 碎 片 /

文明是有寿命的。寿命享尽,文明便分崩离析。而解体后的文明会散发出一些碎片(fragment)。这些文明的碎片就是后人进行新的创设的遗产,就像虎死留皮,人死留冠一样。文明的碎片越丰富,进行新的创设的可能性就越大。这个道理类似于生物种群基因的丰富性对于种群进化的可能性一样。种群基因越丰富,种群进化的可能性就越大;种群基因越单一,种群灭绝的机会就越大。地中海和西亚地区是早期历史上文明碎片最丰富的地区。古埃及王国灭亡,留下了法老教;

所罗门王国瓦解后，犹太人留下了一神教；希腊世界衰落后，希腊人留下了科学与理性的传统；罗马帝国衰落后，留下了建立制度和法律的传统。基督教之所以能够成为征服欧洲的宗教，显然是与上述几种先前的文明碎片有关，基督教是犹太人的神、希腊人的理性、罗马人的制度相互融会结合的产物。否则，耶稣不过是无数被埋没先知中的一个，使徒约翰也不过是一个无闻先知的随从，而彼得掌管的打开天国的钥匙也将不知失落何方。事实上，任何新起的文明创造，内中都有蛛丝马迹隐藏着它们和先前的文明碎片的承继关系。

进化

文明成长演变与物种演化有类似的地方。有的物种上亿年几乎没有发生性状的改变，但亦不灭绝，因维持原状而成为活化石，如马达加斯加海的腔棘鱼，熊猫和鳄鱼也可以归入此类。上亿年时间对其他物种来说已经是很长的进化过程了，它们在这段时间发生了很大的改变。由此可见，不同的物种似乎有不同的演化速率，有的很快，有的很慢。人类文明或文化也有类似的现象。巴布亚新几内亚的原住民至今仍然过着狩猎生活，如果从冰河时期结束算起，也有一万多年几乎不变；西班牙人到达美洲之前，印第安人也将自己的生活方式维持了数千年之久；东亚大一统秩序也维持了两千余年。然而在相同的时间内环地中海诸文明更迭得较为频密，有你方唱罢我登场之势，此起彼伏，此消彼长。旧文明衰亡，新文明马上又在废墟上兴起。无论是物种还是文明的演化，速率的差异留下两个问题值得思索：第一，是速率的高低是否意味着优劣？第二，是什么原因导致演化速率的差异？第一个问题没有答案。因为我们实际上不可能知道什么是优劣的标准。优劣的最终标准只有到了时间过程的终点才可能揭晓，而到了那一刻，我们也没有想知道它的必要了。第二个问题的答案是环境刺激所致。环境有单调和丰富的差异，环境丰富，刺激频密与多样，引起进化改变也就快一点。环地中海文明的多样性和相互异质程度的存在是演化速率相对高的重要原因。环境刺激的解释虽略嫌粗糙，但依然有效。

/ 把 持 /

为了领悟神谕而有了巫师，巫师却最终把持了初民社会的神权；为了信仰神而有了僧侣，僧侣却最终把持了中古社会的教权；为了追求知识而有了学者，学究却最终把持了圈子的话语权力。社会机制的腐朽和事物的腐朽是不一样的，事物的腐朽是自然自发的，社会机制的腐朽是通过事业的进展而盘踞形成的。需要推进了事业，事业的进展带来了人的盘踞，而人盘踞和依附于事业，转变成遏止事业生机的僵死的手（death hand）。因为事业的进展产生了利益，利益吸引了良莠不齐的参与者。表面上事业是壮大了，人多了，但是人的盘踞和依附却蛀蚀了事业的灵魂，使它变成提供享乐和供奉的场所。社会机制终于因为人的盘踞而衰朽。中古时代在神的名义下集合了大批教士、牧师和主教大人，他们敛财、败德，以进入天国的许诺聚敛农民和商人的财富，社会因为他们的把持而泯灭了生机。路德宗教改革，就是要让神的事业从教士、牧师、主教大人僵死的手中解放出来。在礼乐和经典的名义下中国社会也集合了大批儒生、士大夫，他们盘踞和控制了王朝的官僚机器，蛀蚀了统治者尘世的事业，直至辛亥革命而终于同归覆没。把持和反叛是任何一项事业的命运，要不因把持而衰朽死亡，要不因反叛而重焕生机。神的事业因路德的反叛而焕发了生机，帝王的尘世事业因儒生、士大夫的把持而葬送。实际上，任何一项事业都面临它自己的使命：摆脱那只僵死的手（free from the death hand）。有趣的是，它把这项使命交给了它的反叛者。

/ 纽 带 /

如果观察社会的演化,有四种力量扮演了重要的角色,是它们维系了社会,把原子似的个人连接成一体的社会。首先是血缘和姻缘的纽带。因为生育和抚养后代,两性开始合作。由两性的合作而存在家庭或家族等细小规模的社会。这种以两性合作为基本特征的社会人数不可能超过两位数,以十数人为限。社会学上称为群帮社会(band society)。一个十数人的群帮社会可以由血缘和姻缘为纽带,但是数千人的社会则不能依靠这种自然生成纽带来连接。自然的纽带不可能这样广泛,不能将这么多陌生的人囊括进来。于是暴力登场,它在社会规模的扩展上起了重大的作用。暴力以死亡威胁为后盾,可以迅速扩大社会的金字塔基,把群帮社会或部族社会迅速熔化在国家社会这个大熔炉之中。奴隶制和贵族制显然就是暴力统治的痕迹,它们建立在阶级不平等基础之上。但纯粹的暴力和奴役不可能长久,与暴力施行同时宗教意识形态开始登场,它们从精神方面加固社会成员之间的纽带。用崇拜神和进行仪式的方式,用话语的方式,使得社会成员之间产生认同一致的幻象,将秩序的理念灌输入社会成员的内心世界。从此,每个人都分享社会的共同感、归属感,他们在同一位神或同一种信仰的关照下生活。暴力的内核披上了一层欺骗性的意识形态话语的华丽外衣，巨大的社会金字塔架构得到了理性的说明和社会成员的认可。除血缘和姻缘的纽带、暴力、宗教意识形态三种维系社会合作的力量之外，还有一种力量这就是交换。阿奎那认为包含在给予和接受即买和卖的交换关系是一种交换的正义（commutative justice），并且是不属于神的。这是很有见地的看法。但是，交换所形成了力量直到中古时期以前都很弱小，它的维系社会合作的分量远远不如暴力和宗教意识形态来得重要。十六世纪以后，它突飞猛进，上升为主要的角色。观察交换在社会合作角色中的演变，它经历了早期的婢女、十六世纪时的侍妾和工业革命以后的正室夫人的历程。从被压制、排挤、刁难到堂皇进出，登堂入室，社会的演变真是出乎想象。

/ 秩 序 /

人类社会似乎同时存在两个性质截然相反的秩序：意图的秩序和自然的秩序。凡是遵从意志而谋求将之实现的秩序就是意图的秩序。人生而有意志，无论个人、社会组织或统治实体，都可能有一个强烈的目标，在目标的统合之下实施所有的思考和行动。比如个人追求权力、金钱、美色，追求事业的成功；企业谋求最大限度的盈利；统治实体追求完美的统治。这种在意志指导下的行动而形成的活动类型其实都可以称为意图的秩序。意图的秩序并不意味着这个秩序本身合乎普遍的德行，而仅仅意味着它们被意志所统合，是意志的实施而形成的人类活动模式。因为在意志者或主体者的眼里，它们的行动当然是合乎它们为自己而设立的意图准则的。因此它们有可能不合乎普遍的德行但依然可以称为意图的秩序。自然的秩序深藏在意图的秩序之外，它们是众多的意志相互博弈而形成的秩序，没有任何单个意志可以凌驾在自然秩序之上，相反自然秩序的原理却支配了意志之间博弈的后果。无论单个的意志怎样出牌，怎样周密地谋求自己的目标，它们都逃脱不出自然秩序原理的规范。这是一个没有统治者的秩序（the order without governor）。比如消费者和生产者的博弈最后形成价格的均衡，市场的机制是人类社会迄今为止最重要的自然秩序。自然秩序和意图秩序之间存在一个连接点，这就是社会的法律制度。法律既不是纯自然的，也不是纯意图的，它似乎在性质上是介乎两者之间。人类当然有力量扭曲法律制度，从而偏好意图秩序而阻挡自然秩序的成长。但是这种扭曲最终让社会付出沉重的代价，社会在经历了崩溃或转型之后又重回到顺应自然秩序的轨道。当然，法律制度也许还有另一种扭曲，这就是偏好自然秩序而置意图秩序于不顾。我相信，如果这样的话，人类和自然之间的博弈最终会以社会崩溃和人类毁灭的结局教训人类。以往人类的历史可以解释为意图的秩序和自然的秩序之间紧张和冲突的历史，从暴力就是法律，到神意就是法律，再到保护私有产权，这种法律制度的改变意味着人类逐步认识了自然的秩序，向自然的秩序让步。人的历史是一部自然秩序逐渐扩展的历史。

/仪　式/

仪式是隐喻（figurative）意义与功能（function）意义的结合，但落实到具体的仪式，其中两种意义的分量各不相同。隐喻意义指向理解与领悟启示的真理；功能意义指向实践的目标。比如古代的叩头礼，人们分别在祭祖、谒见长辈、上朝晋见时均须行磕头礼。它的功能意义远远大于隐喻意义。因为叩头本身并不暗示什么启示的真理，它作为仪式其实是一种服从的训练。相反，基督教礼拜的圣餐仪式，虽然也有教会权威宣示的功能因素，但毕竟不是主要的，它隐喻的是救赎的真理。仪式的寿命与该仪式是隐喻性的仪式还是功能性的仪式关系极大。隐喻性仪式可以保持自身长久的面貌，而功能性仪式则没有隐喻性仪式那样长久的延续性。因为隐喻性的仪式远离社会性实践，它本身只是人生道理与信仰的操作化的实践，将不可以明言的启示真理通过程序化的一组动作让信众获得象征式的理解。只要人们还保持对启示的真理的热情，这种象征式的理解方式也一定会延续下去。但功能性仪式就不是这样，功能性仪式本质上是社会性实践，从仪式的形式着眼，它有延续不变的要求，但从仪式的功能着眼，它务求处处配合社会的实践。但社会的情境因时不同、因地不同，仪式本身的延续要求必然让位于仪式的实践要求，仪式的实践要求处处侵蚀与瓦解着仪式的延续。所以功能性仪式本质上缺乏仪式本身的严肃性。的确很难想象数十年或上百年一变的仪式是一种庄严的仪式，对这种寿命短暂的仪式只能称为因应时宜的仪式。时宜一变，仪式的寿命就终结。中国号称礼仪之邦，考中国传统的礼仪，绝大部分是功能性仪式。礼仪之设，出于规范人伦秩序之目的。客观情形一旦改变，功能性仪式即陷于放弃与坚持的争辩，仪式在争辩中逐渐演变得面目全非。所以礼仪的存废与因革，古代中国几乎无代无之。

/ 取 财 /

人为了生存而取得的一切，如食物、衣服、住房、土地、金钱等都可以看成是财产，而取得财产的方法并不多，只有乞求、欺骗、抢掠、生产、交换五种。乞求、欺骗、抢掠和交换都是动物共有的自然行为。只有生产的历史最短暂，并且只有人才会生产。新石器时代人类驯化动物和植物以前，是没有生产行为的。那时食物都是通过采摘和狩猎得来，人类不能自己种植作物、驯养动物。乞求、欺骗和抢掠是典型的动物行为。乞求是弱小者生存的法宝，欺骗则是智力的训练。动物的智慧首先从欺骗中练习取得，欺骗是智慧的开始。而抢掠则是强者的武器，它训练了体能、力量和智力。人类的这几种取得财产的方式是从动物时代延伸过来并保存至今的。交换看来是一种文明产生之后的取得财产的行为，其实不然。交换的历史比文明古老。例如，子代可以看成是亲代的财产，动物中就有这种类型的行为。而子代的取得是两性交换行为的结果。这种性交换行为双方各自所取得的福利都比没有交换为大，是一个双赢的局面。其结果完全符合现代经济学对交换行为的理解。更有意思的是，这种性交换行为又是社会形成的开端。因为动物因性交换而产生分工合作，性别的自然分工导致抚养子代的社会分工，家庭、家族由此而萌芽。由此可见，推动社会形成的力量并不只是生产，当然生产的出现推动了社会演化至更大的规模，但它是一种后起的推动力。远在生产出现之前，性交换就已经在推动社会的形成。而且，抢掠也是推动社会形成的力量。抢掠可以单打独斗，也可以结帮合作。结帮合作所取得的战利品当然比单打独斗多，所以，成群结帮抢掠也是一种社会合作的训练。只是由于抢掠而出现的社会合作可能没有因性交换而出现的社会合作稳定。基本上可以说，由于漫长的抢掠和交换的训练，动物社会已经形成了雏形，提供了一个继续演化的基础。生产的出现在这个基础上继续推动社会向更大规模演化。

/ 羞 耻 感 /

羞耻感的产生和乱伦禁忌的产生一样，是文明的起点。儒家将羞耻之心看成是人禽大别之一，但儒家没有解释羞耻心是如何产生的。《圣经·旧约》的说法将羞耻的萌发看作是智慧的结果。夏娃受蛇的引诱，偷食智慧树的果子，结果眼睛看见了羞耻，所以需要将自己的身体遮挡起来。《圣经·旧约》的神话，与其说是解释了羞耻心的产生，不如说是猜测到了智慧可能的邪恶。人而有羞耻之念的确是人和动物十分不同的地方。动物交媾不避同类，人若效仿，则被视为猪狗不如。为什么？其实，高等哺乳类动物交媾皆不避同类，我们不能将之理解为缺乏羞耻之念的自然行为，而且需要深究该行为在动物社会的意义。我相信，已经争得了交配权的雄性不避同类交媾，是一种权力的炫耀与展示。任何炫耀与展示都要有对象，可怜的失败者就成为傲慢的胜利者的炫耀对象。透过胜利的炫耀，震慑失败者，由此建立动物社会的秩序规则：妻妾归强者享用传种，失败者不得染指。胜利的雄海象独霸雌象群，失败的雄海象只得在旁观看胜利者的表演。获胜的雄狮咬死前任独裁者的后代，使得雌狮子提前发情，然后像胜利者一样，与雌狮逐个交配，在旁的流浪雄狮只有羡慕的分。毫不回避而公开交媾是胜利者的凯旋仪式，它的意义在于维持动物社会的秩序规则。当然，炫耀交配带来的残酷令动物社会付出沉重的代价：它招致了同类关系的全面紧张。处于下风的弱者无时无刻不在筹划反扑，或者复辟，或者夺权。一旦反扑成功，老王死无葬身之地。交媾的炫耀虽然维持了一个暂时的秩序，但这个秩序充满敌意、不信任，潜藏着随时瓦解的危机。而羞耻心的出现在于降低同类之间因性而来的敌意。羞耻心首次将行为划分成不同的区间：有的行为在阳光下进行，有的行为要在夜幕的掩护下进行，性事就属于后面一类。因羞耻之念，两性之间、同性之间，多了许多闪避、忌讳、遮盖、掩饰,性不再是值得公开炫耀的事情。因此一方面,人类社会的秩序可以不通过性的紧张而实现,另一方面,弱者由此增加了获得性满足的机会。例如,在动物社会,体弱的雄性一生都不可能得到雌性垂青的机会,相比之下,人类社会要缓和许多,地位低下、身体不健壮者均有性满足的机会。这说明人类社会的性敌意要远远低于动物社会。人类社会的这种演化,当然要拜羞耻心进化出现所赐。因着敌意的降低,人与人之间,就可以进行更高程度的社会合作。当然,今天已经没有可能重现羞耻心起源的实际过程,但是羞耻之念起源的机理,却是可以通过动物社会与人类社会在性事上的差别推究得到。

/ 自 然 秩 序 /

资本主义作为一种在漫长人类历史中演化出来的"自然秩序",似乎经历了不同的形态,它曾经和不同的政治组织形式相结合,形成并保有其生命力。资本主义的第一种形态是城邦资本主义的形态,以十五、十六世纪佛罗伦萨、威尼斯、热那亚为代表。那时商业贸易、手工业、银行业的演进,以及技术和管理的积累在小城邦里第一次可以成为再生和自我发展的力量。这是"自然秩序"在历史演化中的重要突破，它和城邦政治结合在一起。但城邦的脆弱性决定了这种形态的"自然秩序"的脆弱性。一如当年的雅典一样，战争、天灾和市场需求的变化，都可能导致城邦的没落。意大利城邦没落之后，资本主义采取了民族国家的形态。十七、十八世纪的尼德兰和都铎英国可以作为代表。民族国家作为政治组织全力推动资本主义的发展，将"自然秩序"不自然地扩张到了全球的范围。从市场的角度观察，它的扩张是自然的，但它周边的人民却没有做好准备，不能顺势接受这种过于凶猛和急促的扩张。反殖民运动带来了民族独立，似乎是遏止了这种扩张，但实际上，它遏止的只是列强势力的粗暴干预。民族独立的结果无一不是"自然秩序"在新国家的范围内再次积累和生长。资本主义的下一个阶段恐怕是跨国资本主义的形态。民族国家的严格边界已经不能满足全球的市场，不过跨国形态的"自然秩序"并没有和一个全球国家的政治组织相结合，它目前只是寄生在民族国家的卵翼下。将来，它会否与民族国家发生冲突，会否推动人类政治组织形式的演变，以及会否永远寄生在民族国家之内，变成伤害弱小者的利爪，尚不得而知。

/ 强与弱 /

强者和弱者如果不得不共同生存于一个弱肉强食的空间会有什么结果？弱者很快被赶尽杀绝了吗？答案并非那么简单。家鼠偷人的食物或取人的废弃物为生并与人类相邻而居已经有漫长历史，大概自人类定居以来就是如此。它们为人类所深恶痛绝，人必欲除之而后快。人与家鼠相比，人无疑是强者，但这个强者想尽千方百计却剿灭不了家鼠。所有方法都曾经尝试：生物的方法——养猫，人工的方法——捕鼠器，化学的方法——毒药，然而所有方法都不能完全奏效，家鼠依然相邻人类而生。这说明强和弱往往只是能力的表面对比，这种能力的反差并不是物种在进化意义上赋予的强和弱。家鼠进化出惊人的繁殖能力，进化出迅速识别毒药的嗅觉，而且依赖下水道、地穴为隐藏据点，每一样似乎都反制人类对它们的剿灭。尽管生物世界通行弱肉强食的逻辑，可是弱肉总是强者"食不完"的。常识眼光的强和弱背后，还存在一种物种进化意义的强和弱。而后面一种强和弱，只有造物才能真正识别。有意思的是，似乎人类社会里面也存在相似的情形。例如罗马帝国和早期基督徒的斗争，罗马的方法是杀戮，基督徒的方法是迅速传播信仰。当信仰传播的速度比杀戮的速度更快的时候，事情就出现了逆转。一般地说，强者依赖的方法是工具和技术的优势，弱者依赖的方法是数量的增加和纠缠。因为弱者增加数量付出的代价少，而数量的增加有效弥补不断的牺牲；而近身的纠缠可以瓦解强者的秩序。所以强者和弱者的斗争结局，实际上是未卜的。今日以色列和巴勒斯坦的情形就是如此。

/ 仁 爱 /

仁爱之心在漫长历史里仅仅是仁慈的事业，而选举和投票制的确立使它演化成福利制度。因为公共政策在很大程度上受到票源的牵制，任何一个想留在台上的政客，都不得不讨好处于社会底层的社群，也不得不维持社会的中层利益。因此，仁慈和政治相连，催生了现代的福利制度。然而福利制度造就了一个类似的寄生阶层。这个寄生阶层不是马克思说的拥有资本但不劳而获的食利者阶层，而是手握选票寄生于整个社会体制上的底层社群。他们付出很少，却收益很多。但同情心的天平倾向他们，现实的福利制度使他们获益。底层社群的遭遇完全实现反转，文明社会的早期，他们是被奴役和被践踏的一群，而在选举和投票制度下，他们是寄生在福利摇篮里的一群。他们用手里的选票和社会做了一项交易，从此一劳永逸。如果资源和技术还能容忍这项交易继续进行的话，这不失为一个聪明的做法。因为它尽管降低了社会的效率，但带来了局面的稳定。以整体社会的利益衡量，这样做还是可取的。但当资源和技术不能支持这样的选票和获利的交换的时候，受到伤害的就不仅仅是选举制度，而且还有同情心和仁慈。当这样的时代来临的时候，独裁和强者的道德将再次崛起，而基督教精神和投票制度将退化。

/ 全 球 化 /

与其说全球化是一个巨大的蛋糕，等着人们分切，不如说全球化是一个高速旋转的离心机器，它把那些站不稳脚跟的人群甩将出来。在全球化的趋势下，社会将根据得益的程度使人群分化为强势社群和弱势社群。虽然贫穷在任何时代、任何社会都是常见的现象，但宗教道德的长期熏陶和慈善事业的持续进行在资本主义凯旋的早期总是给人一种大同世界或许能够实现的期待。然而如今冷冰冰的世俗全球化正在解构人们关于弱势社群终将获得拯救的幻觉。全球化的福利使能够享受到的人忙于争取和分享它，而使不能享受的人和无从争取的人加深了对全社会的怨恨，怨恨启发的反抗又使人对弱势社群失去同情。站在潮流之内的人日益接受这样的信念：贫穷是无法改变的现实。而全球化背景下的弱势社群不仅是一个民族国家内部的概念，而且也是一个国际社会的概念，这使得弱势社群的问题更加像是一个局外的问题而不是社会内部的问题。另外，全球化在不同的时代有不同的推动力量。罗马帝国时代全球化纯粹由武力和野心所推动，殖民时代的全球化由以武力为后盾的资本和贸易所推动，现今的全球化则由技术所推动。而技术推动的全球化有一个特点：它是在一个严密的社会体制下进行的，除非你能够进入它，否则它对你而言就是一个巨大的吞噬你的怪物，你完全陷于被强力支配的地位。绝望是面对它的唯一感觉。道德的衰退和体制的加强使得社会越来越赤裸裸地为强者的利益辩护，而弱者则被晾在一边。

/ 认同 /

心志的树立和信仰的认同是伴随着身与心的参与而养成

的，而身与心参与的行为一定是一个局限环境的产物。比如一个信仰基督教的人通常是在一个基督教背景的家庭或社区获取（acquire）宗教认同的，这样的家庭或社区对于这种个人在成长中的价值观的建立就是一个局限环境。同样执着于儒家信念的人通常也是在中国式的家教良好的家庭或书卷氛围下养成的，家教良好的家庭和书卷氛围就是建立儒家认同的局限环境。心志和信仰的树立是有地域性的，它是在一个地域空间之内完成的。但理性的客观知识习得却是没有地域性的，任何局限环境对我们习得纯粹知识的影响微乎其微，佛教背景的人学到的物理学和有儒家背景的人学到的物理学是同一种物理学。这当然是因为客观的知识面对的是一个相对简单的客观世界，这个客观的世界在哪里都是一样的。但价值观的认同却是一个主观的身心参与的过程，这个过程脱离不了具有那种价值观的社会氛围，于是它就有了地域性。价值观认同和知识系统建立的这种差异在社会急剧变化的时代引起精神的空前困扰。我们很容易以开放的心灵看待原来不熟悉的客观知识系统进入我们的视野，却一定要固守自己已经认同的价值观，但社会急剧变化的含义之一也许就是那种价值观在今后生活中的意义并不像原来那么重要了，这样就引起了内心的痛苦。王国维用他的语言恰当地说出了这种痛苦："可信的不可爱，可爱的不可信。"可信的是那些外来的客观知识，但它不是出自"我们的"地域，故我们对它没有感情；可爱的是业已养成的文化价值，但它正在分崩离析，至少在生活中的重要性衰退了，故其生命力难以令人置信。文化价值就像母语，当外来语分占了语言的市场而我们只会讲母语的时候，对母语的忧虑和内心的痛苦就产生了。因为我们只能讲母语，这是没有弹性的，外来语进入意味着母语生存空间的萎缩，也意味着我们认同的文化价值其生存空间萎缩。所以产生文化价值危机，它引起我们焦虑。不论是哪一种形式的焦虑，是执着坚持的焦虑还是急于摆脱的焦虑，其实说到底是我们欲望的焦虑。这种欲望的焦虑是可以理解的，因为文化价值的认同具有短时期难以改变的刚性，原因在于它是在一个局限环境中养成的。就像经济学里讲工资具有刚性一样，当经济衰退的时候，工资并不反映真实的供求平衡，它仍然难以降下来。但长远来看，无论文化价值观还是工资，当然是有改变空间的。不同的世代总是能够多少跨越上一代人的局限环境，建立有别的文化价值观以适应环境变迁。

/ 碎片化 /

人类社会可能存在两种方向相反的改变倾向：全球化和碎片化（globalization and fragmentation）。前者是指政治、经济、文化迈向更高程度的统一与合作的那种变化，而后者是指反抗全球化，争取地方独立、权益和文化认同的变化。人类的历史并不能单纯描绘由地方化走向全球化的单一改变，这不太符合事实。全球化与碎片化像是一个拉锯运动，在全球化推动统一与合作的改变同时，而碎片化则遏止那种改变，保持地方和地域水平的自主性。全球化可以由不同的力量推动，武力是第一波登场的全球化力量。亚历山大所向披靡的武力征服，罗马帝国无坚不摧的军团，秦始皇横扫六合的铁蹄，各自造就了古来未有的庞大国家。这些就是那个时代的全球化，但是它压制了地方认同，威胁到地域力量的生存，招致了嫉恨。因此，碎片化的浪潮随之应声而起。自然秩序的生长在海外冒险和工业革命的时代，造就了以武力为后盾的贸易经济全球化。这历史上第二波全球化浪潮实质是资本主义全球扩张，自然秩序随着贸易的商人、船队，传播至远在万里之外的港口、城市。这个时代的全球化被历史学家描绘为殖民运动，武力为后盾的贸易和殖民造成了种族、民族、文化信仰之间关系空前紧张，碎片化随之出现，它就是争取国家独立的反殖民运动。如今第三波全球化以技术为推动力，提升以国家和区域经济为主体的国际分工。但同历次全球化浪潮一样，它也遭遇碎片化，如分离主义、恐怖主义、多元文化运动等的反抗，都是现今反全球化的力量。也许我们不能用哪一个潮流正确，哪一个潮流错误这样判断且单一的立场看待全球化和碎片化。毫无疑问，全球化可以造就人类生活中有益之处，例如和平、经济繁荣、文化和技术的积累，但问题是这些好处并不惠及每一个人和每一种文化价值观。相反，全球化也导致地方传统、语言、文化的式微。当人们为了全球化的好处以强烈的公共政策去推动它的时候，或者不惜以武力去推动它的时候，碎片化运动就因而兴起。它站在全球化的反面，抗拒未曾准备好的统一与合作，让人们在久经认同的地方传统的保护下得以喘息。碎片化的倾向并不就是反动的，并不是逆历史潮流而动。相反，碎片化作为一种对立力量，能够保持社会改变的平衡。

/ 演 化 /

无论单个人还是集体，人类都有在行动中实现主观意图的能力。获得这种能力似乎使社会秩序可以经由建构而无待于自然而然的演化。我们在历史上经常见到人竭尽聪明才智来建构一个意图中的秩序的努力，这是人的理性使然。小到家庭，大到政府，莫不如此。无论支配者还是被支配者之所以忍受政治力带来的种种役使和残忍，政治力之所以弥漫人的生活，就是因为运用权力建构主观意图中的秩序是根深蒂固的信念。为了这秩序即使牺牲小我亦在所不惜。议会制度下政府极力推动施政纲领的实现，集权制度下统治者竭尽全力实施既定的宏图伟略。这种惯见的日常生活实践似乎说明秩序是经由人的意图努力建构而成的这个道理。但无论如何，秩序是建构而成的，这只是一个短期观察的眼光。短期来说，秩序确实有待于建构。人必须按照自己的意图而行动。一个政党提出政策主张，在大选中胜出，组成政府，社会就处于一个建构出来的秩序。一伙革命志士，夺取政权，实行集权的管治，社会也因而产生一个建构而成的秩序。短期观察眼光的合理性在于人离不开权力实践，权力实践的结果确实导致秩序的出现。但如果站在长期的立场，人类社会的秩序又是演化出来的。历时性的多次的重复建构使秩序的形成表现出演化的特征，人的意图努力在历时多次建构的洗刷下，逐渐身影模糊，逐渐消退而变得不甚重要。建立在权力制衡基础上的议会制度实质就是一个平衡建构和演化的社会架构。政党的轮替其实就是秩序的演化，因为轮替不是由一个意图推动实现的，而是由多个意图达成的一种妥协。没有一个议会制下的政党愿意主动让贤，让贤违反了人建构秩序的理性。假如在武力的挟持之下，多个意图达成的妥协被废弃，议会制度也就结束。议会的瓦解是不是意味着秩序就只是建构的呢？当然不是。集权制度下没有多个意图的妥协，但存在相反意图的反抗，革命是社会秩序演化的另一个力量。从无数次的革命中我们也可以看到秩序是演化而成的。因此社会秩序是建构的还是演化的？这个问题取决于短期眼光还是长期眼光。一般来说，历史和理性的分析立场必须坚持秩序是演化的这种观点，因为不这样我们就不会看到人类努力的有限和容易犯错误的通性；但政治的实践则必须坚持秩序是建构的立场。因为这是一项关乎利益的现世的斗争，人生有限的宿命驱使他们在实践上只能如此。

/ 失 败 /

结局悲壮而惨遭失败的历史事件有双重的意义：首先是道义激情的不灭，然后是政治理念角逐失败的教训。站在功利的立场，前者是有害的。正是因为意识到这点，人们为了当初那个运动追逐的目标的失败而责备参与者的道义激情。因为政治毕竟是现世的,它不可能是关于理想的事业,它只能是关于利益的事业。因此,计算、衡量、退让、妥协是必不可少的,没有利益的计算和妥协的理智,就没有合乎理性的政治抗议运动。道义激情虽然推动着不同的政治目标作为新的欲求的蓝图,让死气沉沉的生活有新的期待,但仅有道义激情却会最终摧毁了那个它所激发的政治目标。于是,作为不同政治理念之间的一场较量,它的失败引起扼腕长叹,尘世中的人毕竟需要功利的成就安慰自己艰辛的付出,而失败不可能带来任何功利的光彩。它的失败带来叹息,叹息淹没了道义激情的价值。其实,仅仅站在功利的立场看待历史事件是不够的,因为功利立场的背后是迫切谋求胜利而厌恶失败的欲望。仅仅依赖这种短期的欲望穿透历史是不足够的。道义激情在人类事务中虽然伤害了功利目标,但它却是我们生命存在本身。它不灭的意义在于表明禀赋此类激情而生的人在历史中不是一件理性的工具,它可以反抗,经由反抗而呈现其生存的价值。反抗本身没有那么多理性的理由,也不计较目标是否到达。它只是良知在长久的压抑中被突然唤起,它如同一道闪电照亮沉闷的夜空。它只是唤醒生的沉睡,打破活着的麻木和冷漠。在人类生存的漫漫长路上,道义激情所启发的不是短期的建树,而是长期的照耀。道义激情对具体历史事件的贡献也许正是在它的失败本身。如果它成功,反抗转眼之间就把自己变成僵硬的统治机器。唯有失败,当初的道义激情才不会褪色,才保持它纯真的面貌,才有回忆的价值。

/ 变 迁 /

技术、知识和观念都可能成为社会制度变迁的推动力量。在解释制度变迁的时候,并不需要寻求"归根结底"的因素,制度变迁也许并没有什么推动因素是"归根结底"的。每一种社会制度都有维持它运转的权力机制,不同的社会制度其维持运转的权力机制是不一样的,不一样的权力机制有它各自不同的"天敌"。技术、知识和观念都有可能成为维持制度运转的权力机制的"天敌"。在观察社会制度变迁的时候,有意义的不是千篇一律地寻找那种"归根结底"的动力,而是发现什么是维持该社会制度运转的权力机制的"天敌"。"天敌"的出现导致权力机制的瘫痪,权力机制的瘫痪进一步引起社会制度的崩溃。罗马帝国的基础制度是奴隶制,暴力和强者的道德就是维持罗马奴隶制秩序的权力机制。这种权力机制的"天敌",不是技术,也不是知识,而是基督教信仰。

基督教信仰同情弱者，反对奴隶制度，它本身是"弱者的道德"而不是"强者的道德"。尼采说基督教的兴起是"奴隶的道德起义"。这算说对了。基督的教义和信徒的殉教使罗马帝国的强者道德和暴力镇压瘫痪，这场"起义"和外来蛮族入侵一道，倾覆了强盛一时的罗马帝国。同样的道理，商周之际的礼乐制度，是依赖繁复的祭祀仪式来强化等级秩序的。祭祀仪式就是维持这种礼乐制度的权力机制。祭祀仪式作为维持制度的权力机制，取决于演示仪式的法器的庄严性与神秘性，而保有祭器的庄严性与神秘性取决于垄断制造法器的原料与技术。于是，技术与原料的垄断就成为维持权力机制和礼乐制度性命攸关的头等大事，而技术自然就是这种类型的权力机制的"天敌"。技术的泄露和普及使得下等之人可以铸造上等人身份才能拥有和使用的青铜祭器，享受起僭越的福分。诸侯、卿大夫、士纷起僭越，终至于礼崩乐坏。追究起春秋战国之际的天崩地裂，青铜铸造技术的普及是致命的因素。因为维持礼乐制度的权力机制将自己的统治基础安放在技术和原料的垄断之上，技术垄断打破之日，就是社会制度崩溃之时。继起的秦汉大一统秩序实质是一种集权制度，维持这种集权和官僚制度的权力机制是对经典知识的占有。因为经典知识是规范这种社会制度的基本知识，这种知识被官僚和士大夫占有。在这种状况下，只有知识的转换才能造成社会制度的变迁。不是技术，也不是信仰观念，而是知识，构成对大一统秩序的致命威胁。因为旧制度的基础不是技术，也不是信念，而是一套特殊的知识系统。这套知识系统的崩溃，就意味着王权制度的崩溃。晚清以及民初之世，争辩得最激烈的是在知识的领域，新旧学之争、中西学之争、新文化旧文化之争，这种不同的知识话语系统的斗争，正反映了社会制度变迁时代"猎物"的挣扎和"捕食者"咄咄逼人的攻势。传入进来的新知识解释了一个更为广阔的世界。例如科学解释了声光化电，民主解释了欧美的富强，基督教与西学解释了西方文明足以比肩华夏传统。这个逼人而来的新世界是经典知识无法面对和解释的。随着经典知识的说服力减退，维持既有的集权制度运转的权力机制也就像被麻醉了一样，运转不灵。这种衰败的症候表现为掌权执政的王权与士大夫集团不能因应形势，领导国家。新知识的入侵，终于引起晚清之世"千年未有之奇变"。

/ 忧 天 /

中国文明缺少疏离人事的高远理想。就像《列子》"杞人忧天"的故事嘲笑的那样，"忧天"的事不属于目光关注的事，因其在人事活动的范围之外。只有傻瓜才会既耗时间又耗精力想象不属于自己的事情和思考没有结果的事情。这则笑话最意味深长的地方是它划出了属于自己事务和不属于自己事务之间的界限。尽管这条界限实际上不是那么清楚，存在模糊地带，但经验总是可以替人们在模糊地带寻找相对清晰的边界。聪明人在属于自己事务的范围内努力，而傻瓜则在属于自己事务的范围之外白耗精力。这种划分是缺少高远识见的表征之一。当然这是一个笑话，但笑话也有它的言外之意。在我们生活的世界，人其实分不清什么是属于自己的事务，什么是不属于自己的事务。那些今天看似不属于自己事务的事情，明天就很可能变得是你迫在眉睫的事情。中国文明曾经很长时间独自跋涉，纵有"夷蛮"扰乱，终无伤大局。顺着这个传统下来，于是也把明清时期的"西夷"上门纠缠看作不属于自己的事务，判断失准，吃尽苦头。分辨属于自己的事务和不属于自己的事务，看似聪明，实际短视。因为分辨之后，就会对属于自己的事务心安理得，对不属于自己的事务放置一旁。人类的生活永远是一个变量，没有人能够清晰地预知即将的来临。高远的理想不在于将现时"手绘"的蓝图悬置目前，而在于对现时不满足的冲动。有远见的意思不是能够展望未来，而是不满足于现实。凡有远见的人，都有对现实不满足的冲动。只有保持不满足，才能对未来有所准备。但分辨了属于自己的事务和不属于自己的事务，就消解了对现实的不满足，也就消解了未来与现实的紧张。缺少了未来与现实的紧张，在世界的格局中，恐怕只够充当追随者的角色。

/ 乡村 /

辛亥革命以前中国乡村，宗族的权力和财富的权力基本上集中在同一类人身上，他们就是乡绅地主。宗族权力代表的是传统和风俗的力量，财富的权力代表的是经济活动的影响力。那个时代，国家行政权力基本上不干预到乡村社会，即使有所干预，也由有势力的乡绅地主出面办理。现在中国的乡村，原来由地主乡绅代表的集中权力分裂为三部分：基层组织如支部、村委会是国家行政系统的权力在乡村的代表；长老、前辈是宗族、风俗等传统力量的代表；村中的能人则是乡村经济势力的代表。有意思的是现代乡村权力的这三种角色之间存在某种程度的紧张，并且不能将它们整合起来。例如，宗族祭祀、祈祷活动的时候，村干部通常退到一边，由长老主持；能人对此类只有虚幻意义的活动因人而异；国政方针的贯彻，长老亦不与闻，能人也未能争得足够的发言权。权力角色的三种分属，可能只是一种过渡的现象，显示从前传统的乡村在国家权力的干预下以及在现代化浪潮的冲击下逐渐瓦解，而新的权力系统并未能出现，或未能整合形成。

/ 文 化 /

　　文化有三种形态：技能、知识和装饰。技能解决生存问题，知识探索客观世界，装饰提供存在的意义。当然如果认为解决生存问题的是技能，探索客观世界的是知识，而提供意义的是装饰，那么较为高级的生物也能让我们看见这三方面的展开。例如翠鸟身上的羽毛是它的装饰，长长的嘴是它的技能，而善于躲藏在水塘边隐秘的灌木丛就是它的知识。严格地说，生物社会没有文化的看法显然是人类中心主义了。生物社会和人社会的不同之处，在于生物社会的"文化"是演化（evolution）出来的，而人社会的文化既是演化的但更是创造（creation）的。它不断翻新，出花样，现新招，但始终不脱技能、知识与装饰这三大门类。那种认为文化全是人创造出来的看法，有时是对的，但有时就错。如语言属于人类社会的文化，但语言不是人创造出来的，语言是演化出来的，只有记录语言的文字是人创造出来的。语言就其自身的性质，是相互沟通的技术。但就其所沟通的内容，却可以是知识、经验、情感、命令等。所以不能断言只有人创（self–creation）的，才属于文化；演化出来的，也是文化。人类社会文化的创造只不过是沿着进化的路径提升加快而已，人并不能扭转进化的方向。在具体的文化创设里，例如雕塑，其技能、知识和装饰三者是融合在一起的。对石头硬度、密度和性质的认识就是知识；而雕琢石头的经验、工具及其制作手艺，就是技能；而一个雕塑品蕴含的意义，就是装饰。具体的文化创设是这样，抽象的文化创设未必不是这样。国家是抽象的社会组织架构。我们也能从中看出技能、知识和装饰三要素的组成。国家的组织架构及其驾驭属于技能要素；对此种组织架构原理的认识和管理经验属于知识；而国家所奉行的意识形态属于装饰。

/ 姿 态 /

保守与激进是生活中两种相反的姿态，它们根源于不同的时间体验。人生在世，可以视为无限链条中的一个环节，也可以视为空前绝后的一刻永恒。个体的生命存在限量的自然时长,但父又有子,子又有孙,子子孙孙,无穷匮也。个体融化进入类之中,永恒不朽也并非完全虚妄。甚至即使个体一生的时长内,也有此问题发生。如一种完全为感官满意的享乐,亦受身体的物理限制,可以支持得一时,却未必支持得久远,端在如何估价这感官享乐的价值观不同而转移。或以为"对酒当歌",或以为"岂在朝朝暮暮"。激进姿态背后都包含了当下至上的时间体验。表面看是突破现在而朝向未来,但激进姿态中的未来不过是悬置前方的虚幻。这虚幻是由当下至上价值观衍生出来的幻象。因为当下此在具有无与伦比的重要性,感官的诉求就合乎情理地提升到优先的位置。只有感官能够定义什么是当下此在,感官决定主体在事态中所采取的姿态。一旦感官接管主体处置事态的决定权,激进的姿态、前卫的呐喊、先锋的闯动都由此而生。它们似乎开拓未来,但恰好相反,激进最无视的是未来,它开拓的仅仅是当下此在。激进是鲁莽的行者;保守则是优雅的智者。前卫的行为洋溢着对生命的乐观,而智者的娴静中包藏了透视生命的绝望。人们愿意相信姿态的保守天生与信仰相连,而激进从来与虚无合体,但事实并不尽然。保守之显示出有信仰的样子,那是"变相"并非真体。对人类的造作有悲观的觉悟才会转向保守,保守意味着重视世代相续的价值超过重视此在当下的一代的价值,重视整体价值超过重视个体价值。假如不是对此在一代人"创造能力"有深的疑虑,假如不是对感官情绪有深的不信任,就不会存在保守姿态。保守视人生为一种"固然",历久的世代迁延早已证实它就是如此这般,现在是过去的如此这般,未来也即是现在的如此这般,它不可能变出什么花样。一个人也好,一代人也好,它的时长价值在于它的绵延,绵延远重要于当下此刻。保守看似不注重未来,不探索未来,但就是在这种不刻意的孜求中,世代得以迁延永续,这不就是未来?保守的智慧在于意识到,未来是不可开拓的,所有的开拓未来实际上开拓的只是现在,对未来而言,它只有声称的意义。保守不开拓未来,甚至不谈论未来,而未来只在绵延中呈现它的意义。激进将未来视作一个"召唤",保守则对未来视而不见。"召唤"不会自动来到面前。如果来到,它就不是"召唤"。只有在不停地被"召唤"的唤起中而生活在当下此在。因此"召唤"所唤起的不是真正的未来,而是关于现在的当下此刻。

/ 文 化 变 迁 /

文化变迁以断裂的方式另起炉灶,还是以接续的方式得以延续，其中的一个关键是文化变迁背后的阶级兴替是短时期的一生一灭还是长时期的此消彼长。如果是长时期的此消彼长，那么先前阶级文化所积累、所创造的趣味、教养、爱好以及生活方式，就得以被后起阶级承继。欧洲贵族和资产阶级的此消彼长就是如此。新兴的阶级总是拥有某一方面的优势而胁迫当时尚在主导地位的阶级，但是新兴的阶级虽然有力量，仰仗着财富和金钱的权能，却未必在文化上有足够的自信和能力。权力的咄咄逼人和文化教养的自卑似乎是新兴阶级必备的两重性。当年欧洲的资产阶级就是如此。由于技术的进展和海外殖民扩张，没有封爵和身份的人积累了大量财富，他们有资格进入上流阶级却本身不是上流阶级。趣味、教养和爱好的自卑自然使他们羡慕贵族，模仿贵族，附庸风雅。文化教养的转移一般通过联姻的方式，或者资产阶级小姐嫁给血统高贵的贵族，或者没落贵族的大家闺秀嫁入暴发的豪门。联姻是文化教养、文化积累得以迁延接续的重要途径。联姻得以进行首先需要社会变迁是相对平静的、渐进的。新兴阶级和没落阶级要有一个长时期的此消彼长，才能使文化的模仿和转移进行下去。中国近代文化变迁却不是这样，其间发生的阶级兴替是短时期的一生一灭。士大夫在半个世纪之内灰飞烟灭，秉持新信仰的党人亦数十年之内崛起并取得社会控制权。新兴党人在新旧兴替过程中发展出自己的趣味、教养和爱好。这些趣味、教养和爱好虽然有传统的因素，但极其稀薄。因为新兴党人的基本立场是对"旧世界"极其鄙薄，不屑一顾。纵然有一些传统教养延续保存下来，那也是无意识的结果。新兴党人绝不会像资产阶级羡慕模仿贵族那样羡慕模仿士大夫的风范，相反新兴党人是以能够与"旧世界"划清界限而自豪，是以能够创造"新文化"而自豪。一方面是新兴阶级对没落阶级的鄙视和文化的拒绝，另一方面是没落阶级无力捍卫自己的文化和趣味。这个短时兴替发生的大背景是延续一个多世纪的战乱，流离失所。辛亥革命中失去政治权力庇护的士大夫，包括乡村士绅，在列强压迫和战乱中失去经济优势，又在"新文化"浪潮中失去知音同道。他们秉持两千余年的文化、教养和趣味，遂在天崩地裂的大变中烟消云散，成为《广陵》绝响。文化、教养和趣味是以人来传承的，斯人已去，何处有斯文？自从士大夫阶级在近代社会阶级兴替中沦为明日黄花，古代的文化教养、趣味爱好，也就由鲜活的生活形态进入博物馆而成为展览的标本。

/ 性 别 差 异 /

雄性毕生空白的生命体验就是怀孕和哺乳。怀孕和哺乳最奇特之处是使两个生物个体产生彼此异乎寻常亲密的感情依恋。它是彼此立于天地间的感情归宿，就像一片大地，怀孕和哺乳所造就的无与伦比的亲情，使你有可能双足立于大地之上。对于雄性而言，这片大地如果不是空无，也是仅得其半。虽然雄性也参与繁殖后代，与子代的亲缘指数和母方也是一样的，可是怀孕和哺乳经验的欠缺使得它不可能以另一个生命个体为感情归宿。雄性来到这个世界，他踏足的不是坚实的大地，而是像沼泽那样绵软不可靠的土地。他生命中缺乏天然的"皈依经验"，而天然的"皈依经验"只能由怀孕和哺乳产生。这是迄今为止人类生命历程中最亲密、最牢靠的经验，其亲密程度远在夫妻之上。女性的"皈依经验"是自然赋予的，不必通过人为的途径就自然获得感情归宿；依恋的对象经由怀孕和哺乳自然降临，不必自行虚构。女性被认为是直观的、世俗的、缺乏形而上品格和气质的、天然执着此世事物的。假如这种观察有事实根据，那当然就是来源于其人生经验的这种独特性。反观雄性，它的一生不可能与其他任何一个生命个体结成如此亲密的感情依恋关系。它在感情世界中是一个被放逐的角色。虽然友谊、性爱、效忠可以部分使感情黏着于它们渴望的大地，可无论它们如何成功地附着，都不具有经由怀孕和哺乳产生的依恋那样亲密和牢不可破，那样具有不容选择的唯一性。男性是经由虚构发展出一种想象性的替代物，填补空白的生命体验而产生的情感虚无。这种想象性替代物，在不同的语言和不同的年代有不同的名称，古希腊叫作"存在"，宗教年代叫作"神"，之后叫作"物自体"；在中国，有时叫作"天"，有时叫作"道"，有时叫作"自然"，有时又叫作"太极"。如果哲学、神学的最高实在说穿了都有一个生物经验基础的话，那么，它们无疑是来源于欠缺怀孕和哺乳而无由发展出亲密的感情依恋，导致感情放逐的生命事实。男性没有自然的"皈依经验"，它就要通过精神的努力发展出人为的"皈依经验"，构造神学的最高主宰、哲学的究竟本体。这样做，其实就是人为地寻获可以终极皈依的对象。没有一个现存的生物个体可以实现感情依恋，那就构造一个形而上学"实体"来实现它。男性被认为是理性的、抽象的、富于形而上学的气质的、执着于彼岸的追寻的。如果这种观察有道理，那它就是产生于感情被放逐的生命事实。

/ 观 察 /

　　古代社会的道德和审美给人健康、和谐、典雅、保守的印象，它留下来的建筑、文献、美术可以作为证明。颓废在古代社会没有地位，虽然古代社会的晚期颓废开始崭露头角，可它只得隐蔽生存于社会阴暗的角落。如果古代社会像是一个阳光灿烂、光辉普照的白天，那现代社会就是白天和暗夜兼备，一半是白天，一半是暗夜。现代社会依然不失其健康和保守的一面，但它至少不能称作是朝气蓬勃的社会。白天是它健康、保守的一面，可是夜幕也会降临，颓废、堕落和世纪末则是它暗夜的一面。离开了颓废的一面就不是完整的现代社会，就像只有白天不能称为完整的一天。古代社会建立在等级身份制度基础之上，西方以血统区分等级身份，中国以知识和官籍区分等级身份。无论以什么划分等级身份，只要这种划分为社会成员认可，它就剥夺了大部分社会成员对事务的参与，形成"劳心者治人，劳力者治于人"的局面。在这社会里，沉默的劳力者负责食物、衣服与苦役，他们不发出声音，除了财富提供者的角色，劳力者几乎与主流隔绝。而劳心者懂得，他们的颓废和堕落，是导致社会衰败的敌人。劳心者若要长期占据上层地位，就必须与颓废和堕落斗争。健康、和谐、优雅和保守的道德、审美的趣味其实就是驾驭和管理这个社会的劳心者的趣味。等级身份的界线像一道绝缘带,保证了上层劳心者趣味的纯粹性。现代市场社会改变了这一切,消费市场催生了大众的崛起,成为社会日渐重要的角色。但大众的趣味是什么呢?大众的趣味就是商业趣味。很不幸,颓废、堕落和世纪末都具有商业价值,于是它们就成为道德和审美的趣味在社会上流行起来。市场社会是一个分裂的社会。站在生产的角度,市场社会保守、健康、有朝气。唯有保守、健康,才能维持生产的秩序。但站在消费的角度,市场社会颓废、堕落和腐败。唯有颓废和堕落,才能让消费进行下去。严肃地生产,颓废地消费,就是这种社会的写照。白天西装革履、富有职业精神、一丝不苟地干活;夜幕来临,似游魂一样鬼混,也正是这个时代人生的写照。

/ 安 全 /

安全与财富两者的关系成反比。拥有财富越多,就越缺乏安全;反之亦然。亚当·斯密劝人们不要羡慕有钱人,而要看到人类生活的真相。他说:"A beggar suns himself under the bridge while a prince is fighting for his survival."(王子在为生存而战的同时,乞丐在桥下晒太阳。)这句话看似阿Q,其实很有道理。能够使人们生活突然出轨,遭受无妄之灾的,只有两种因素,自然力的作用与人为因素。自然力的作用债无主,冤无头,普世皆同,人们也只好安之若素。人为的因素却来自人与人的关系。财富是人人都想得到的,正所谓韩信用兵,多多益善。财富如同众生猎击的目标,它是一个猎物,被无数猎人追逐。这个竞逐的世界可以粗分为两种人,得到猎物的人与得不到猎物的人。得不到猎物的人毕生都在追逐的辛劳之中。有意思的是得到猎物的人并不自动退出竞逐,他反而与他得到的猎物一起,变成那些还在竞逐中的猎人眼中的猎物,形成了"螳螂捕蝉,黄雀在后"的局面。财富在人类社会中从来就不是孤立存在的。人把占有关系推进到炉火纯青的地步,这一方面有助于维护生产财富的秩序,另一方面却把人紧紧地捆绑在财富的战车上。"属于你的财富"这句话的另一个意思就是"你就是财富",也就是他人可以觊觎的对象,他人的猎物。任何暴力、宗教、法律、道德虽然可以缓和觊觎的紧张程度,但不能根本改变觊觎的局面。当你获得更多财富,就意味着你成为价值更高的猎物。这价值更高的猎物激起的竞逐激情,是任何暴力或文化的力量所不能阻挡的。一旦落入被捕猎的境地,安全就自动被剥夺。人世间就是这样,与财富的取得是自己奋斗得来恰好反过来,安全这件物品是他人授予的,并不是自己奋斗得来。假如是为自己的安全而奋斗，就恰好陷入悖论之中。越奋斗，越得不到安全。奋斗这个行为本身已经将你置于危险的境地。那么别人是根据什么原则授予你安全的呢？当然是根据财富的多寡，财富越多，安全越寡。反过来，安全越寡，意味着财富越多。暴君、寡头、富豪是最缺乏安全感的人，财富与权力使他们成为他人觊觎的猎物，一个猎物在世界上是没有安全感的。由于安全与财富的这种奇妙关系，安全也可以用财富购买得来。富人通过散财缓和自己与周围人群的紧张关系，博得好名声。国家亦如此，古代的朝贡秩序就是根据"散财消灾"的原理处理国与国的关系。同样，恐怖主义在今天的世界有这么大的杀伤力，完全是拜现代世界财富高度积聚，全球财富落入个别国家或少数财富寡头的手里这个现实所赐。恐怖手段古已有之，但恐怖手段的发生不若今天引起公众恐慌，唯一的解释就是财富的积聚产生了安全的匮乏，由匮乏本身可以反证富裕国家及其富豪财富的积聚已经达到了史无前例的地步。

/ 出 路 /

人世间存在不存在普适的原则处理与对手的利益冲突？

答案是没有。善良的人多呼吁以谈判（和平）的手段解决利益分歧，以诉诸武力为邪恶，但事实是谈判并不总能解决冲突。更重要的是谈判（和平）并不意味着它在道德上总是善的。谈判（和平）在某些情形下，它是不负责任的。羊可以和狼谈判吗？羊如果听从教诲不使用武力而去与狼和谈，会有什么结果呢？这个比喻看似有点极端，可在人类历史并不缺乏类似事例：和谈的呼吁招来更惨烈的武力报应。二战前夕张伯伦的绥靖主义鼓励了希特勒武力扩张，东北军不抵抗主义遂使日军长驱直入，造成"七七事变"的恶果。谈判、和平、非暴力，它们属于"天国的道德"，可行之于天国，未必能行之于人世。"未必能行"同时也意味着它们或许可行之于人间。如果站在负责任的立场，人们实在不能在谈判与武力之间定一个高下，决一个善恶。与对手之间的利益分歧究竟应当采用谈判的方法还是采用武力的方法，取决于一个更高的认知：对手跟己方的冲突到底是内部性的还是外部性的？对这个疑问的不同认知导致了不同方法的运用。假如对手被当成内部性的，与对手的利益分歧不是生死两立的冲突，那当然就采用谈判的方法；假如对手被当成外部性的，是不共戴天的冲突，那当然就采用武力的方法。可是，造化偏偏微妙，构成与对手冲突性质的认知，并不是一种全然客观的知识。人们不能经由"科学"的手段决定与对手的冲突是属于内部性的，还是属于外部性的。这种认知既包含经验的归纳与判断，也包含历史传统的体验，更包含内心良知的发现与究问。说到底，"价值"在这种认知中扮演了重要的角色，它的重要性至少与经验判断是一样重要的。印度民族独立运动与英国殖民主义的冲突是内部性还是外部性的，至少部分民族独立运动的领袖是反对"圣雄"甘地的非暴力主义。可是甘地却认定这是一种内部性的冲突，他的认知推动了他的非暴力运动，而这个非暴力运动居然就能不费一枪一弹使印度脱离殖民统治。然而同样是这样的认知，用在英国人身上获得善的结果，但用在印度教信徒的身上，非但结不出善果，反而酿成暴力冲突。甘地也被认为是印度教的"叛徒"而赔上了性命。归根结底，人们寻找消弭与对手冲突的方法，进入了一个由经验与价值组成的迷宫，在这个迷宫中穿行进退，左冲右突，它没有简单的出路，更没有唯一的出路。武力不是残酷的代称，谈判（和平）也不能包医百病。在一个充满分歧冲突的世界，不能全然寄希望于天国的道德，也不能唯一仰仗武力。

/ 学 谱 /

欧洲学统至战后分裂而为二，在原有谱系里生出了"逆子"。这"逆子"就是后现代批判理论。自希腊传统以来，知识的探求皆建立在通行的共识之上：事物都存在关于它的真相，真相虽不能一眼就看到，但凡事物必有真相；所有知识都是对事物真相的探求。当然事实是即使面对相同的事物，人们关于它的真相到底如何依然是讼聚纷争，莫能定夺。一部知识的历史是一部关于真相仍然未有定论有待继续考察的历史。可是无论真相怎么不能一劳永逸地确定，这不在于真相的缺席不在，而在于人类认识能力和积累的有限。人类认识的有限性或许永远无缘突破，用康德的词汇来表述，那就是"物自身"（things-in-itself）不可知，它不是认识的对象，人只能认识现象。但既然是认识，就必然是关于潜藏在事物背后的真相。这个传统在当代还在延续，特别在自然科学、社会科学，希腊的传统还是无可撼动的。然而二战之后，西方知识的学统产生了裂变，出现了一个新的谱系，它以反思和颠覆的面目出现，思想方法上直指希腊以来的知识传统，姑且称为后现代的知识。这种知识其实是关于知识的知识。它彻底抛弃了真相的概念，以揭示传统知识标榜的客观性中的权力关系为能事。它将传统知识钉在权力的耻辱柱上，并企图全面颠覆它。后现代知识并不承认真相的存在，所以这谱系的知识并不说什么是"是"，只说什么是"非"。它只有反对，并没有自身关于事物的指认。就像萨义德的《东方学》，它说"东方学"如何塑造符合西方权力和利益的东方形象,如何歪曲东方,如何将西方的欲望、强权印烙在东方身上,却并没有从认知上说出东方的"正身"是什么。如果我们想得到关于东方的知识而读《东方学》,那东方就迷失在反思和指责的烟雾之中。它只说既有的"东方学"是"假",至少并不像西方学统吹嘘的那么"真"。福柯也是如此,他的"知识考古学",只说西方既有的知识并没有看起来那么多"知识",里面充满了权力、伪善和强权者的欲望。有点像鲁迅看"陈年流水簿子",从满篇仁义道德里看出了"吃人"二字一样,福柯从声称承载着事物"真相"的"知识史",看出满篇写着"假"字和"权力"。在欧洲,知识的经年累积,变为一座足以让人迷惑的迷宫,因而产生对于它的反思。这似乎渊源有自,也有它自身的必要性。从康德"物自身"的设定似乎已经预兆了不安,马克思更将自己发展的知识的使命确定为"改造世界"而与过往只"认识世界"的知识划清界限,尼采将世界的基本面貌描述为"权力意志",为怨恨时代的到来做了有力的提示。到了福柯,对已有知识传统颠覆的运动终于汇为洪流。长远而言,它对知识学统的消极影响是给一张"立场与认同"的合法通行证,让它们在认识事物时畅通无阻,大行其道。在希腊传统里,"立场与认同"虽然事实不可完全避免,但学者总是尽量客观、中立。后现代知识揭破了所谓客观中立不过是"白老男"的把戏,从此知识便以"立场与认同"为分野。既然知识被公然认为是替特定利益的辩护，那么某类知识总是为某种利益辩护。这个关于知识性质的标签被贴到所有知识身上，并进行分类。

/ 父 权 制 /

父权制（Patriarchy）存在非文化的生理基础。性别分工的自然演化使人类在生育后代时面临一个尴尬的局面：知其母不知其父。绝大多数哺乳类动物都是如此，人类如果没有一种社会制度抑制性选择的力量，也将如同其他哺乳动物一样，雄性只作为精子库的角色，只进入生育过程的"播种"阶段，而不进入其后"养育"的阶段，即便进入也只起极其次要的作用。因不知其子，无所养也。性选择的自然结果排除了"父"养育后代的责任。虽然以母系为中心同样可以形成家庭组织，但母系中心与父系中心有一个根本不同，母系中心天然阻碍和排斥"父"在养育后代中的作用，而父系中心并不阻碍和排斥"母"在养育后代过程的作用。母系中心由于"父"的角色暂时、模糊，养育的主要责任当然在母而不在父。这种制度不利于激发父辈为家庭尽力的责任感和献身的荣誉感，也不利于父辈将积累的知识传承给后代。缺乏责任感和没有荣誉感的父辈在母系中心的社会仿佛游离于社会边缘的角色，浪荡缺乏归属。一如泸沽湖"母系社会"，男性青春盛年之际，但以追求性满足为依归，养育儿女之时则敷衍了事，而儿女稍长，家庭关系便告瓦解，黯然返回母家。以母系中心原理组织的社会，只能形成部落规模的社会，不能继续进化至国家形态。母系国家是难以想象的。当社会向更大规模演化时，母权制就被淘汰了。人类若要知母又知父，那在家庭制度上就只有一种选择，那就是父权制。所有父权制下，女儿都是随父姓。这风俗的潜在深意是社会给予男性不知其子恐惧的安慰，让后代标上所属的标签，并让男性为他们成长极尽义务。遗憾的是这种风俗被女权主义解读为男权的暴戾。

/ 反比 /

近世科学的进展给人类中心和人类至上信念以重大打击，哥白尼日心说把地球还原为太阳系的一颗行星；达尔文进化论证明猩猩是人类的近亲；弗洛伊德指出人类行为受到原始本能的支配；亲选择理论更解释了"善良""利他"等似是人类特有的禀赋源自自私的基因。数百年来科学揭示了人类文明史形成以来的天地万物、唯我独尊的光环不过是由无知和傲慢编织而成。人在精神上遭受了前所未有的打击，可数百年来人支配控制环境的能力急速上升。精神王国的王者之尊是被褫夺了，但现实王国的王者之冠却被加冕了。两者各自进展呈反比状态，精神越是遭受贬斥，现实越得以哄抬。人的知与能近似于神，或者就是成了神。结果是人为天地万物的独尊，其地位并没有改变，只不过哥白尼之前它由信念和意识形态来支撑和维持，工业革命之后人的独尊地位依赖实实在在的支配环境的物质性力量。如十五、十六世纪的地理大发现，工业和能源的使用导致能力空前提高，微观世界的探索和外层空间的探索，这些都是其他物种望尘莫及的。人在有可能变成星际生物的同时具备了超出自然选择的能力改良作为物种的自己。如果说文艺复兴前人在自然界的王者之尊多少有点一厢情愿的话，那之后的地位更是人实实在在的权能。这种变化有点像封建时代到资产阶级时代统治者的情形。封建贵族的支配地位除了靠暴力维持之外，很重要就是靠血统论和君权神授论来维持，而现代资产阶级则纯粹靠金钱实力来维护自己的社会地位。虚文伪饰的意识形态衰落了，人不再是神特创的物种，可人还是握有其他物种的生杀大权。人维护其万物至尊地位的方式改变了，但其在物种金字塔顶端的地位依然如故。

/ 收 割 者 /

收割原理解释了物种多样性的形成。由于收割者收割了原本占满生存空间的单一"庄稼",腾出的生存空间让其他依赖相同环境资源的"植物"得以生长。假如没有收割者,单一强势物种占据垄断地位,将占尽自然资源导致仰赖相同资源的物种无法演化。就像疯长的水浮莲占满了池塘水面,其他水生植物就没有任何生存的空间。如此说来,生物的多样性仰赖一个前提:收割者之上必须又有更高的收割者,否则庄稼和收割者都将同归于尽。当然这里的收割者是控制该物种不使其独占生存空间的自然力。这自然力又可以细分为三种角色:第一,捕食者;第二,瘟疫、饥饿等自然灾祸;第三,收割者自身的自我控制机制。我的问题是,谁来收割人类?这话说来耸人听闻,其实值得深入追问。自新石器时代以来,人类的收割力就无与伦比,近万年以来其收割力更是如同芝麻开花节节高。人是自然万物的终极收割者,就像万王之王。由于进化出现这个可怕的终极收割者,自那时以来由人类活动有意无意而被收割尽继而灭绝的物种真不计其数。尤其是数百年工业革命以来,这斩草除根的收割者使得物种的多样性大大地减少,现今物种的数目远逊于五百年以前。人类进化至今,看来是没有收割者可以收割人类了,只有人去收割别种生物。首先，自旧石器时代以来，人就从被食者的名单中脱身，变身为自然界最凶猛的捕食者。其次，可以有限度地收割人类的收割者，就只有瘟疫和饥饿。病毒、细菌和食物匮乏，曾经阻碍了人在地表生存的蔓延。可是扮演这角色的收割者在现代医疗技术和绿色革命的进展中匿踪无影。再次，人有没有一种自我控制机制维持自己作为收割者与被收割者之间的平衡？此事虽无定论，结论却是悲观的。个体内部肯定没有自我抑制的机制，而都市社会似乎能够抑制生育的欲望，但从全球看人口还在继续高速增长。暂时还没有看到任何自然力来收割人类，自然资源也暂时足够人口疯长的挥霍。然而资源总有耗尽的一天，尽管那一天还遥远。当那一天来临，人可以设身处地观察自己的收割者了。这时出来收割人的恐怕是更可怕的另类自然力，如生态系统的崩溃。归根到底，自然没有给人安排收割者，但人给自己创造了一位收割者。幸耶？非耶？

/ 征 服 /

或认为文明的进程是对自然的征服，文明提升和扩展迫使自然一步一步退却。人学会制造工具、掌握知识，就像开垦蛮荒、播撒种子一样，自然在文明的攻势面前逐渐屈服于人类。人也就从自在的物种，变成了自为的主人。在人的所有自我吹嘘中，恐怕征服自然是最大的吹嘘，因而也是最大的蠢见。它颠倒了文明与自然这两个角色的位置。文明是防御性的，自然才是进攻性的，并且这样的角色永恒不变。文明，无论它被提升到多么高的水平，它都不可能扮演进攻者角色，文明命定只能做一个防御者。尽管文明对自然的防御很出色，新石器时代胜过旧石器时代，青铜时代又胜过新石器时代，工业时代更胜过青铜和铁器的时代。可是无论这场防御战多么出色，文明也只是一个防御者而已。文明的防御和自然的进攻意味着什么呢？它意味着，从终极的意义上说，文明不可能是这场攻防战中的胜者。一个不进攻的防御者是不可能打败敌手的，他只能防止进攻者在一定时间内打败他。而一旦在持续的进攻中有闪失，被攻破防线，马上就变身为失败者。进攻者则不同，虽然并不是每次进攻都获胜，但在持续的进攻中总有令防御者马失前蹄的时候。攻防战必定是由进攻者结束战斗的，胜者总是属于进攻者的。文明在顽强地抵抗着，抵抗"绝对的消失"。而"绝对的消失"代表了最可怕、最强大而又步步进逼的自然力。虽然现在无从设想文明的"绝对消失"，但无数历史和日常的事例，它们暗示了自然作为进攻者的最后胜利。比如美容术和衰老之间的攻防，可以作为一个文明与自然攻防战的小小的缩影。美容术自古就有，现代更甚，已经发展为一个庞大的产业，而美容本身无非就是抵抗岁月对容貌的侵蚀。在这场合下，衰老显然是取攻势的，而美容则取守势。美容术的提升、更多产品的发明，有效地缓阻了岁月的侵蚀。可是最终的结果呢？无论美容术多么顽强抵抗，它都改变不了莎士比亚说出来的真理："时光在你脸上刻下道道皱纹。"因为衰老的进攻比美容的防守更顽强，它不是突发的爆炸性力量，它像水流切割岩石一样，持续缓慢而又不可阻挡地推进着，再高明的美容防御，也会有全线崩溃的一天。品味这真理最好地方莫过于吴哥窟（Angkor Wat），这个十二世纪前后盛极一时的文明，自十四世纪之后逐渐被热带雨林征服，留下断壁残垣让后人凭吊、深思。雄伟的庙宇、王城、宫殿表示着文明的傲慢。吴哥人以文明都会有的方式表示着对自然力的"征服"，我耸立在这里，多么雄伟，直通永恒。可曾几何时，自然却彻底征服了这个伪装的征服者。参天巨木长在庙宇的屋顶上，雨林淹没了王城，风雨侵蚀了宫殿。自然的攻势让文明瓦解，返回到渺无人烟的蛮荒岁月。身处这个壮观的废墟，心中升起一个疑问：在文明与自然的终极攻防中，谁是真正的征服者？

/ 外 部 性 /

人的活动皆有外部性。从事规模农业耕作则导致局部生态系统脆弱，从事大工业生产就出现环境污染，人密集聚居在大城市必发生交通拥挤、噪音等城市病，运用自然力的提高则带来不可再生的资源如煤、石油甚至水的枯竭，甚至人口数量的增加亦会破坏空气、水源、森林和生物之间的生态平衡。人活动的外部性的存在亦如药物有副作用的道理一样，药物就像人类的活动，它能治愈疾病，人的活动能满足生存需要。可是凡药物皆有它的副作用，副作用就是用药的消极后果。那么外部性也就可以理解成，为了满足生存需要而产生的消极后果。外部性的存在不易察觉，因为它很容易转嫁出去。污水排在沟渠里，黑烟排放天空里，自古就是如此，似乎没有非议的理由。另外，外部性往往为人所忽视。人类活动的外部性引致的严重效果并不是马上就看到，它要积累到一定程度，才演变成难以收拾的局面。在那一天到来之前，期望人类自觉，是非常困难的事情。正所谓"不见棺材不掉泪"，不到紧要关头，人是不肯放弃眼前的实惠而照顾长远利益的。更重要的是，外部性是一个公共问题，它"公"的程度不仅是一个社区、一个地域，甚至一个国家，而是整个地球和人类生存。对于这样一个理论上人人有责的问题，由于搭便车原理，责任就无从落实了。除非有一个全球政府，否则就会奖懒罚勤。回顾历史，其实社会重大危机、文明崩溃，最基本的原因就是某种外部性的积累，引致制度和公共政策失灵而灾难来临。中国历史屡屡发生朝代更替，看似是社会矛盾不能解决导致崩溃。实际上社会矛盾所以无法解决则源自外部性因素：人口增长使土地与人口的矛盾日渐尖锐。人口增长至爆炸性局面无疑是人繁殖自身带来的外部性所致。土地有限尽人皆知，照理将人口与土地的比率控制在均衡水平，就不会发生爆炸性的灾难局面。但恰好这一点是无法做到的，人人都想传宗接代，伦理传统也鼓励生育，最终打破人口与土地的均衡，人口过剩。人口增加过程中的外部性就这样一点一点积累，撑破了资源能够容许的极限，崩溃于是到来。人在无知的情形束手无策，即便有知也束手无策。

/ 救 生 船 /

现代市场经济秩序依托民族国家作为自己的护身符，民族国家就好像一重铠甲，护卫着这个生气勃勃的经济体系。因为资源的市场配置仰赖一套交易制度及其公共产品，而能够提供这样一套交易制度和公共产品给予保护的，只有民族国家。但在民族国家间的国际范围内的市场经济秩序的正常运转，实际上还要求一个公平的国际秩序。这公平是类似于在民族国家内部的公平，它应当由一套法律及其福利制度来定义的。现今的问题是国际社会没有可能提供类似国内秩序那样公平的国际秩序。民族国家的内部，看到了一定程度的正义，但是在国际社会里却丝毫看不到正义的影子，看到的是丛林法则。准确地说，人类生活在双重秩序之下：一定程度上克服了丛林法则而略有正义的民族国家秩序和依然还是丛林特征的国际秩序。这种双重秩序导致市场经济秩序所产生的议价能力不平等的问题，可以在民族国家的范围内舒缓，如透过税收和福利政策，透过增加政府开支而创造就业机会等，但却不可以在国际范围内舒缓同样的矛盾，慈善组织和联合国的努力杯水车薪，难以济事。回顾历史，市场经济秩序本身产生的危机，经过凯恩斯主义的诊断和药方，可以说在民族国家范围内得到了很好的治疗。但是同样的病症在国际范围内却开不出药方，得不到治疗。因为国际关系基本上还是类似于丛林间各物种之间的关系。如果说民族国家之内还有不同利益阶层之间同舟共济的话，那国家之间的关系就是利益至上，各奔前程。处于不同议价能力的国家，就像"救生船理论"描述的那样，不可能所有落水者都得救。看着落水者救不胜救和绝望者的悲愤挣扎，就是现代世界基本的日常生活经验。绝望者只有两种选择：或者心甘情愿等死，或者趁着还有喘息的工夫，凿沉救生船，同归于尽。后一种选择就是恐怖主义的选择。

/ 自 由 换 安 全 /

社会面临安全威胁的时候，其成员不约而同愿意放弃个人自由而选取集体价值，这种情形在人类历史上很常见。安全经常需要用自由来换取，因为两者相互妨碍。要安全保障，那就要限制行动的自由度；要扩张权利范围，要更大的行动自由度，那通常也意味着把自己置于更危险的境地。社会共同体内外竞争压力增大，就导致成员倾向放弃与竞争压力相称的个体自由，由放弃而得到集体的力量。共同体通过凝聚而成的集体力量来应付生存的严酷挑战。近代中国是一个很好的例子。西学包含丰富的个人权利观念和思想，通过贸易和传教，远播中土。先知先觉的前辈如严复、孙中山、梁启超，都一度热衷西学思想的这一面，但最终还是悔其少作，转向集体价值。王朝制度的崩溃，本来也为建立基于个人的权利和自由的政治制度奠定基础，但崩溃带来的政治混乱如洪水卷走了一切，新制度的暗中摸索最终还是演变出政党领导国家这种模式。传统因素的作用是一个解释，但传统因素的解释不能完全说明问题。在近代民族生存面临空前压力，亡国、灭种的警钟数十年不绝于报刊舆论。近代中华民族整体面对的生存威胁塑造了新的政治形态。人类所感受的安全威胁，有个体的，也有集体的。前者多发生在同一社会共同体范围之内，而后者则发生在国与国、民族与民族激烈竞争的场合。共同体遭受的安全威胁是不能分解、不能还原的，它是集体性的。对付这种安全的威胁只有放弃个人自由这唯一的途径，因为个人自由在社会面临安全威胁的情况下只表现出消极的价值而不表现出积极的价值，或者说个人权利和自由所带来的积极效应是隐而不彰的，但消极效应却很明显。虽然每一社会成员站在个人的角度都需要个人自由，但是由于有更大的安全威胁，个人已经拥有的自由就必须出让，原先认同的自由理念必须退居其次。社会与社会之间的竞争产生的安全威胁部分解释了自由主义思想在近代中国日渐式微，也部分解释了政党领导国家的新政治模式的产生。有理由相信，这种解释也同样适用于说明"九一一事件"以后美国社会的变化。他们从前没有体验到来自敌对恐怖势力的威胁，故人民深信其绝对价值，也享受比较高度的自由。恐怖袭击改变了生存的条件，安全威胁的压力增大，社会成员就倾向于让渡权利与自由，以便获得安全保障。

/ 怨 恨 /

怨恨可以是破坏既存社会秩序的力量，也可以是改进既存社会秩序的力量，端在体制规则如何看待、管理已经存在的怨恨。没有体制是不产生怨恨的，可是不同的社会体制有不同的看待和管理社会怨恨的方式。法治的秩序实际上是将怨恨排除在社会体制之外，将它视为外部性问题。怨恨存在于社会而被排除在体制之外，怨恨就只能在体制之外发泄。但目前在发达的资本主义社会，怨恨的宣泄事实上是改进了既存的社会秩序，怨恨成为有益的力量。英国最初的济贫法和后来的福利制度，就是怨恨和社会体制相互博弈的结果。这事实提示我们，将怨恨排除在社会体制之外来看待和管理，是社会成熟和聪明的手法。因为怨恨就是怨恨，它只是存在的不满，本身并不负责提出如何解决的方案。当怨恨宣泄出来的时候，证明社会体制尚存改进的地方，好像出现了症状就说明机体出现了毛病而需要医治一样。提出解决问题方案是管理者的责任，一如治病是医生的责任一样。将怨恨排除在体制之外看似冷酷无情，实则给怨恨在社会生活中作用安放了正确的位置——测量社会肌体健康程度的晴雨表。反观着重人治的一统秩序，以消除怨恨作为施政的目标，这样就把社会怨恨包纳于体制之内。可是怨恨是有敌意的，允许有敌意的怨恨进入体制势必造成体制所界定的各个社会角色的权利义务关系是不确定的，如同一团乱麻一般。管理者必须区别对待，以个人面目出现的怨恨被视为有允许范围内的合理性，而以团体面目出现的怨恨则被视为不能接受，因为团体面目的怨恨被视为损害了社会秩序。本来以团体面目出现的怨恨是秩序的弹性的重要指标，取消了这个指标，秩序的弹性无所衡量，社会就如同一个没有出气阀门的压力锅，怨恨只能在内部积聚，压力却逐渐增高。一统秩序由于不接受团体怨恨所传递的要求改进社会体制的信息，它们被屏蔽于社会的内部，管理者便失去了改进的机会。在这里我们看到社会的制度安排出现一个有趣的现象：法治秩序因排除怨恨在体制之内而使体制得到最终的改进机会，一统秩序因包纳怨恨在体制之内而使秩序失去逐渐改进的弹性。

/ 左 右 /

无论现实政治还是学术思想都因立场和价值取向的不同划分为左派和右派。现实政治领域的左派和右派，通常围绕效率优先还是公平优先而进行划分。主张公平优先的是左派，主张效率优先的是右派。实现公平需要费用，无论福利还是监管都需要付出成本。如果费用过于高昂，社会恐怕付不起。当社会付不起如此高昂费用的时候，公平就变成累赘的包袱，社会可能因此被压垮。这时候钟摆就甩向效率一边。然而效率优先又产生成员分化，贫富悬殊加大。因为效率带来的效益并不是天然均等地分配到每一社会成员身上。如果分化严重，则必然撕裂社会，社会未必承受得起撕裂引起的痛苦。当忍受不了效率带来社会撕裂的时候，效率就成了罪过。于是钟摆就甩向公平一边。效率与公平之间的钟摆运动是社会运动的基本方式，社会同时需要准备两套方案应付未来的实际应用，亦需要通过这两种取向的公开博弈以决定哪一种是现时的急需。政治生活里左派和右派现象大概反映了人类社会的这种现实。至于学术思想圈子的左派和右派则有所不同。学术的右派提供一个理念式的秩序给人们理解对象世界并付诸实践，它扮演的是一个秩序的建立者的角色。右派所建立的理念秩序不可能十全十美，于是有人起而攻讦，纠弹错误。这种人就是学术思想的左派。右派的合理性在于它对社会现象理智和冷静的透视，描绘出大致清晰的社会图像，提供认知。而学术左派的合理性则在于它不屈不挠的质疑、批判，使再次重构世界的理念图景时获得纠正。

/ 文 字 /

汉字与其说是促成大一统的文化原因，不如说是大一统本身的结果。秦借助政治力，推行"车同轨，书同文"政策，于是才有以篆字开端的今文系统。假如不是政治统一，这片东亚土地，完全有可能像欧洲并存多种拼音文字一样，同时并存多种方块字系统。其实战国就是多种文字系统并存的局面。同时政治分裂的深刻化，也可能带来书写文字演变的歧途异进，南宋时期的西夏就是一个例子。文字是人创造的，人可以造这样的文字系统，也可以造那样的文字系统。不同文字系统源于发音的歧异。只要发音歧异，这种可能性就存在。至于汉字自秦篆汉隶以后演变成一个庞大的文字系统，各种地方发音的歧异并未有都表现在书写文字上，而是形成官方发音以外的"方言"，这主要应该归因于大一统行政力量推动的结果。当然不同的文字系统被铲除，文字归一之后，它事实上成为维持大一统的文化力量。因为书面符号的一致有利于它成为文化认同的象征符号。可是在这种象征符号基础上凝聚的文化认同到底有多大的作用，恐怕估计是过高了。

应该承认，包括多种方言在内的汉语存在着在书写文字层面走向统一的方便条件，它跟印欧语言相比，要方便得多。汉语演变到今天还是无法以单纯"记音"的方式书写下来，五四兴起的拼音化是一个尝试，但是这试验更使人认识到拼音只可以作为习得汉字的辅助方法，而绝对不能代替已经通行的文字。汉字，不能说它纯表意，也不能说它表音。只能说它音、意兼表而成"形"。具体到个别的字则有侧重，所谓指事、象形之类，但一般来说则是音、意兼表，这最充分体现在占绝大多数汉字的形声字之中。音、意兼表的汉字与拼音文字相比，离发声比较远。正因为它离发声远，不同"方言"就可能全面接受与自己不同的书写方案，而条件是这种书写方案与自己的书写方案同一性质。即使接受不同的书写方案，自己"方言"的读音也不需要改变，并不影响最普遍的日常交流的发音方式。假如这种不同文字系统的"兼并"发生在印欧系的语言中，则不同发音的一方不可能接受另一方的书写系统。因为书写系统的接受必然扰乱己方语言的日常交流，致使社会生活无法正常进行。不同的书写系统各自"紧贴"自己语言的发音，如果接受书写，则一定要附带接受发音；而接受发音，则意味着同时接受书写。十一世纪威廉征服英伦，贵族上层讲拉丁语，写拉丁文。十六世纪都铎时代拉丁文退出舞台，英文登场，征服者的后裔放弃拉丁文，原来的"俗文"变为正式的语文。不同书写系统的征服在印欧系语言中一定以照单全收（书写与发音）收场，而不会以文字统一，保留"方言"收场，那就是因为印欧系书写系统"紧贴"发音。相比之下，汉语书写"远离"发音，不同书写系统的"兼并"如果发生,势力强的一方迫使势力弱的一方采用自己的文字,而发音自然不变,文字系统消亡,语言降格为"方言"。在汉语区域,这种书写一律、方言保留的统一过程可以迅速完成,由秦篆到汉隶,最多不过百余年,况且秦篆就已经是官定统一的书写系统了。由威廉征服到都铎王朝,五百余年,才在拉丁文与英文之间分出胜负。

　　汉语书写所以音、意并表而方块化,印欧系书写所以拼音化,实在无关乎人的聪明与愚蠢,亦无关乎文化的成熟与幼稚。任何以书写形态的不同来论证的人种优劣或文明的优劣,都是荒唐的。书写之所以不同,最重要的原因在于语言声音模式的物理特性的不同。语言声音的物理特性使人摸索以书写方式表达语句的时候,不得不考虑符合其发音模式的方案。声音与书写表达之间看似毫无关联,摸不着边际,但是当我们不是考虑单个发音的书写,而是考虑一个语句的表达,就可以悟出两者实在关系密切。包括方言在内的汉语发音有几个甚可注意的特点。其一,几乎每一音节表达一个独立的意义(词),而人的声带可以发出的音节毕竟有限,这样同音而不同义的现象必然就惊人地普遍。拼音的方案面对这种语言肯定是行不通的。声音可以拼写出来,但不同的多个意义怎样区别呢?用符号代表声音来拼音是表示不了的。其二,实际发音中意义的区别是通过声调实现的。古有平、上、去、入,今有阴、阳、上、去,广州方言有九调,据称潮州方言声调就更多。多调是汉语发音的重要特点。多调的必要为了在一串语音流中区别同一发音的不同义。调不是音，它是在同一音节基础上再细分发声的强弱长短；同一类声音符号，既然代表了声音，就不能再代表调，所以拼音的方案在多调语言面前是不能作为书写的解决办法的。其三，调在汉语中还有一个作用就是产生音节与音节之间的明显区分，音节在汉语中不仅是声音单位，而且也是意义单位。不同单位之间要求有一个区隔，调就起区隔的作用。上述所说的汉语声音模式的物理特征都是使得拼音书写方案成为不可能的障碍。因此对于汉语来说，唯一可行的书写解决之道就是，有多少音节——音节与调的协同组合——就有多少表音兼意的书写符号。汉字正是这样的解决方案。五十万英文词二十六字母即可拼写，但在单音节词为主的古代，五万个词就需要五万个字；在双音节词为主的现代，五十万个词也至少需要三万个字。

/ 话 语 /

后现代话语完全重蹈了历史上所有革命的覆辙。开始生气勃勃,向权威挑战,撕破既有的面纱,继而占得一席之地,似战胜者凯旋于占领的地盘,最终堕落为替已经得到的权力辩护。所不同的是,历史上的革命是实践运动,革命者的造反牵涉到权位的转移和暴力流血,而后现代话语的"颠覆"只发生在学术的领域。它是上一个世纪发生的思想界的革命,与上一个世纪发生的革命一样,毫无疑问,它留下了一些"功业"。革命留下来的是官僚体制的沼泽;后现代主义留下来的是可供重复操作的无聊的学术模式。以长远的眼光看,这些"功业"没有意义。那么后现代的学术颠覆出现在思想领域的真义何在?它的真正价值可能和革命的真正价值是一样的,在于它的批判精神,而不是它的尘世建树。如果后现代话语仅仅是一些可供后来者模仿的学术模式,一些可以喋喋不休的话题,那它的后继者真正辱没了先驱者的奋斗。无论在现实的世界还是在思想的世界,权力天生倾向于守成沉淀,亦天生倾向于自我维护。沉淀滋生停滞,自我维护导致不平,于是需要来自外部的搅动、刺激,需要头顶响雷般的棒喝。然而搅动仅仅就是搅动,棒喝仅仅就是棒喝。如果把搅动演变成凝固的动作,如果把棒喝作为不二的法门,那就失去了它们本身的批判精神,当初的批判就蜕变为以批判的外貌出现的沉淀。这时的批判没有了对象,仅剩下批判的词句。后现代话语的先驱者留下来最珍贵的遗产应该是他们的批判精神，可是这笔遗产早就被后继者们挥霍干净，剩下的词句就只能做营生的道具。

/ 学 术 /

世界舞台的表演者只有两种，原创的领头者和跟进的追随者。全球化虽然还未进展到可以展望全球政府的阶段，但技术与资本的全球流动已经足以将原先分流演变各不相能的各民族和国家赋予原创者的角色和跟随者的角色。领头羊已经出现，它走在最前面，后面的群羊或者跟进，或者歧路而亡，舍此别无选择。全球化势力影响到各民族文化最深刻的地方莫过于它摧毁了原本的文化自足信念，迅速将自视为独立自足的文化烙上地方化的烙印，先前独立自足的地位消弭于无形。它们被纳入到无形的中心系统的边缘，成为世界舞台中的配角。独立自足的年代，群雄并起，无首无脑，各自为王；全球化的年代，逐渐定于一尊，诸王尽废。令人惊讶的是这个过程是一个自然演变的过程，无论被地方化的文化如何憎恨中心系统都无济于事，无补于事，所有反抗都是徒劳的。第三世界文化、第三世界学术，不仅是一个事实的指称，而且也是状态的描述。追随、跟进是它们的根本特征。原创者创造命题和方法，追随者介绍、传播、模仿运用和完善这些命题和方法。与时俱进是追随者的命运，自标胜义是原创者的特权。从前与时俱进的意味是"自进"，现今的与时俱进是"跟进"。"自进"尚有选择的余地，进与不进，权操在我。"跟进"则没有选择余地，进则存，不进则亡。第三世界学术缺乏原创性，它们更像"仆人的文化"。

/ 国 家 /

　　现代社会个人与国家的关系同古代相比，已经悄然起了变化，只是习焉不察而已。古代社会个人与国家关系遥远，官府虽然近在目前，但对良民而言，官府如鬼神，避之则吉。政府税入的支出与百姓几乎没有关联。除了灾荒年月的赈济，百姓平民只是被动地完成交税的义务。官府对百姓最有意义的事情莫过于保证能过上太平日子。而在无兵刀匪患的日子，这些官府的功能无法在日常生活体现出来。人民对国家的认同在古代多建筑在文化、习俗、语言的共同情感之上。由这共同情感建构起来的个人与国家的关系是近乎虚的关系。与其说它是物质利益的关系，不如说它是情感的关系。然而国家的角色在现代社会起了变化，这变化当然影响到它与个人的关系。由于现代社会公共产品需求持续增长，而只有国家才能提供这些公共品。教育、医疗、保健、退休保障、社会救济等福利持续增长，使得国家同个人发生了实质性的利益联系。个人不再是生活在王权之下的臣民，而是生活在国家福利保障之下的成员。政府的财政预算案，影响所有成员的生计。国家同个人的息息相关，不仅是情感认同的对象，不仅是生活形式的共同感，更重要的是存在一重物质性的相互依赖关系。国家依赖人民的税收来维持运转，人民依赖国家对税入实行再分配。每一个人和机构都是税入再分配不同程度的受益者。国家同个人这种新型关系的出现意味深远。其一，国家变得前所未有地自私。因为国家的每一行动、每一政策落实在最根本的地方，就是要保证构成它的成员的福利收益。现代国家实际上也是一部经济机器。在国家行为中，古代帝国式的慷慨再也没有容身的空间。其二，个人可以反对国家的政策、方针，但他依然是秩序的受益者。反抗者离不开他所反抗的对象提供的保护伞。这种反抗与其说是决绝式的，不如说是仪式性的。其三，具体的国家对于个人，不再是生于斯、老于斯的包含情感的认同对象，而只是一层生计和福利的保护伞。如果这把保护伞不够牢固，或者不够大，个人随时可以另谋出路。国家被利益所构成，远甚于由情感所凝聚。

/ 无力感 /

急剧变迁的社会其实只是在某些方面、某些领域急剧变迁而已，至于其他方面、其他领域通常还是维持旧貌。近代中国正是处于这样的状态，它需要改变，需要融入文明潮流的地方太多，而国家规模又超巨大，于是容易改变的就先改变，暂时不能改变的仍然保持原样，等待条件成熟再渐次改变。新和旧之间的落差极大。少数先觉者和多数无觉者之间的认知差距如同天上地下。那些拥有海外经验，了解天下大势的人，和一般民众的知识水准和生活天地，简直就是分处于难以沟通的两个世界。近代中国这种独特的社会景观产生了知识界有趣的现象，可称为先觉者的无力感。因为他们深知自己和社会现实之间横隔着遥远的距离，纵使有心，也是天下滔滔，徒叹奈何。先觉者和无觉者虽然生活在同一社会，但由于社会进入不寻常的变化轨道，先前的相互通约性被变化所隔绝，共同分享的价值观分崩离析，为一部分人认同，而为另一部分人不认同。先觉者和无觉者实际上各自生活在自己的世界，社会被分裂为相互隔膜的空间。先觉者如果想改造社会，就会发觉自己身处堂吉诃德式的荒谬境地，即便有勇气站出来，几个回合也得落荒而逃。理念的世界与现实的世界简直风马牛不相及。在不多几条退路之中，隐退是一条符合情理的退路。严复、章太炎、梁启超最后都选择了隐退。这并不表明思想落伍，也不表明晚年堕落，而只表明他们意识到那个令人痛苦的生活世界的崩裂。

/ 和 平 /

人作为一种政治动物，对潜在敌人的忧虑、敌意是没有边界的。就算迫切的敌手被去除，原来不那么迫切的敌手势必上升为迫切的敌手而存在。人总是能够发现必欲除之而后快的敌人。和平只有在两种情况下才有可能。第一是均势，第二是一统江湖。前一种情况在两个对手或多个对手均不能彼此取胜而力量相当的情况下出现。远者如春秋战国之际间歇性的和平，两国或多国歃血为盟，和好相处。近者如二战后两大阵营的冷战。它们都属于均势的和平。和平出现并不意味着消除了彼此之间的敌意，只是潜藏的敌意由于势均力敌而不能即时得势而已。均势的和平是脆弱的，均势不是彼此两造意图的产物，相反是由于能力的限制，不得不妥协求存。一旦均势打破，宿敌之间必然大欺小，强凌弱。均势的和平总是短暂的，现代以来没有超过两代人的记录。均势的和平是两个或多个敌手之间的和平，因而它是外部的和平。而一统江湖式的和平，或称为帝国的和平，却是内部和平。外部敌手被暂时削平，人们得以生活在同一权力架构下，享受和平的日子。要实现帝国的和平，前提条件是做到天下一统，把外围的敌手全数铲除。可惜帝国的野心通常是没有止境的，忧虑和敌意促使帝国进行无休无止的征服。帝国建立起来了，和平却没有享受到。罗马帝国在它威震外邦的日子，几乎就没有停止过征战。如此看来，帝国的本性并非追求和平，和平只是帝国的副产品。帝国的统治者可以在和平和征服之间选择。统治者根据自己的能力和外患风险评估安全形势，假如统治者铸剑为犁，和平就接踵而至。在历史上，中原朝廷向外投射力量倒是尽量克制，征服到一定程度即偃旗息鼓，人民间或得享帝国的和平。这人间难有的太平日子汉、唐、宋、明、清之世都出现过。不过帝国的和平取决于帝国自身的稳固程度，如若帝国衰朽，内忧外患，长堤毁于蚁穴，和平随即结束。人作为个人生存在世，宁愿和平，但作为政治动物，却倾向战争。和平只是战争的休止状态，尘世难寻康德意义的永久和平。在均势的和平和帝国的和平之间，人也只能随遇而安。

/ 财政原理 /

封建制度最有价值的遗产恐怕是收税人与纳税人的权利义务的清楚界定。国王以及王权代表收税人，贵族代表纳税人。国王的想法当然是搜刮钱财，多多益善。既可用于个人挥霍，又可用于征战拓土。但贵族则要将国王的聚敛约束在可以接受的程度，不能任由国王胡来。一面是王权索取无休，另一面是贵族克制王权。两者的权力斗争围绕金钱财富而进行，经济利益的截然不同使双方的矛盾天然具有相互制约的色彩。如果留心西方国家近代的制度演变，就可以发现其基本制度都是形成于双方的这种围绕控制财权而进行的博弈。1215年英国《大宪章》，催生了国家基本政治架构，然而究其实质，《大宪章》无非明确规定了双方关于税赋的权利和义务。因这双方的契约而产生了议会——现代议会的前身。美国独立战争和法国大革命，都起因于抗税。其时英国和北美殖民地的关系，亦类同封建关系。经济利益上收税人和纳税人的关系，无法将它打磨平滑的，无法用道德来说服双方做出高姿态的让步。矛盾的爆发或者使双方撕裂，脱离关系，像美国独立战争一样；或者建立规则来规定双方权利义务，像英国《大宪章》的"谋反"。说到底，封建关系是物质利益的对立关系，它与意识形态、道德、理想无关。相比较而言,中原朝廷的"劳心者"内部,就不存在收税人和纳税人围绕金钱财富而进行博弈。虽然国家有人收税,又有人纳税,但皇帝以及皇权既是收税人又是纳税人的最高代表,收税人和纳税人的利益分化最后在皇权那里又汇合为一。收税的是皇帝,纳税的也是皇帝。他同时代表双方,一身而扮演两个角色。因为皇权并没有分割出有地域管治意义的"封建主"。"普天之下,莫非王土",大小臣工、各级官吏只是皇权的代理人。他们是不同代理层级的代理(agent),不是有管辖地财产所属的主人(owner),而贵族却是自己封地的主人(owner)。国家命脉所系的财政活动就是这样统于"一",收税人与纳税人的不同角色隐含在皇权之内。正因为如此,横征暴敛的是皇权,轻徭薄赋的也是皇权;聚敛钱财、滥派徭役是皇权最大的苛政,而与民休养生息、轻徭薄赋是皇帝最大的美德。康熙"永不加赋"是此种美德两千年来的顶峰。中国现代制度的演变,因为存在这笔与众不同的遗产,不可能以收税人和纳税人的博弈为轴心来进行和展开。

/ 贵 贱 /

历史贯串着高贵与低贱永恒斗争的线索，这种斗争不会停息。因为权力金字塔结构的存在注定了人的命运高下不同，虽然贵者和贱者的分界线模糊，然而细看历史，还是能够分辨人类无数的争斗，有时在种族之间，有时在阶级之间，有时在阶层之间，其中都隐含着贵者和贱者争斗的身影。文明曙光初露的年代，是贵者的黄金岁月。他们靠皮鞭与酷刑，征服贱者，用死亡的恐惧震慑贱者不驯的灵魂。奴隶制、农奴制就是双方力量悬殊的博弈结果。奴隶主高高在上，手握皮鞭，把贱者驯化成"会说话的工具"。奴隶制下贵者对贱者的绝对优势，乃是建立在贵者的暴力绝对优势之上。奴隶的正面反抗是徒劳的，但他们消极怠工，使得奴隶制效率低下，趋向瓦解。贵者不得不做让步，将生命权归还给贱者。于是封建制应运而生。由奴隶制瓦解开始，贵者的策略就由暴力转向物质利益的让渡。虽然这个让渡过程缓慢，像挤牙膏一样，可牙膏毕竟可以挤出来。贵者用物质利益换取贱者对秩序的同意；贱者用放弃颠覆秩序换取贵者放弃独享社会创造的财富。这个博弈过程的登峰造极，应该就是现代福利制度。福利制度实质上是社会性的购买行为，贵者付出物质实利，购买贱者对金字塔秩序的反抗意志，实现双方对现存秩序的认同。然而无论廉价的购买，如以道德、宗教信念麻醉贱者的反抗意志，还是慷慨的购买，如福利让渡，都改变不了人类社会存在贵者与贱者的事实，也终止不了双方未来的博弈。

/ 方块字 /

文字之分为表音和表意，我以为是多余的。将西文看成表音文字，将汉字看成表意文字，实在欠缺深思的错觉。英文单词中许多成分是表意的，如词的前缀和后缀都是表意的成分，一如汉字中的形声字的意旁；英文词当中的某部分，如worker、leader、teacher、doctor等，其中er和or部分就是表意的。这些成分组成词汇的功能与汉字表意的偏旁部首，简直没有两样。文字的表音和表意不是世上各种文字类型的区分标准。如果以此来做分类标准，实际上没有推进我们对文字的认识。文字的表音和表意是构成一种文字的要素，它们是文字之内的功能要素。一种语言发展到有书写文字的阶段，其文字必有表音要素和表意要素。汉字是这样，英文也是如此。讨论不同书写文字之间的区别有什么意义吗？谈论文字之间的比较会带来学术的发现吗？我持怀疑的态度。因为文字永远附着于语言,是语言的附庸。文字用来写录语言,它本身并没有什么玄妙。英文是这样,汉字也是这样。那种认为汉字本身如何奥妙,如何神秘的看法,是落不到实处的玄论。汉字可以书写口语,是为白话文;也可以书写默语,是为文言文。语言永远决定文字。汉语词汇一音一意义,一个声音单位即是一个意义单位。然而人的声带可能发出的单音是有限的,其数量在数百之内。但人要表达的意义单位的数量是巨大的,随语言的发展而增加,其数量在五位数至六位数。表意的语音之简少与意义单位之繁多在书面表达上就成为巨大的障碍,障碍的存在称为如何构字的巨大挑战。汉语之不能采用字母拼音构词,不能采用有限的字母作为构造表达意义单位的基础,道理就在于此。字母拼出来的单音有限,不足以表达如此之多的意义单位。只有用方块汉字的方法,即使许多汉字都读同一音,在读音上无法区别其意义的不同,但在阅读上其意义的区别一目了然,解决了音简意繁这个语言本身带来的问题。对于组成意义单位而言,汉语的根本特征就在于它的音简意繁,方块汉字是解决这个问题的最优方案。

/ 级 差 /

一个国家或文明它的发展水平高于周边其他国家或文明的时候,自然就倾向于将自己的势力向周边伸延。这势力是经济的、文化的,又或许是政治的、军事的,就像杯水满盈自然就四处漫溢一样。不同的发展程度形成了级差,级差的存在使得处于更高一级的国家或文明有条件扩散本身的势力。人的社会如同生物世界一样,服从生物世界的定律。在生物世界里,当一个强势的种群进化形成之后,它必然会跃出原来的活动范围,横行霸道,占领更大的生存空间,以扩展其种群的生存。人和其他生物不同的地方是文化可以习得,当处于更高发展水平的国家或文明将自己的势力向周边伸延的时候,处于低度发展水平的国家或文明能够主动学习,接纳来自更高发展程度的文化,从而缩小差距。生物强势种群和弱势种群之间的学习和接纳不如人的社会那么明显。但是无论人如何聪明,都逃脱不了"级差定理"。级差现象将恒久存在。期望以道德理念来改变现实世界的弱肉强食,只是一厢情愿的幻想。古代罗马帝国向四周蛮族发动一波又一波的劫掠浪潮,以及东亚中华文明温和的扩散,都表明古代世界已经存在强势国家或文明向四周扩展的现象。自哥伦布以来的欧洲殖民浪潮更是如此,这是现代世界最典型的强势文明的扩散。殖民者挟持技术、生产方式和文化的优势,无情地涌向他们心目中蛮荒的周边世界。凡是能将原住民斩草除根的地方如北美,就一概斩草除根。凡是能建立殖民统治奴役原住民的地方如印度,就建立殖民统治秩序。凡是能掠取经济利益的地方如中国,就掠取经济利益。殖民运动可以被描绘成不道德的,但它本质上是强势国家或文明的势力扩展。持续数个世纪的势力扩展所以出现,根本原因是西欧社会演化出周边国家无从匹敌的"资本主义文明",开创出人类社会强弱极度不均的局面,强者因得以弱肉强食。不过这个弱肉强食的过程也是后进国家或文明接纳、学习其文化的过程。强者的势力扩展到落后地区亦同时意味着它的文化"落草"在落后地区,殖民促进了殖民地的经济文化发展。站在强者的角度观察,这是一个骄傲的征服;站在弱者的角度观察,这是一个忍辱的追赶。它的最终结果是缩小两者级差的距离,水满的杯子流到不满的杯子,不满的杯子装得差不多,也就变成将满的杯子,这时水流才会缓慢下来乃至停止流动。反殖民运动的出现和新国家的建立就是强弱双方的级差在政治上缩小的标志。可以预见文明的扩展是不会停止的,只要存在级差现象。而文明扩展是温和还是残酷,则取决于强弱双方级差是大还是小。强弱悬殊,则其方式近于残酷;强弱相近,则有可能温和。

/ 市场政治 /

现代民主政治遵循市场原理，它是市场原理在公共政策领域的扩展。市场本属经济领域，但在经济领域兴起和发育而成的供求关系逐渐渗透到政治领域，改变了政治领域以往尊奉的原理，迫使它服从市场原理。现代民主政治其实可以简单定义为尊奉市场原理的政治。政党是提供产品或服务的公司，它们的产品或服务就是所推举的候选人；选民是消费者；投票则是购买行为。不过这项关于候选人的交易（选举）只能导致一种结果：赢者通吃。因为投票选举虽然可以各投其票，但胜出的只有一名候选人。以多数胜出的赢者充当全民"落订购买"的"商品"。这一点似乎与买卖不同，市场可以同时存在同类的多种物品或服务让消费者选择，消费者不必遵从少数服从多数来委屈自己，而投票选举尘埃落定后，自己属意的候选人落选，则要服从自己不属意的胜者统治。这与市场行为很不相同。不过跨越单个任期的时长看，政治领域是"即场消费"和"潜在消费"混合一起的，选举中的赢者只表示"即场消费"的胜利，并不同时表示"潜在消费"的胜利。因为胜选者有任期限制，任期之内就是"消费期限"的即场，而选举的落败者依然是"潜在消费"的对象。他们的主张、信念、认知依然活跃于社会，依然活跃于广大的"潜在消费"的市场。他们因落选而不能获得"即场购买",然而他日还有卷土重来的机会,作为"期货商品"依然备受关注。所以当我们把时间这个变量考虑进来之后,赢者通吃现象的存在并不意味政治领域不遵循市场原理,它只是市场原理在政治领域运用的时候各有变体而已。既然政党相当于公司的角色,它的任务就是制造和销售"候选人"。举凡"形象设计""市场定位""广告推销"等种种营销手段,既是占领市场的不二法门,选举活动中也一样不能少。竞选活动实质就是营销活动,在恰当的时间、恰当的地点用恰当的营销手法把候选人推销出去,让选民认同接受。现代选举政治也是一个市场,选择的政治就是市场的政治。从这个角度看,市场经济与选举政治确实有很密切的关系。市场力量在经济领域形成、坐大之后,自然倾向往政治领域扩展。民主的进程其实就是市场力量向垄断势力占据的政治领域扩展的进程。这个进程如同市场力量原来在经济领域的进展一样:逐步向垄断势力蚕食。在不同国家,这个进程有快有慢。有原生,有模仿。无论怎样,选举政治只是市场力量在政治(公共决策)领域的扩展。

/ 正 统 论 /

暴力需要获得正当性方为正当。因为道德法则不会坦然支持暴力的使用,最多只是沉默。梁山好汉由"逼上梁山"到"替天行道"是一个质的飞跃。"逼上梁山"的过程,间或也使用暴力,但那是防卫性的行为。为人所逼,无路可走,于是才躲避,上了梁山。"替天行道"就不同了,它的重点是"行道"。啸聚山林,若不"行道",无以养腹,无以御寒,更无以"大碗饮酒,大块吃肉"。但是光"行道"则无以服人。因为被"行道"之人似乎并不需要如此这般的"行道"。梁山好汉还需要一个理由,一个能够在道理上讲得过去的理由,来为"行道"这个行为增饰。最好的理由莫过于"替天"。天公至高无上,但沉默不语,最合适作为"行道"的正当性来源。"行道"一旦有了正当性,它就是变成一个攻击性的行为。可以主动出击,甚至肆无忌惮。中国社会自"汤武革命"以来,就对有组织而颠覆秩序的暴力给予一个正面地位。不过还有颇值得注意的地方,中国社会虽然一方面赋予有组织暴力正当性,但另一方面也有事后检讨其是否真正正当的理论机制。这就是历代的"正统论"。有组织的暴力固然因"替天行道"而自然正当,但这个正当仅仅是在对抗官府秩序之时的正当,它事后还须受到"正统论"的检视。如果不能纳入正统，则暴力的使用就不能取得历史意义的正当性，它的正当性就被褫夺了。例如秦、隋虽然取得政权，建立统治，但它因统治的暴虐而不被认为是正统，它们建立统治所使用的暴力因而也被视为不正当。"革命论"与"正统论"在历史上是相辅相成的意识形态系统。前者赋予有组织暴力正当性，后者则根据各种条件重新检讨这种正当的真实性。历史上并不是所有有组织暴力的运用都能取得"正统论"的认可。之所以存在"正统论"，需要史家重新检视一番，当然是考虑到暴力的使用给社会带来了巨大而长久的伤害。作为古代的社会理论，正统论和革命论相为配合，正统论在一定程度上修正了革命论对有组织暴力的无条件支持。

/ 进 步 /

人类相信"明天会更好"的历史其实并不长，距今只有五个世纪左右。这五个世纪之中大约有三种力量在支撑和推动"明天会更好"的信念。第一就是人对自身能力的信任。这一点西方比东方更加明显。文艺复兴以来对世俗的发现不亚于哥伦布对美洲的发现，这两种发现虽然性质完全不同，但在其程度、规模以及对历史的影响,完全可以相提并论。世俗就是人的世界,人打开一片如此可爱、如此广阔的天地,令人对自身充满了信心。努力的方向从天上拉回到地上,崇拜的对象从神回转至人自身。主体突显了,随着主体的突显,客体也浮现出来。客体就是主体面对有待征服的世界。中国古代虽然没有强烈的一神信仰,世俗原本就是人的世界,因此它的早期也甚为相信人自身的能力,不过"人胜天"的自信并没有发展到相信未来、相信进步的程度,而只足够支撑他们"法后王"。文艺复兴以来就不同了,人对自身能力的信任进而过渡到对世俗的执着,由对世俗的执着进而打通对世俗连续性的展望。人对自身能力增长的信任中,必然通向进步的理念。第二种力量就是知识。知识并不必然支持进步的观念,尤其是当代天文学、地球史、古生物史和生态学的知识,几乎都是通向悲观的预言。但是在十七、十八、十九世纪的科学知识和哲学,几乎都是支持社会进步的信念的。例如孔多塞的社会学、达尔文的进化论、黑格尔的历史哲学。这个时代产生的自然科学、社会和人文科学的知识,正应了培根"知识就是力量"的格言,所向披靡,深刻地影响了历史的进程。第三种力量恐怕就是技术了。事实上技术并不是自然助长进步信念的,严格地说,是技术的加速生产,支持了进步的信念。人类的技术积累在古代非常缓慢,对社会影响力微弱,甚至可以忽略不计。但是在现代,技术生产几乎是加速进行的。不断有新的技术出现，每出现一种技术它都在改变着我们的生活方式，迫使我们生活的步子追随技术改进而行。人创造的技术已经成了人生活的领头羊。达到如此速度的技术积累，就像放幻灯一样，不停地有新东西、新事物展现在人的面前，一张接一张。尽管技术也产生负面效应，但人们却期待新的技术出现来解决问题，造成了技术产生的负面效应要由技术来解决的局面。于是技术的加速生产与人们对新技术的期待共同构成了对未来的积极展望。这种展望当然也就支持了进步的信念。在过去五个世纪，这三种力量在不同的时期扮演的角色有所不同。人对自身能力的相信是最稳定的支撑力量，知识从十九、二十世纪最高调、最强硬的角色如今退化为普通的角色，而技术对进步观念的支撑却是随着工业革命完成而加速，变为当今世界进步观念的中坚力量。可以预料，没有什么力量能够改变技术的这种地位，除非发生毁灭性的灾难事件。而人类能够认真反思技术也必将在毁灭性的大灾难之后，前提是要有大灾难过后的幸存者。

第三辑

人间岁月

读书是灵魂的漫游,写作则是灵魂和身体共同参与的冒险。

/ 拉 锯 /

欲望和能力是矛盾的,它们分别占据锯齿锋利的拉锯两端,来回往复地锯着被分身的自我。欲望驱动自我向外,谋求占有什么,得到什么。而能力却限制着自我的蠢动,把它从向外的活动中拉回来。欲望永远是超乎自我对它的实际能力的估量的,因此欲望是想象性的。兴致勃勃的欲望出发了,可是它其实寄居在低能的躯体内。几乎都在兴致勃勃的半途,能力不足的躯体就让自我泄气了。欲望和能力的拉锯很像一只乌龟:欲望让它伸出头去,低能却让它把头缩回来。那只乌龟就是自我,它在世界上做的事就是循环往复地伸和缩。

/ 胜 和 负 /

人生有胜有负,所以有大喜,也有大悲。大喜与大悲都属于勇者。勇者奋然而前行,并不知道前路在何方,或者根本没有前路,只有茫然地前行。得到的结果,不是逃出生天,就是陷入地狱。无论大喜还是大悲,都来源于执着的奋斗。

就像股市上的亡命之徒，不惜半生挣扎，血本无归。如果生命中两极是大喜和大悲的话，平庸就是生命的中间状态。它既无喜，也无悲。它只是带着躯体苟活着。没有勇气，只随伴躯体一起活着，这样的生命，它的回报就是平庸。既无胜，也无负；既无喜，也无悲。

/ 土 拨 鼠 /

经验对生命意味着什么？经验是一只土拨鼠，不停挖掘通往幽暗地府的地道。经验积累越多，那只土拨鼠就越是躲在无尽地府的深处。生命随着时光的流逝，热情的火焰渐渐地熄灭，经验构筑了生命的安全藏身之处。它在他人永远不能到达的地府，它在他人永远不能窥视的深处，同时也在不能与他人相通的藏洞。生命龟缩在那个可怜的地方，自鸣得意，名之曰城府，字之曰老谋深算。透过那无人知晓的幽暗的地道，探头探脑地窥看周围的世界，权衡周遭环境与自己的利害关系。其实，那只土拨鼠何尝不是生命的坟墓？凭着经验的利爪不停挖掘，越藏越深，它毕生的努力就是埋葬生命。那只土拨鼠能窥见什么呢？除了属于它自己的地府。

/ 强弱 /

欲望的性质亘古不变,而欲望的强烈程度随环境的刺激而产生强弱的分别。欲望不是一个恒定的量,而是一个随环境不同而不同的变量。如乡村生活单调,生活空间无非村庄、农地、溪流,村夫相互认识,分工程度低下,社会学名之"熟人社会"。生活在乡村环境,欲望自然清寡。老子说的"小国寡民"使人返璞归真,这包含了对人类生活深刻的观察。与乡村生活相反,都市生活则放大了人的欲望。欲望在都市环境灯红酒绿的刺激下迅速膨胀,它像一个被吹胀的气球,那吹气的就是都市生活本身。都市生活对实现欲望具有无比的诱惑力,其道理即在它为欲望提供了一个前所未有的大舞台,它是欲望冒险家的乐园。都市空间巨大,分工复杂,人群聚居,机会极多,欲望在都市找到它最好的练兵场。乡村与都市的区别,就像游击队与大兵团的区别。同是发号施令,是玩弄七八条枪有吸引力呢,还是指挥大兵团有吸引力?答案当然是后者。人类的欲望在游击队的时代与在大兵团的时代是大有不同的。纵横千军万马带来的虚荣和满足,沉浸在实现这种可能性中的迷梦,极大地塑造了都市人的人生。

国家疆域的大小对政治野心的影响,道理也是一样的。国小民寡的地方,人们的政治兴趣相对低下。国土狭小,人口不多，从政获得的被拥戴的虚荣相对有限，人的欲望容易被别样的兴趣吸引。因为即便称王，也是土酋。疆土广袤，百姓如恒河沙数，当起统治者来也威风八面，正所谓"江山如此多娇，引无数英雄竞折腰"。政治在大国是一项可以毕生倾囊投资的事业，而从政在小国不是没有机会，就是有机会也无甚价值。投资价值越高也意味着风险越大。大国政争残酷，生死无常；身败名裂，不绝如缕。

/ 未 知 /

未知在生活中的分量通常超越已知。驻留还是出发？驻留代表已知，出发代表未知。因为已经延续了长时间的状态当然意味着它还会这样延续下去，而个人在这种延续的状态中选择驻留，后续的结果通常是预先知道的。出发则表示未知，因为只是离开了一种状态，并不知道将要进入一种什么状态。以乡村生活为例，乡村生活大体上是已知的。一定数量的农地今年生产多少粮食，明年也大概生产今年那么多的粮食，变化可以忽略不计，除非遇到灾荒年月。今年是佃农，或是地主，明年大概也是佃农或地主，除非兵荒马乱的时候。

财富的积累是以世代为单位计算的，社会能够提供的个人际遇变化的机会非常少，科举可以算作一条途径。然而都市生活远比乡村生活包含更多未知的因素。无数的乡村青年背井离乡来到都市，难道不是为了某种未知的诱惑？人需要已知的东西排除恐惧；更需要未知的东西满足欲望。哪怕未知是化了妆的死神，欲望也要亲吻它。因为欲望的迷眼看不清死神的真面目。

/ 名 与 利 /

利益可以共享，财富可以瓜分，名誉却不能分享。利益具有可分割性，名誉则不可分割，这是名和利的根本不同。为了利益的斗争，既可以通过暴力强夺，又可以透过合作取得，而后者就是世人所谓的双赢。自由贸易是典型的双赢局面。交易双方都从合作里面得到了各自应得的利益，虽然彼此所得大小有所不同。但是为了名誉的斗争，常常需要分出胜负，因为名誉只能独享。决斗是一个例子。有伤荣誉，水火不相容，只能通过决斗一了宿仇。哪怕因决斗而死，也保住了自己在名声面前的勇气。决斗因名誉而起，名誉或因生而亡,或因死而存。为了名誉的斗争具有不容妥协的残酷性质,不能完全从利益获得解释,而要归因于名誉的不可分割性。不可分割,所以就没有所谓的双赢。不能双赢,就只有一决生死。

/ 灵 与 肉 /

肉体与灵魂的距离随着岁月的流逝渐行渐远,与日俱增。身体受制于生物规律,生长到达顶峰之后必走下坡路,死神的脚步声逐渐逼近。但心灵却日益丰富,无论观察力还是思考力都在身体萎缩的时候逐渐成长。灵魂的丰富是与日俱增的,灵魂不会成为侏儒,除非它拒绝成长。于是身体对于灵魂,就越来越像囚牢,灵魂就是这囚牢里的囚犯。美丽动人、充满活力的囚犯被囚禁在这死牢之中。囚牢日渐缩小,六面铁墙皆逼面而来。一旦躯体被造物遗弃,灵魂即化为一缕青烟,不知飘向何方。

/ 五官 /

五官同为欲望窥视外界的窗口,也是欲望满足自身的工具,但性质和强度却略有不同。躯体的感觉——如果人根是躯体最核心部分的话——无疑是最原始、最生物性的,但它的强度最烈。与躯体有关或源自躯体的失败感、痛苦感、快乐感是最强烈的感觉。无论什么失败,都超不过躯体的失败那么令人沮丧;无论什么痛苦,都超不过躯体的痛苦那么直接;无论什么快乐,都超不过躯体的快乐那么震撼。因为躯体的感觉可以不经大脑皮层,直接通往大脑神经核心区——海马体。而欲望不经任何打扮,直截了当地现身为躯体,人根就是它的符号。与此相反,听觉离生物性最远,也最为浪漫。人类进化到今天,对声音的生理敏感度大为下降,已经不能适应丛林生活了,但却发展了对声音的理性想象,听觉成为人的美妙而浪漫的感觉。这是因为声音非加以想象则不能理解,而想象一定是大脑皮层的功能。情人的丝丝细语,甚至呼吸的节拍,都能给予无限的甜蜜。我们不但能够分辨吼叫中的敌意,也能分辨亲人的脚步声。音乐是人类对声音理性想象登峰造极的结果。来自声音的愉悦和甜蜜与来自躯体的快感显然不是同一样的东西,来自声音的厌恶感与来自躯体的痛感也不是同一样的东西。前者一定要加以理性的想象才能被感觉到,而后者比前者直接得多。视觉几乎跟躯体一样,属于比较贪婪的。我看见你——这句话是什么意思?说真的,它就和"占有"的意思近似。不过它说的不是法权的占有,而是视觉的占有。看某样东西,背后当然包含要了解它的含义。所谓了解,就是明白它的性质、作用等所有关于它的信息。看的动作的含义,不可能仅仅是纯粹认知的。在认知的背后,一定潜藏着支配所看事物的欲望。就算是纯粹的认知,因为看的动作本身的性质,需要一定时间长度或聚精会神地凝视,使得视觉意外地与贪婪搭上关系。眼睛是一个奇怪的器官。除了睡眠以外,它几乎就是一个忙碌不停的搜寻器。闭上眼睛一会儿,恐惧就会袭上心头。欲望如果是位盲人,眼睛就是他的手杖。眼睛的格外忙碌,自然使得视觉多了一份贪婪。视觉的贪婪性质是从数十万年前狩猎和采集的生活实践中训练造就的,它历史悠久,根基稳固。至于嗅觉和味觉,它们欲望的强烈度则介于视觉与听觉之间。嗅觉更加文雅一点,而味觉则相对粗俗一点。我们会为某种气味着迷,会为心仪女人的气味陶醉,会闻香识人,闻香辨人。这种着迷和陶醉一定是浪漫的,一定是和心醉神迷的想象联系在一起的。当然人们也会为某道菜的美味着迷,但这着迷总是原始一点,离生物性近一点吧。正因为如此,年老衰迈、来日无多的人常常会怀念童年吃过的美味,味道的记忆总是比气味的记忆更加牢固。

/ 情 爱 /

对异性的爱是自我最后一道防线的崩溃。这句话的意思是如果真心爱一个人,你的自我就处在自动解除防卫的状态,自我就在他者面前完全暴露出来。如果不是这样,自我无论怎么出击,它至少还有最后一道防线,至少还有最后化妆阻挡外界的窥视。自我很像穴居生物,躲藏岩洞的深处,警惕外界任何动静,害怕暴露在光亮下。爱就是让这穴居生物在信心的鼓舞下走到光天化日之下。当然这场合,信心这个词完全可以更换成诱惑这个词。在诱惑下走进阳光和在信心的鼓舞下走进阳光并没有本质差别。穴居生物可以躲藏在洞穴里,也可以走出洞穴。我们并不能确定哪种状态是它的本性。自我通常是设防的,但也可以不设防。生活在重门深锁的城堡里是一种状态,生活在无拘束的赤裸中也是一种状态。差别在于信心。道德通常鼓励以褒义看待信心,但如果对一条可能伤害我们的毒蛇有信心,当然就重复《伊索寓言》里的那位农夫的命运,因对蛇有信心而命丧黄泉。有信心重要,至少警惕地生活和有信心地生活一样重要。因为它们都是用生命和血泪换来的箴言。没有爱,就是没有有信心地生活。基督教神学倡"因信得救",把异性的爱移用到培养信念,创造自我与自我的有信心的生活,也可以说虚拟的有信心的生活。

　　爱有什么风险？其实这句话是个悖论。因为如果你有信心，就根本不存在风险；如果你意识到风险，就根本没有爱。这句话逻辑上不可理解的，但经验却是可能的。因为经验的爱兼指透过试探、伪装、考验等途径与异性建立有信心的生活。这个过程由始至终都是有风险的。风险是你已经被缴了械。城堡里的自我已经走出来了，城堡也就空空如也，只要别人愿意，它就立即被攻陷。

/ 城　市 /

　　在布鲁克林桥边眺望夜景中的曼哈顿，高楼林立，灯火通明，每一栋楼都像一把火炬，无数把火炬聚合成巨大的篝火，曼哈顿就是能把天边映得通红的篝火。如果要问那火是什么，毫无疑问，它是欲望之火。城市就是人类欲望的化身。欲望推动了城市的建立。数千年来，人类生活于地球表面，但从来没有像现代都市那样，能够把地表改造到如此怪异的地步。纵横交错的道路网将地表平面分割成不同的区间，各区间里高楼大厦拔地而起，人们生活在大楼分隔出来更小的房间里，每平方公里可以居住数万至十数万人。人通过道路、交通、通信、管道等相互连接，并满足需要。这是为什么？无疑是为了满足人类的欲望。欲望建造了城市，城市又扩张了欲望。列举任何人类伟大的建筑，都比不上大都市作为人类欲望象征那样恰如其分。金字塔有足够的雄伟，有精巧的内部结构，但只容法老一人，况且是死后。它永生不朽的无穷欲望，落脚点不在人类整体，而只有掌握大权柄的法老本人。长城也足够雄伟，蜿蜒数千里如巨蟒，但它寄托的欲望却不是进攻性的，而是退守自卫的。无论金字塔还是长城，最致命的地方是，它们已是死物，是过去的遗迹，已经没有人类欲望那种骚动的活力。城市永远给人以喧嚣腾动，站在任何一栋高楼眺望城市，如水的车流，如潮的人流，不夜天似的灯光，身临其境，仿佛走进一部巨大无边、昼夜不停的永动机。人类的欲望曾经在树上，曾经在洞穴，曾经在草原，又曾经在山村，都找到过自己的家园，如今又在大都市又找到新近的归宿。可是这一次，城市不仅是欲望的家园，同时也是欲望的陷阱。

/ 快 乐 /

人有三种快乐。依赖于躯体的快乐,例如食色之乐;依赖于他人肯定的快乐,例如名誉、地位、权势给予的快乐;认知的快乐,例如释疑解惑所感受到的神明之乐。躯体感受的快乐是数百万年生物演化的结果,基因遗传决定了这种快乐的性质。只要有利于基因生存和复制,感官就进入亢奋的快乐状态,基因通过这个阴谋促使人类更加追求它所需要的东西。基因在达到它的目的的同时,也给人的自我分享一点残羹。基因和自我的关系在这里有点儿像主人和狗的关系。主人吃饱了就丢根骨头给他的狗,狗也就跟着快乐了。躯体的快乐不但是人的现象,有中枢神经的生物都有类似的快乐。

依赖他人肯定的快乐同人是群居的生物有直接关系,社会化的生存形态直接导致这种快乐的出现。同类的仰视、肯定和服从因正面鼓励了群居和社会化,促成相互之间的合作,遂透过给予成功感、名誉感产生的快乐肯定其行为,它其实就是社会对自我的肯定报偿。这种快乐不能离开他者而存在。无人赞赏,纵然惊天的事业,也无所谓成功。名声也要他人认可的,认可的人都死光了,何处觅名声呢?地位是个体之间相互比较而存在的,相比较的对象都疏离了,地位也就如粪土了。权力也是如此,起码要有两个人,才能发生彼此的权力关系。老虎是世界上最孤独的动物。在老虎社会，一定罕有名声、地位和权力。此山头的老虎不会依赖于彼山头老虎的肯定而快乐。它们彼此相距遥远，老死不相往来。人与孤独的老虎不同，人是高度群居的东物，寻找社会化的快乐构成人生重要的内容。为得到他人的承认而活着，基本上可以说尽人的一生。但社会化的快乐不如躯体的快乐来得直接，它要通过他者的折射才能感受，而他者又不是自我可以控制的。所以时过境迁，快乐就像浮云一样飘逝而去，反倒不像躯体的快乐那样铭心刻骨，与生同在。

认知的快乐是纯精神的快乐，它不需要任何对象。有点儿像游戏中得到的快乐那样，我们不能说游戏为了什么，游戏是没有目的的。但认知的快乐又不是躯体性的，起码不直接是躯体性的。如果一定要说它跟基因有关系，那也是相当间接的关系。认知的快乐其实就是智力游戏的快乐。假如要问人为什么会寻求认知的快乐，那答案跟人为什么要玩游戏是一样的。

/ 恐惧 /

人类最深的恐惧是死亡的恐惧。在纵欲、暴力和权力倾轧的戏剧中都可以看见死亡恐惧的情节。宗教用神话转移死亡恐惧，将它升华到永生信仰而消解它带来的恐惧。科学解构了这个千年神话。虽然人不能证明没有死后的世界，但至少可以将它归入未知，证实人永远不可能对死后的世界有确切的知识。当然理性不可能征服死亡恐惧，征服的意思是让它不存在。因为死亡恐惧与生俱来，与生俱在。但是理性让死亡变得没有秘密可言。宗教神话就像一个万花筒，人透过这个万花筒看见死后世界的无限美妙；科学则把这个万花筒拆了，它告诉你不可能看见死后的世界。没有了万花筒但死亡恐惧还在，人生的出路寥寥可数，——凡现世可以抓得住的，比如性、财富、寿命、权力等等。解构了向往永生的贪婪之后，科学却意外地激励了人抓住现世的贪婪。

/ 死 /

死亡是造化的清道夫。古人相信天地之大德曰生,其实天地之大德亦曰死。

/ 智 毒 /

理性是有毒的,这种说法并不排除理性在解决问题时的有效性。它的意思是,如果我们人生全都被理性占据,生命就会没有冒险、没有激情、没有恋爱,只剩下计算、权衡和机会主义。理性像麻醉剂,缓慢地灌注到我们的身体里,渗透在血液中。开始非常舒服,因为再也不必冲动,也不必动情,信之愈深,麻醉的程度愈深,直至丧失对生活的惊奇和冒险的勇气。生活因此变得无聊,变得平庸,理性是始作俑者。理性给我们的生活划定了疆界,什么是可知的,什么是不可知的;对不可知的放置一边,在可知的范围内小心营生。可是有时间的世界永远是两可的:我们攀登得上顶峰吗?我们游得过对岸吗?我们走得进心中的耶路撒冷吗?无论我们对环境知道多少，冒险和信心在这些举动中永远有它们的地位，除非我们完全放弃勇气来面对生活的世界。

/ 凡 夫 /

有一个简单的方法区别伟人与凡人：凡人就是在伟人的遗物或遗迹的旁边照相留念的人；而伟人自然就是那些身后留下可供照相留念的遗物或遗迹的那些人。这种人类生活的区别是人自己创造出来的，因而根本不用通过定义的方法，只需通过观察就可以明白它们的区别。

/ 留 名 /

进入历史意味着权力、野心和抱负。渴望权力可以简单地理解为渴望进入历史。提起秦朝的历史，出现的人物恐怕在两位数之内。曾经活过的远超两位数的人早已被历史省略掉了，而只有不会超过两位数的人进入了书写的历史，以至于我们今天还知道他们的名字。这个事实是权力和野心造就的。权力和野心是进入历史的通行证。在世上只有一小部分人才持有进入历史的通行证，大部分人是不会持有的。他们或者因为想得而未能得到，或者因为压根儿就不想得到。于是不能进入历史的人自然地就进入了生活。进入生活意味着进入一个有物理时空限制的此在，自我在世它就存在，自我不在世它就自动消解了。想进入历史的人不能忍受这种与此在并存的人生的残酷性；而想进入生活的人则不能忍受野心和权力创造出的人生的虚幻性。因此，一般的看法就是，进入历史是虚幻的，而进入生活是平庸的。说它虚幻是因为当你满怀信心走进了历史的时候，在后人的眼里，你并不是被后人顶礼膜拜的神主，甚至连神主牌都不是，只是后人理解过去的材料，而材料有千千万万种，由名字组成的符号不过是其中一种。那种要把自己的名字铭刻在史册上的抱负确实与智力的未成年相联系，因为它不能理解进入历史的虚幻性。而说它平庸是因为生活只与自己相关，与他人无涉。凡是与他人无涉的东西在自己圈子之外就没有重要性。每个人都有自己的生活，而自己的生活又与别人没有关系，那当然就可以称之为平庸了。造化不能让人诸事圆满，于是，进入思想便是认识进入历史和进入生活以及区分它们的不同。

/ 成　就 /

　　成就一件事功通常取决于三个条件的配合：才华、运气与意志。才华的来源说不清楚，我相信大部分是天生的，是造化的投资，小部分是后天努力的结果。运气更是神秘，它是机缘的配合。机缘的巧合绝对超出人事努力的范围。只有意志是自己可以掌握和经由努力可能控制的部分。才华和运气代不乏人，缺乏的只是意志。因为意志的坚持涉及环境的压力和来自内心的诱惑。内心的诱惑可以使毕生的坚持在最后关头化为泡影；长久的社会压力更使得跋涉者半途而废。江郎才尽，真正尽的常常不是才，而是尽的本身。尽就是到头，就是不坚持了。随着意志的丧失，才也就化为乌有。

/ 求　知 /

　　眼睛是用来看东西的，而眼科学则研究眼睛看得见东西的机理。没有眼科学，眼睛照样看得见东西。眼科学出现以前，眼睛早已在那里看世界了。但有眼科学与没有眼科学对眼睛来说存在一个分别：如果眼睛出了毛病，眼科学或许派得上用场。它们的关系可以用来理解知识与生活的关系。生活原来是自在的，知识介入进来以前，它已是自足自在的。没有知识，人类照样生活。绝圣弃智，也可以构成一种生活方式。不过知识在今天不但用于解决生活出现的问题，而且知识还塑造了一种人类的生活。就像眼科学一样，使无数眼科学家一辈子的时间和精力都消耗在研究眼睛的构造和肌理上了。对他们来说，围绕着求知就是生活。知识在逐渐进入生活的过程中由于分量日益增大到构成一种独立的生活方式。知识对人类的重要性不但在于影响生活，也在于塑造生活。

/ 虚 无 /

在通向死亡空寂的长跑中，最先到达终点的是肉体，其次是属于肉体的声望，再次是表达声望的思想，最后是承载思想的语言。语言死亡了，一切也就复归于无有。

/ 悲与乐 /

悲观主义和乐观主义都不能改变事情的最终结局。接受悲观主义和接受乐观主义的自然结局都是一样的，就像孤立的山峰，攀登者只是从南边上去还是从北边上去而已，殊途同归一词用在这里是恰当的。它们看起来好像涉及对生活远景的期待，其实只是涉及眼前生活。身患残疾、命途多舛的人多乐观主义者；而出身贵胄、衣食无忧的人则多悲观主义者。因为如果没有乐观的期待，前一种人就没有力量克服眼前的生活危机；而如果没有悲观的态度，后一种人就无从开始形而上的思索。乐观主义教导人们行动，悲观主义启发人们思索。无论行动还是思索，它们的生活立脚点还是在眼前，而不是在长远。长远的结局掌握在造物的手里，人是无能为力的。

/ 两极 /

理性使生活舒适自在，而激情使生活富有意义。缺乏意义的舒适自在即是无聊，而缺少理性的激情即是痴迷。无聊和痴迷是我们生存的两极，生活就是游走于无聊与痴迷之间。

/ 压 抑 /

爱情来源于对性的压抑，包括社会的压抑和自我的压抑。如果性的驱动得到任意的发泄，它通常就是没有爱意包含在内的。因为压抑性可以产生想象，产生渴望，产生心中的理想，而这就是性事中的意义。它让性升华为爱情。社会的压抑和自我的压抑成全了十九世纪的文学，爱情的绚烂和高尚在那些作品里得到了淋漓尽致地表达。那是人类对两性关系最富有想象力和表达力的时代。然而社会和自我对性的压抑，也差不多在那个时代临近崩溃。个性解放虽然解放了个人，可是它的后续结果却极大地削弱了人类在两性关系上的想象力。现代和后现代文学就是这种想象力极度衰弱之后的文学。因为在两性关系上，社会的压抑减轻了，自我的压抑也减轻了。由此看来，如果个人幸福离不开性的话，弗洛伊德关于幸福与文明对抗的看法应略做修改。文明固然有压制个人幸福之处，可是文明同样成全了个人幸福，至少是增大了个人幸福的量。文明所代表的对性的压抑，在无情地摧残了无数个人潜在的幸福的同时，也造就了个别幸运者。因为他们对性的想象力，以及心中的幸福感正是受惠于这种压抑。

/ 人 生 /

人生的青年、中年、老年三时期，虽同为活在世上，但与现世的距离感却各有不同。中年离得最近，它正当成家立业的紧张期，锱铢必较，在所难免。这是最没有理想、最没有诗意、生活得最世俗的时期。青年则涉世未深，对于人世间如同隔雾观花一般，盼望深入其中而不得。这个时期自然踌躇满志，幻想有一天能够大展拳脚。老年时期已经遍历人生的风雨，由参与者的角色回复到智者的静观角色，它与现世的距离一天比一天远。如果用拳击比喻人生的话，青年就是它的见习期，中年就是参与期，老年就是退出期。参与者最世俗，见习者最有热情，而退出者近乎智者形象。

/ 僭 越 /

求知的顽强努力最终有可能打开造物关于人类基因秘密的匣子，它里面隐藏着属于造物的最高机密。如今人还未知匣子藏着的秘密是什么，人还暂时能够相安无事地生活。一旦匣子打开，造物的秘密暴露在光天化日之下，人类拥有了造物者的权柄，那时人会做出什么？实在无法想象。从宗教的观点看，那是人类不应该拥有的权柄。求知有它恶的一面，它僭越了人的本分，要求得到原本不属于人的东西。求知欲与财富欲和权力欲一样，同是一种贪欲。贪欲在可以接受的范围内是可爱的，但超出了良知的限制，发展为无限制的贪婪，那就成了摧毁人类自身的邪恶力量了。人一旦拥有了造物者的权能和权柄，他们还会像造物者一样深藏不露吗？依我们对人性的了解和历史的经验，那是绝对不可能的。

/ 欲 望 /

欲望从来不顾及未来，它只是此时此地的感官满足。欲望天然倾向于短期性,当下的满足成为欲望的最高准则。欲望的满足无从长久维持。例如纵欲快活,然而却可能招致亡身。古今中外有无数类似的例子。它们说明屈从欲望未必能够达到最佳的结果,感官的满足只是大脑对有利于身体的正面行为的奖赏,它在奖赏的时候明显地对潜在的危险视而不见。只有理性能够看到潜在的危险,并且能够正确评估危险的程度。理性没有感官的直接性,它可以超越感官,在感官以外更大的范围来判断周围环境对个体的利弊。如同眼睛和望远镜的比喻一样,如果欲望是眼睛的话,理性就是望远镜。由于人生存在欲望和理性的分立,于是生活也存在短期和长期的分立。长期性实质上是欲望和理性达成的妥协。行为如果没有长期性价值,那它一定是纯粹欲望的;而一个行为具有长期价值,欲望必定在理性面前做出了某种程度的让步。欲望到底在多大程度上愿意与理性妥协呢?一般来说,时间过程延伸得越长,欲望越倾向于说不。

/ 性 学 /

性事混合了诗意的娱乐和虐待的暴力,两者均能产生神秘的快乐感。它们是性快感的来源。古代东方性学发展了性事中的诗意娱乐的部分；而西方的性学则发展了性事中虐待及被虐待暴力的部分。古代流传的黄帝之术、容成素女之术，将性事看成是阴阳两极的相互采补，以对方为自己成就圆满的前提。虽然最终的目的是个人登仙，但修炼过程却依赖对方。这种性哲学有利于发现性事中诗意娱乐的内容。从相女术到房中术，无不笼罩着仪式性的虚文考究。无论现代人相信与否，古人在对性事的虚文考究的夸饰中得到了想象性的诗意快乐。与东方相比，西方的性学则显得粗鲁无文，但它发现了人心中的隐秘：极度的快感居然来源于虐待和毁灭的暴力。力量、动作在性事中占有突出的地位。它追求的是性事中的自我发泄，它的最高境界就是疯狂。暴力借助疯狂发掘生命最深处的快乐，而疯狂推动着暴力没入毁灭的极乐世界。西方性学是渗透个人主义精神的性学。

/ 做 事 /

做事的时候要有目标不要有理想，生活的时候要有理想不要有目标。学究的错误在于把做事当成了生活，而庸人的错误在于把生活当成了做事。

/ 荒诞 /

荒诞起源于对孤立的当下此刻的体验，这是现在被从过去和未来的链条中孤立出来之后的人生体验。荒诞就其本性来说就是无意义、无价值。自我在当下此刻无论做什么，无论怎么做，它在被肯定的同时也被否定，这就是荒诞。人的行为是在一个时间链条中估定其意义和价值的。我们虽然只能生活在现在，不可能生活在过去和未来，但过去的经验和未来的期待都参与了现在经历着的生活。传统和经验代表过去，期待代表未来，它们共同构筑了我们现在经历着的生活。经验到的现在此刻之所以有意义并非仅仅因为它是一个我们此刻可以感觉到的当下，而且是因为传统和经验以及未来的期待共同参与了对当下此刻体验的确认。当下凭着确认拥有了一个身份，所以它有意义。然而如果现在被理性意识形态从时间链条中孤立出来之后，断绝了过去，也离开了未来，那么它就成了孤零零的纯粹的当下此刻。自我在这个没有连续感的孤立此刻中讨生活，纯粹的欲望被独立提取出来加以放大。这个被放大了的欲望不受管束，什么都可以做，又什么都可以不做。但无论它做什么，它同时落入否定自身的境地，这就是荒诞。因为自我在孤立的当下无法确定它所体验的意义，既没有正面，也没有反面。无论自我怎样辩护，和辩护理由相反的阴影一定同时出现。于是欲望催生行为，而行为不包含意义在内。禅宗的棒喝是荒诞最好的象征，而卡夫卡的《审判》则是关于荒诞最好的说明。

/ 性 超 度 /

性事是肮脏的，这是人类进化至文明社会的代价。这种观念有助于人类在自己和动物之间划分清晰的界线，但自然的性行为却蒙上了挥之不去的阴影。文明又用三种方法努力抹去"性事是肮脏"的这重阴影，或者说用三种方法超度它，使得善男子、善女人暂时安心于随生而有的行为。首先是制度，制度带来合法性的安慰。康德对此最有洞见。他说："婚姻是使用性器官的契约。"（Marriage is a contract of using sexual organ.）其次是想象，例如浪漫和爱情。想象赋予行为意义，将性行为的通常认定转换为自我认同的心像，从而减轻习惯观念的压力。沐浴爱河的男女通常觉得性是美好的，赤身裸体是值得自己骄傲的。但当他们起身上岸的时候，马上就会转念觉得这是一条脏河，自己沐浴在脏河之中。之前的性行为让他们觉得羞耻。想象解体了，心像被打破了，对性事的看法回到了原来的轨道。这是毫不奇怪的。最后是意识形态的超度。意识形态将观念、仪式、权力混同一体,创造一个相对于当下行为的彼岸世界。一方面是当下行为,另一方面同时又是向着彼岸的飞升与超越。当下行为的压力在飞升与超越中得到释放。例如道家关于性交的养生学和长寿学,密宗关于性交的神秘学,就是这样的形而上学。男女交媾是否有益于养生,是否能修炼得飞升仙界,是否体验大喜罗禅定的必由之途?这些都不是能够证伪的。但经验告诉我们,只要你认同这些形而上学,性事就变得有趣,富于娱乐性和有宗教庄严感。它们使得交媾远离了肮脏的忧虑。

/ 激 情 /

激情有两种最典型的表现形式:革命和性。革命是公共行为,而性则是私人生活。革命者总是浸泡在激情里的,他们诉诸口号、标语、传单、暗杀、暴力、秘密集会、游行、示威,激情由于压迫找到了最好的发泄形式。革命当然也有理想,就像恋爱也有幻想一样。但理想本身并不重要,理想只起刺激和催生激情的作用,就像爱情的幻想使得性更加迷醉。

/ 意 义 /

意义肯定来源于对快感消失的追问，就像灵魂肯定来源于对肉体速朽的不满一样。快感是很快就消失的，这是因为人的生物结构不支持不会消失的快感。比如即使举箸皆是美味佳肴，人却不能永远都在吃。报酬递减律会使得享用美味佳肴变得索然寡味。性也是一样，即使拥有绝色美人，也不可能有永不衰竭的精力，哪怕开始疯狂地做爱，到后来也得受身体生物基础的限制，报酬递减律一样使开始的疯狂变成后来的瘫软。快感的消失决定了快感的不可靠性，哪怕快感可以再来，但无论怎样再来，也还是会再消失。这样，快感本身就不是安放快感的可靠地方。一件可欲的事物因为它的可欲而被欲求，又因为它的不可靠而不可能安放在它本身，它必须被安放在别处。这个别处，就是它的意义，就是它的超越。比如把纯洁看成是性行为的意义，性快感就被安放在纯洁上。追求观念里纯洁的性，而把与此不相干的性看成是不可欲的，这样就从性快感的不可靠中超脱出来。哪怕没有具体的性活动，但是有一个和性快感不同的关于的性的理想，性因此便有了意义。意义是恒久的，它虽然不能恒久到天尽头，但至少是和生命相始终的。意义因它在"别处"而恒久，因它的恒久而消除了快感消失后的虚无与恐惧。但意义所在的"别处"不是一个具有物理意义的固定地方,对快感消失的追问也不是寻找具体物品。你找好一处地方安放它,安放好了,它就不动了,从此天下就没有事了——不是这样的。对快感消失的追问是与生命相始终的,生命一天不停止,追问就一天不能止息。虽然理性知道纯洁是关于性的理想,但是到底结果是否如理想所愿,这可是毕生的追问和努力才能回答的问题。所以意义这个"别处"实际上是捧在自己手里的。生命就是捧着它年年岁岁四处流走逃亡的过程。

/ 读 写 /

读书是灵魂的漫游,写作则是灵魂和身体共同参与的冒险。漫游乘兴而起,随兴而消。愿意参详则深入钻研,不求甚解则随时放弃。所以读书的乐趣多多。写作就不同,灵魂愿意前往冒险,但身体未必愿意。身体如果不跟灵魂配合,灵魂就徒叹奈何。相反,身体精力充沛,但灵魂却奄奄一息,毫无冒险的欲望,终究还是不成。

/ 快 感 /

对性存在两种相反的态度。一种是嘲讽的态度,另一种是敬畏的态度。两种态度都是合理和有趣的。首先可以把性看成是造物的欺骗。这是不是对性有点嘲讽?是的。但它是有道理的。性的愉悦和快感实际上是造物的补偿,以安慰生养后代的痛苦。短暂的快感怎么比得上长久生养的痛苦?造物知道我们要因繁殖而受难,受难二字甚至根本形容不出那种多年的折磨和痛楚。造物为了补偿,也为了不让我们知难而退,于是让性的快感迷惑我们的心智,让我们记忆和追逐这种短暂的和刻骨铭心的快感而心甘情愿进入繁殖的圈套。造物像一个预知一切的垂钓者,人就像那贪婪而无知的鱼儿,性的快感则是垂钓者鱼竿上的鱼饵。为了那一点儿鱼饵,鱼儿付出了性命。那点儿饵当然是为了欺骗鱼儿而设的。性的快感也可以作如是观。其次也可以把性看成是死亡的预演。死无非离开此世到未知的地方,但奇怪的是性的迷狂和极度快感也产生离开此世的感觉。在此世再也找不到任何快感可以和性的快感相提并论,仿佛它存在于另一个世界。体验到极度快感的瞬间,丝毫不怀疑就是身处另一个世界,日常世界所不会有的世界。这是另一个世界,就像死亡不也如同远足到了另一个世界吗?极乐与死亡竟然相通之处,这是造物的神秘。快乐的呻吟总是和死这个词有关的,这是最好的证明。疯狂的人像体验死亡一样体验性的快感,他们在性的极度快乐中发现的竟然是和生命相反的东西,这该有多奇妙呀。三文鱼就是这样,当它们长途跋涉回归到出生地繁殖的时候,做完爱,完成了繁殖后代的任务,便坦然死去。这是生物世界性和死亡结合得极其完美的一个例子。可见性和死亡确实存在神秘的联系,完全有道理把性看成是死亡的预演。人对这种死亡的预演的确应当有所敬畏。

/ 告 别 /

生命过程就是连续的告别。它是生理、心理、思想、态度、人际关系连续的告别。青年是对童年的告别,中年是对青年的告别,老年是对中年的告别,死亡是对老年的告别。幻想是对童稚天真的告别,挣扎奋斗是对幻想浪漫的告别,沉思是对挣扎奋斗的告别,睿智是对沉思的告别。思想立场也是一样,从一种认同转到另一种认同,随着生命的延续,也不停对身后的思想说告别。在生命的这个阶段有这样一些朋友,生命延续又进入了下一个阶段,朋友并没有随着自己的生命进入下一个阶段，就到了不得不对朋友说告别的时候。每一个恋人也都多少反映自己对生命的理想，当理想不再成为理想的时候，与恋人的告别就是近在眼前的了。告别的实质在于生命的转化（transform），已经转化了的生命是一定要脱去先前的躯壳的，脱去躯壳就是在说告别。告别就像蝴蝶挣破茧壳奋飞离去的一刹那，生命的转化使蝴蝶不再属于那个自己编织的茧壳。蝴蝶属于天空、树木和草丛。生命的伤感是无可避免的，生命既要收拾行装上路了，又要反观身后，对曾经的躯壳告别。

/ 过 程 /

对艺术家和文学家来说，创作过程重要还是成品重要，这经常引致争议。他们通常会谦逊地说，作品不重要，创作过程最重要。可问题不在于事情本身的结果不重要，因为既然认同艺术创作和文学写作不重要，那为什么不干脆放弃？仅仅为了享受那过程吗？我想不是的。谋求不朽从来就是精神活动的动力。他们所以重视过程是因为过程属于参与者当下的生活，可以自己把握并属于参与者的生存方式，而结果及其意义是参与者不能控制的，它们是由欣赏者、读者决定的。事情做得好不好，作者说了不算，读者说的才作数。就像剃头匠，不可能不重视头剃得好不好，但头到底剃得好还是不好，不是剃头匠说了算。剃头匠所能做的，就是专心剃头。因为一件事的结果自己不能控制就说那事不重要，是不合理的。任何事情的结果及其意义都是非常重要的，只是因为我们作为参与者不能控制和干预罢了。在这种情况下，合理的生活态度当然就只能像剃头匠一样，专心于剃头，结果的好坏由他人评说。

/ 美 感 /

听雨的愉悦来自淅沥的雨声创造的情景分隔，将自我当下的处境与日常生活分隔开来。因为大雨滂沱，熟人不会登门拜访，急切的事务停顿下来，日常的安排也突然中止，总之是日常的繁忙和心情的烦恼因为雨天而突然进入宁静。雨就是一个契机，结束一种习以为常的状态，开始另一种罕见的状态。自我在如此突然来临的情景中发现的东西就是愉悦，也可以说是美。崇高感的产生也遵循同样的原理。在日常生活中自我自大成性,惯于操控环境,也惯于操控他人。自我仿佛夜郎国的国王,在小天地作威作福,以为自己了不起。但有一天,这位国王来到崇山峻岭的脚下,自然马上让他感到自己生理的渺小:心跳、四肢发软、眼冒金星。雄伟巨大的高山分隔了日常情景与当下情景,日常情景被暂时放下,进入了一个陌生的、与日常生活原理悖逆的情景。国王在突然出现的情景中所发现的就是崇高感。一般来说,美感出现的原理,不是一般的心与物的契合或心对物的静观,而是此处称的"情景的分隔",它能够使人们离开某种日常状态,而进入与该日常状态相反的状态。至于人们为什么喜欢并向往与日常情景相反的非日常情景,因为那是神秘的。

/ 囚 徒 /

　　生活是城堡一样的监狱,自我是这个监狱的囚犯,而语言则是监狱里像缝隙一样的窗,透过它可以多少窥视存在的光亮。没有语言,囚室里的窗就对你封闭,囚犯只看到死寂而无聊的囚室。囚犯从出生便接受造物的宣判,刑期就是终身监禁。他唯一的希望就是语言,语言让他看见光亮。你掌握的语言越深入、越丰富，存在就对你敞开得越广阔。既照亮了你原本黑暗的监狱，又让你透过窗户看见存在神秘的影子。

/ 自 由 /

健康是身体的自由，财富是行动的自由，智慧是灵魂的自由。

/ 生 活 /

生活是深刻的还是浅显的，这要取决于以什么态度去看待它。人都是被毫无选择地抛入这个世界里的，在世的生活首先意味着你和它构成什么样的关系，就像仆人选择以什么态度对待他的主人一样。所不同的是生活这位主人不会说话，不会反驳，也不会报复而已，但它始终是高高在上的主人。

仆人只有两种选择：或者是归顺，或者是反抗。顺从就是不带疑问地接受你正在生活着的这个世界的一切，忠于你所拥有的生活，就像忠于主人一样。一个顺从和忠心的仆人是绝不会过问主人的一切的。忠仆既不搬弄主人的善恶，也不挑拨主人的是非。但反抗就是以疑惑的目光盯住生活这位主人，处处挑剔它的不是之处，时时疑虑它把自己引上不归的歧途，正所谓不忠的仆人才能看出主人的是非善恶。以顺从的态度看生活，生活当然是浅显的，忠仆能够知晓主人的秘密吗？我看答案是否定的。归顺生活有可能得到幸福，就像忠心的仆人容易得到主人的赏赐一样。但主人也可能很吝啬，无论你多么忠心，他就是铁公鸡一毛不拔。这种亏待忠仆的现象就是俗话说的霉运当头，或命不好。顺从而得到幸福，还要依赖机缘的配合，否则也都无济于事的。反抗会得到什么呢？反抗生活有可能得到的是成就。当然也要有个人才能的配合。就像那只火中取栗的猴子，首先要有胆量，其次要有本事，否则就烫了手，人财两空。造主人的反当然有可能分得浮财，但也可能丢了性命。因为反抗在本质上是依靠个人才华构筑自己的个人生活，以反抗的态度看生活，生活当然是一个可供无穷探索和发掘的藏宝洞。

/ 恐惧 /

爱来源于献身还是出自恐惧，说教者肯定否认后者。一种具有如此伦理价值的行为怎么会来自如此卑微的感情？其实，事物自有自己的道理。在人的相互关系里面，距离自我越遥远的就越不带有威胁的性质，一个不认识的人就基本上不在感情视野之内。反过来，离得越近，就越能够影响自身的命运，因而也越有威胁的性质。关系亲密的人作为一个影响最大的变量在自己的身边，他或她的作用是凶吉未卜的。如果是吉，那当然皆大欢喜；可如果是凶，那就是灭顶之灾了。可问题是存在于你的身边，并且不可能知道凶吉，对于这种未知并且存在的力量，自我是恐惧的。最亲密的人就是你最大的恐惧。所以摆脱这种恐惧的最好方法就是爱他们，爱和恐惧就是这样难舍难分。仇恨和对峙肯定不是摆脱恐惧的方法，因为仇恨和对峙并不能解除亲密关系，无论你多么仇恨，它照样存在。人的亲密关系是不能解除的，像和妻子、丈夫或父母、儿女的关系，不是先天的就是经过誓约的，它们在亲密的意义上是不可解除的。仇恨和对峙只能使这些变量朝凶祸的方向发展，丝毫无助于问题的解决。于是，爱就是唯一可能的方案，构筑自我和距离亲密的他人的关系，而躲藏在爱这个崇高的字眼背后的教唆者当然就是恐惧。

/ 感 情 /

　　感情并不是纯粹的精神活动,它也是一种身体的经验。我们对没有身体接触的事物不会有感情,比如我们不会去爱一个想象中的人,哪怕是异性。我们对不在其上行走的土地没有感情。身心共同参与一道形成了我们对某物的感情,而身体介入程度通常可以决定感情的相连程度,感情就是对身体经验的记忆。婴儿先在母亲的体内孕育十月,然后呱呱坠地,主要由母亲抚养,包括哺乳、换洗、教育等,每一步都有大量的身体接触。正因为这样,人世间母与子、母与女的感情是所有人类的感情里最强烈、最牢固的感情。父子、父女的感情强烈和牢固程度比之犹有逊色。同样,恋人由相互陌生的异性变为取代先前亲代关系的最亲密的人际关系,身体接触起着决定的作用。语言交谈、拥抱、亲吻、抚摩、做爱构成了爱情大厦的砖瓦,没有这些砖瓦,爱情是什么呢?一无所是。由此我们理解了失恋的痛苦,它是你的身体已经熟悉、已经适应的另一个异性的身体突然要从你的身体的地平线上消失了,这意味着你的身体永不可能再度拥有先前如此这般的身体接触,你被从这类经验的领域中开除出去。它的痛苦是精神的痛苦,也是身体的痛苦。信徒对神的感情其实也是经由身体的经验而形成的。神虽然不是感官所能感觉到的，但宗教仪式使得信徒对神产生身体的经验。首先是与世俗居所截然不同的教堂，然后是主教的服装、饰物，庄严神圣的宗教音乐，周期重复的崇拜仪式，所有这些使得信徒的身体经验指向称为神的象征存在。神是不可经验的，这没有错，但这一切所表示的神的象征物却是可以经验的。信仰正是借助这些身体经验来维系，因为信徒对神的信仰是在宗教仪式的身体接触中历练出来的。因此，任何感情的圆都有一圈身体经验的半径，而感情的强烈程度也随着半径的长度而减弱。半径越长，人的身体经验也越稀薄。例如爱情是强烈的感情，这是因为一生中恋人都共同生活在同一屋檐下。友情则比之亲密度低一些，因为身体接触的频率要低一些，时间也要短一些。对故乡感情要比对国家的感情更强烈一些。因为故乡是更为狭小的范围，是我们的身体更亲密接触到的对象。它没有国家那么抽象，对我们的身体而言，更加具体，更加实在。

/ 出 发 /

欲望是被沉默压制住的言语，它迷恋喋喋不休的言说。

欲望是被身体裹挟的意图，它追求无穷无尽的造作，就像包裹在地壳里的熔岩，渴望喷发而出。沉默劝说欲望，劝它不要那么喋喋不休。过多的言说除了刺耳得不到什么，沉默想让欲望安静下来，可是欲望却像初生的婴儿哭个不停。身体劝说欲望，不要像得了小儿多动症那样四处游走，造作无休。欲望却说呸，一日不惹是生非还叫作欲望吗？欲望天生追求出发，它不安于当下所处的位置，它急切要离开现状，要奔向欲求的目标。欲望的历史就是一部一连串出发的历史，它的大事记里只记载着两个字：出发。

/ 等　待 /

　　等待是我们生存的隐喻。生存是这样一种状态，我们一面在做某事，又在做某事的时候想着另一个前景。它恰如等待一样，一面在此时此刻度过，另一面又念着人或事要来临。生存不能跨越此时此刻直接进入等待的那些人或事，又不能光满足和围绕着此时此刻不念着那些要来临的人或事。生存就像那位布袋和尚，一面是布袋和尚，另一面是那个相伴而行刻不离身的布袋。和尚是此在，布袋是前景。等待就是在此在和前景之间的徘徊和游走。不过，等待和等待不同：不同的人有不同的等待。有无所事事的等待（waiting for nothing with idleness）。等待中的那个无也是与等待相关的事物。这里无的意思不是某时某处无某物，而是无时无处无某物，生存的前景被无时无刻所剥夺。等待与无结成了无所事事的关系，或者说在无所事事中等待。有有所事事的等待（waiting for someone or something to come），这种等待有一个清晰的目标，等待者知道等待谁和等待什么。这种等待和理性的发达有关，理性构筑自己的目标，然后谋求目标的实现。理性将生活分解成众多的目标，等待者和每一个目标结成等待的关系，等待完了这个就等待那个。生活就像公共汽车，到了这个站然后又去下一个站，如是者往复无穷。还有就是怀抱奇迹来临的等待（waiting for miracle with faith）。奇迹总是生活中不常见的，如果常见就不是奇迹了。奇迹什么时候来没有人知道，如果有人知道，他一定就是另类了。可是等待者又不失信心，总在等待奇迹的来临。这里唯一的解释是等待者不满意等待本身可是又不得不等待，因为除了等待本身以外无事可做，于是就希望改进等待，用一个将要来临的奇迹鼓舞现世的等待，使得现世的等待具有不同凡响的意义。

/ 孤 独 /

孤独是通往救赎之路的通行证。当你把灵魂托付给彼岸的神或者把自己和他人明显区分开来的时候，就踏上了孤独的旅途。孤独旅途或者以灵魂与神的契约为起点，或者以自我意识为起点。基督教从前者开始，斯多葛哲学从后者开始。

/ 悠 闲 /

悠闲就是摆脱了与生活的纠缠。无论你去纠缠生活或生活纠缠你，都不可能有悠闲。生活如同一位你不爱的情人，明知无聊但你摆脱不了它的纠缠；或者生活如同一位令你如醉如痴的情人，你情不自禁要和它纠缠得要死要活。无论哪一种状态，都不是悠闲。悠闲就是放下了一切，包括放下了自己。它在生活之中，但不与生活纠缠。悠闲与财富有关，也与心境有关。正如贫穷的煎熬产生不了悠闲一样，欲望的蒸腾也与悠闲无缘。

/ 三 选 /

中智之人最好不要选学人文,因为中等智慧对理解人文世界的复杂和混乱是不够用的,而在这个领域混一碗饭吃又绰绰有余。不如选学应用类学科,一来不浪费天赋的智力,二来也可以过上更富足的日子。上智之人和下智之士选修人文科学都是合适的。人文世界的精妙和深邃无论你有多么高深的智慧都远远不能穷尽,它的无穷景观远在你视野之外,在这个巨大的迷宫里,走出来都算是幸运,更不要说通晓迷宫全部出口和歧途。而下智之人在人间反正求穿衣吃饭,就算是贻害人间,人文的谬说也害人不到哪里去。与其万众奔竞,争出头之日,不如在无伤大雅的人文天地里粗茶淡饭而安生。

/ 嗜 好 /

观察人们日常生活里的嗜好是件非常有趣的事情。我的朋友熟人,嗜好五花八门,数来十分有趣。有一位相信足部按摩对强身健体有好处，每周必赶来连续两次，因为他相信足部布满了五脏六腑的穴位。另一位终年不用香皂洗澡，盖因相信肥皂有害皮肤。还有一位嗜好吃鱼头，每宴包吃鱼头，因为鱼头补脑云云。更有一位笃信还精补脑，持续勤练不辍。无法确切解释为什么这个人嗜好这样东西而那个人嗜好那样东西，只能估摸大概是个人经验和偶然机会的原因。比如，仙家方术以还精补脑为长生久视的不二法门，而某人恰好有机会了解这不为人知的仙家方术，所以便笃信不移。然而只要稍为细心观察，可知周围几乎没有人没有这样或那样的嗜好。嗜好虽然五花八门，唯嗜好不可以没有。可能的解释是嗜好是个人与自己身体前景的一种对话，透过这种对话减轻个人与未知的身体前景的紧张。自己的身体前景事实上是个人的未知领地，知识和经验都没有可能深入到这个未知领地。面对未知的前景，个人便产生焦虑。身体前景既然属于未知，理性的方案当然无所施其用，而焦虑的存在又构成安定生存的威胁。于是，嗜好便作为个人与身体前景之间的解决方案。不需要理性，就这样随机相信某种方法对身体有好处，并随时随地加以实践，这就是嗜好。嗜好的发用实践确实有缓和个人与身体前景紧张的作用。它本身并没有什么神秘，人们用这种方法与自己未知的对象打交道。虽然未知仍然是未知，但却有了一种方法与它打交道。就像村子来了一只怪物，谁也不知道它什么时候吃人。村民非常恐惧，生活在惶恐不安之中，后来终于找到一种语言，让这只怪物一知半解，安抚了它的情绪，至少不至于当下把什么人吃掉。这种安抚怪物的语言就是人们的嗜好。

/ 岁 月 /

　　生命的轨迹多少有点儿像抛物线，以顶端为分界的两半截是不大一样的。如果前半截是对生活的世界充满希望、感到亲切的话，后半截就是对生活的世界感到陌生和麻木。岁月的流逝意味着你对生活的亲切感逐渐淡薄和陌生感的日益浓重。你像一个每日上班的白领，工作在社会这幢吓人的摩天大楼里。每天都有一些你曾经熟悉的面孔下了班，第二天再也不来上班了。每天有一些新人像你当年那样摩拳擦掌应聘而来；也有一些租住的公司破产了，消失了；而另一些新的公司搬迁进来，把旧的地方重新装修。日子长了，日起日落，月盈月亏，大楼还是这幢大楼，可是不间断的装修，面孔的变化，终于使你不再熟悉这幢与你长久相依的大楼。你只能记住基本的轮廓，可能还有它的门牌号码。可是你不再熟悉里面进出的人，你不再懂得欣赏新潮的内部装修。你如同熟悉的陌生人，虽然出现，却日见陌生。终于有一天，连你想打招呼的熟人都见不到了，这时就是你永远下班的时候了。

/ 自 然 /

艺术表现的自然如通常那样理解就是和谐、平静、没有内部冲突。但仔细分辨，景物的自然和身体的自然还是很不相同。风景画是景物自然的范例，而希腊雕塑则是身体（人体物象）自然的范例。两种范例都可以说达到了自然的境界，但它们身后的背景却大不相同。景物的自然一定是一番思理作用之后的产物。没有一种关于如何才是理想生活的哲学，景物的自然是无从发现的。换言之，自然的美在原始先民的眼睛里是隐藏起来的，正因为这样，直到中世以前美术里都极少把自然景物作为独立的表现对象。只有厌烦了都市的尘嚣，只有弃绝了人伦的枷锁，景物的自然才带着它的美呈现在返璞归真之士的面前。景物的自然常常暗示人类生活的某种不自然。画面的平静，诗歌意境的绝尘出世，都是以人世间的不自然做背景。没有这个不出现在作品中的大背景，景物和意境的自然是不可思议的。但是希腊雕塑中身体的自然却没有暗示或隐喻的不自然。它没有景物的自然所影射的大背景。身体的自然是灵魂和肉体的和谐和平静，它既没有夸张、扭曲肉体，也没有放大、拔高灵魂。其实，用灵魂和肉体的和谐这样的字眼去描述希腊人对身体的理解已经有很大偏差了。在希腊人那里，身体根本不可能被分割成灵魂和肉体两部分，它就是那样一个浑然天真的身体，美的身体天生就是和谐的，它不是灵与肉冲突的和谐，而是各部分结构的和谐。艺术家捕捉身体的结构、线条和比例的和谐给予了完全自然的表现。希腊的雕塑艺术是身体意义的自然的范例，它是关于身体的天真的艺术。这种艺术，如福楼拜说的那样，只能产生于神停止了创世的劳动，而基督又没有来到人间的时代。

/ **精　神** /

我们的肉身是基因的载体，它被基因利用为延续和传播自身的工具。但是这个基因载体的肉身却又负载着精神，或者说，精神随同肉身的进化而出现了。那么，精神是不是如同肉身是基因的工具一样,是肉身的工具呢,从而也间接地是基因的工具?显然,进化出来的精神某些方面是为了肉身存在的。例如理性促成了种种工具发明和计算、权衡,就是为了使肉身在衣食住行方面日渐舒适自如,从而保证人的基因延续和传播具有更优先的地位。人作为一个物种在地球上拥有无可比拟的霸主地位,很大程度是因为人进化出了高等智慧。但是精神却又不仅仅是工具,精神还具有反抗它不得不负载的"主人"的性质,对命定的生物铁律的反抗甚至是精神的根本特性。基因利用肉身在生殖行为中很轻易就实现了自己的延续和传播,它不在乎肉身的死亡。肉体本身不会思考,肉身的死对它自己而言恐怕只是一个生物现象,就像所有非高等智慧生物对死亡都没有精神的反应一样,纯粹的肉身存在不可能把死亡当成一个问题。能够从死亡现象中产生问题意识的只有精神。因此对死亡的关注、恐惧、忧虑,以及企求灵魂不朽的种种文化创设,是精神本身的问题,它们和生物基因和肉身都没有关系。精神面对死亡表现出来的非凡创造性根本上是反抗生物性和肉身的。因为说到精神,它一定是个体的。灵魂天生就是单个的,它和种、群、属都没有联系。单个灵魂要在这个世界上孤独地寻找自己永久的归宿,这当然就是一个反生物性的漫长的孤独的旅途。它花费大量的时间、生命和精力做与基因所关注的毫无关系的事。在基因和肉身看来,这都是多余和无意义的举动,但是精神却乐此不疲，精神永无停息地做着它负载的"主人"不要它做的分外之事。还有，精神只追求属于它自己的快乐，沉浸在纯粹求知的快乐里的"神明之乐"，不像性的快乐那样有明显的生物性和属于肉身的快乐。追求"神明之乐"背离了功利的原则，甚至放弃了生存的舒适，这恐怕也是基因和肉身所反对的。但精神的高贵正表现在这里：它有能力背叛它的"主人"，它有能力哪怕暂时摆脱它要负载的基因和肉身的包袱；它天生追求挣脱基因和肉身的羁绊，奔向自由。

/ 美 术 /

美术是心智的精巧努力，它使得人类的欲望、悲伤和荣耀阻挡时间无情的冲刷，存留在石头、画布、墙壁等介质上面，满足人类追求不朽的激情。美术有三个重要因素，每一个都影响到它们成就的分量。第一是不朽的激情。激情既是艺术家的心理动力，也是选择材料的标准。一个认真的作品和一个不认真的作品是很容易分辨的，问题是艺术家如此专心致志的理由是什么？不朽的激情肯定是其中的一个答案，而且是比较重要的一个答案。是否饱含激情直接影响到材料的选择，深挚者精益求精，凑合者随意对付。材料的恒久性直接决定了作品的艺术性，最好的材料永远是献给自己真正崇拜的神的。第二是心智努力的程度，也就是技术的精巧的程度。技术一方面是前人经验的积累，另一方面是自己的创造。美术史上，我们看到几千年不变的风格样式，也看到百十年内迅速改观的例子。前者如埃及的雕塑，后者如从古典到希腊化时期的希腊雕塑。技术凝固，作品就显出匠气，说明心智的努力止步不前。第三是透过心智努力显现出来欲望、悲伤和荣耀的情感。如果它表现的情感和后人有更大的通约性，那么人们对它的共鸣也会更强烈一点。不同时期的美术，或者同一时期不一样的作品，它和后人心灵的通约性是不同的。比如萨尔贡王朝的浮雕和造像，纯粹炫耀国王的征服与武功，就远不若希腊美术对人身体的表现。

/ 生 涯 /

大国的生活和小国的生活最不同的地方是大国的生活里有天生的自豪感，而小国的生活只有日常的快乐。对生活的感觉是依赖土地的，广袤的土地能够产生丰富和复杂的感情，狭小的土地只能满足个人的享乐。问题是大国生活那种咄咄逼人的自豪感和天生的使命感是不是虚幻的？没有人能够回答这个问题。因为我们不知道全世界是不是走向联合。陀思妥耶夫斯基曾经说过，大国的人民总是不幸的，因为他们比别人更加意识到全世界联合的必要。陀氏似乎暗示大国人民的自豪感是虚幻的，或者它就是不幸的根源。是存在一种全世界联合的现实必要性，大国的使命感只是顺应客观情势，还是广袤的土地和强盛的国力发酵出来的虚荣拟造了联合的必要？我不得而知。不过像陀氏深知的那样，自豪感是很容易转化为不幸的。当自豪感令国民不顾一切追求胜利和荣誉的时候，高傲的心气跨过了目标的界限而实际的能力则达不到目标，不幸就降临了。而小国的生活从来不会发生这种可笑的悲剧，因为小国产生不了仅仅为了满足自豪感的荣誉目标。因此，如果你想享受丰富和复杂的感情带来的悲欢，那你就选择大国的生活；如果你想选择日常简单的个人快乐，你就选择小国的生活。

/ 问题 /

在学问的思考上，how question 和 why question 是截然不同的。前一个问题发生在经验世界之内，是描述客观世界的实际状况和说明各类因素之间的相互关系的；后一个问题则不发生在经验世界之内，它是人类心智追问现象背后究竟所以然的结果。对经验世界发生的事，我们很难问后一个问题，比如，我们不能问为什么常数是这个数而不是别的数，不能问客观世界为什么是这样的而不是别样的，它为什么可以由这样一些定律来描述而不能由另一些定律来描述。如果一定要问，要么是没有结果，要么就归结到神那里。但是，思索人文现象就不单可以问前一个问题，而且可以并应当问后一个问题。甚至如果只回答前一个问题，只把它是如何的描述清楚，而不回答它何以如此的究竟所以然，就似乎火候未到。思考自然世界和思考人文现象最大的不同在于自然世界并不存在 why question，所以不必追问，而人文研究一定要追问现象背后的究竟所以然。原因在于人类的活动是由动机支配的，推究它的究竟所以然就是推究它的动机。只有把人文现象背后的动机说清楚了，才算了解了人文现象。而把人类活动的动机说清楚是一件非常困难的事情，因为解释动机联系到和人、和环境的相互作用，而环境因素不可能与动机存在逻辑的对应关系。在相同环境的作用下,人永远有不同的动机,也有不同的行为。这使得追问人文现象的为什么问题充满了复杂和混乱。但是深思人文现象 why question 有魅力无穷的原因也在这里。它没有一个固定的回答,实际上人也不可能穷尽最终答案。但这追问充满了智力的挑战,也是智力最好的用武之地。

/ 基 因 /

可以这样猜测死亡的进化意义:生存的环境处于变动不居之中,而生物个体只能适应短时间内的微弱变化而不能适应长时间累积下来的巨大变化,但是透过死亡和繁殖组成的个体更替,却有可能在类的层面适应环境的长期变化。世代更替无形之中分解了环境剧烈变化对物种生存的威胁,将它们化整为零,这样生存威胁在每一世代的个体生存的时间内,就不是一个多么了不得的威胁了。因此死亡是"基因的聪明"。人类社会里代沟的存在多少可以提供一些观察。当一代人的才智和经验形成理解环境挑战的固定眼光的时候,生存环境已经改变了。在新的改变面前,他们可能由从前的适应者退化为不适应者，但自身却没有意识到，而新的一代没有凝固的负累，他们天然地适应了变化了的环境，于是就产生了基于他们的才智和经验而形成的理解环境挑战的眼光。这些新眼光不久也要变成老眼光。由于又有更新的一代人成长，更新的适应又在形成。环境对物种的生存压力就这样被分解。因此死亡对生存和进化都是必要的，它是基因永存的秘密。

/ 重 归 /

　　精神和世俗就它们的性质来说是截然对立的。精神是超越的和非功利的，而世俗则是现世的和功利的。但是在生活的形态中社会似乎存在一条秘密通道，让精神重归世俗。这条秘密通道就是名誉和声望。如果弗洛伊德的说法有道理，文明的压抑和世俗的失败会驱赶有的人进入精神的领域，例如从事哲学、道德和宗教的思考，从事文学和美术的创造，那么，名誉和声望将带领他们秘密地返回世俗生活中来的说法也是有道理的。精神和世俗并不像人们夸张的那样天人相隔，它们性质对立的广阔中间地带，还是在某个地方存在一条通道，沿着它，精神完成悲壮的奥德赛式的返航。不过，有意思的是精神的世俗重归,并不都是现世的,它经常是灵魂式的。比如,当我们说卡夫卡拥有巨大声望的时候,它既表达了一个事实,但又对于拥有巨大声望的那个人来说完全没有这回事。卡夫卡活着的时候默默无闻,他精神的凯旋是在他死后才开始的。在他身上,精神的世俗重归,不是现世的而是灵魂式的。当然,毕加索就不一样了,他还活着的时候,他精神的世俗重归就已经实现了。一个最终舍舟登岸见到了妻子的奥德赛和一个游魂般的奥德赛毕竟是有区别的。

/ 灵 魂 /

灵魂有一个奇妙的性质,它一定要将自己寄存于可靠的地方,就像不能负重的旅人上路一样,必须寄存行装,然后再踏上终有一天将它取回来旅途。肉身天生行走于俗世,而灵魂却不能与它永生同路。假如灵魂与肉身毕生同路,那就是把灵魂等同于肉身。在世的责任就是将灵魂寄存于与肉身行走的俗世不一样的地方,当灵魂有所寄托了的时候,肉身在俗世的行走才有方向,才有目标,才不会迷失,才有家园的感觉。可是,问题是哪里才是灵魂可靠的寄存之地?一般来说，有三个回答，但各自的可靠程度却不一样。现世主义者说此世就是可靠的寄存之地。理由是我们不知道来世在何处，而现世赫然就在目前。然而现世看似实在，却稍纵即逝，它实际并不可靠。希腊哲学特别是柏拉图哲学就从这个困惑开始而走上思辨之路，显示出将灵魂寄存于永不消逝的"理式"的意图。此世作为灵魂寄存之地，可靠程度最差，因为时间像一个打家劫舍的暴徒，顷刻之间将寄存灵魂的此世洗劫得空空如也。祖灵崇拜者相信，冥世是灵魂最可靠的寄存之地。因为肉身来源于祖宗的血脉，祖宗亡灵所居住的冥世像一条地下的冥河，眼虽不可见，手虽不可触，但冥河滔滔之水，不绝喷涌，流灌人间，我们在生的肉身就是从泉眼喷涌而出的冥河之水。祖灵崇拜创造的灵魂寄存之地，介乎现世与来世之间，以血脉的承传为中间的沟通，似乎牢不可破。但事不尽然，祖宗不是一个抽象的存在，各人自有其与他人不相干的祖宗，而且数传之后，特定的祖宗的面目就开始模糊，后世子孙不复认识这个特定祖宗的面目。随着时间暴徒的狙击，一方面冥世祖宗不可避免地分散化，人各祖其祖；另一方面血脉的承传越传越稀薄。作为世人寄存灵魂之地的祖宗需要不停地重复定义，以抵抗血缘的陌生化。每一次的重复定义就是在时间的狙击之下的一次退却，经历三千年的狙击看似牢靠的灵魂寄存之地终于土崩瓦解。一神教将灵魂寄存于经验无法达到的彼岸世界，时间再也不能威胁到那超越在上的灵魂寄存之地。从理性的角度看，只有彼岸才是最可靠的灵魂寄存之地。

/ 跋涉 /

精神的跋涉一定是一条越走越孤独的路，因为它越走就离开尘世越远，而离开尘世越远就越符合精神跋涉的本性。精神寻找自己最终归宿的路是一条不归路，这是单程的通道。自我手持单程票，它彷徨，它犹豫，可一旦决定起程就永远没有再回来的那一天。因为跋涉已经把精神带到遥远的他乡，当它抵达彼处他乡的时候，又有更远的他乡等待着它去历练。无穷的历练和无穷的征服构成了精神跋涉无穷的历程，而孤独是精神跋涉过程相伴的命运，它并不悲壮，只是本来如此。最终的归宿是一个无人确切知晓的终极之地，只有少数最伟大的灵魂才知道通往终极之地的道路。精神要起程拜访这些伟大的灵魂，和他们争辩，向他们致敬，以获得关于终极之地的启示。可是这些最伟大的灵魂早已在人间遁迹，精神只有靠自己的跋涉才能接近这些无踪无影的灵魂。这样，精神的跋涉就注定是对尘世的告别，当精神越是和这些伟大的灵魂相遇的时候，它不知不觉就远离了自己原来曾经居住的尘世，从前熟悉的尘世渐渐就变得面目模糊。因为它不再属于尘世而凡身依然在世，孤独感就从这里产生。除非精神可以不去寻找终极之地，不去跋涉拜访那些最伟大的灵魂，否则孤独就是命运。

/ 火 与 神 /

最伟大的物质发明是取火，而最耀眼的精神创造是神。

/ 恒 量 /

欲望并不是一个恒量，它是被激发出来的。欲望就像反弹力，撞击的力量越大，它反弹的力量也就越大。所谓撞击的力量，就是那些能够调动和刺激欲望的周围环境。大的国家通常能够产生具有雄才大略的君主或者高瞻远瞩的政客，也能够产生与大国匹配的文化学术,理由在于大国独特的复杂历史和社会环境能够激发大国人民的才华与想象力。同样的道理,超级商场琳琅满目的商品和色彩缤纷陈列以及诱惑的灯光,刺激了消费者采购超过实际需要的物品。娱乐场所讲究人头攒动,华人经商讲究"人气",其实就是明白环境刺激和放大欲望对生意经营的重要性的道理。古代宗教和哲学教导人们克制欲望,完成德行的自我修养,它们的方法是遁迹山林,避世隐居,又或者青灯古佛,独自修行。中世纪修道院选择在远离尘嚣城市的僻静之地,特别注意修道者的空间隔离。在僻静隔离的孤立地方,欲望自然沉寂,欲望沉寂则德行更易彰显。佛教有"闭关""坐禅",道家和儒家有打坐静修的修行法门,也是要使欲望在空无刺激物的环境下隐退消失,从而体会"色空"的道理和天道流行的奥妙。

/ 人 文 /

数学、自然科学乃至社会科学的研究结论可以有预见性,因为它们描述的事物运动可以重复行进。只要条件相同,事物就一定如它们描述的那样运动。但人文研究的结论则没有预见性，所谓鉴往知来，只是一个自欺的安慰。人们已经鉴了无数的"往"，但对未来还是一无所知。因为人文学术针对的只是个别事物进行解释，而且这些事物大部分已经消逝不可重现。针对那些个别事物的解释结论没有办法进行实证的检验，既不知道其非，也无从知道其是。所能够肯定的是人文研究的解释包含有对人心和人事的洞见，我们凭着心灵的敏感能够分辨那些解释是否与内心的灵犀契合，是否具有真正的洞见。这种分辨的功夫，与其说是一个客观的检验，毋宁说是一个主观的取舍。如此看来，人文学术的价值在什么地方呢？显然，它们的价值不在于应用，没有预见功能的学说怎么可能应用呢？既不能应用，岂不就是多余？以功利的观点看，人文学术的确是可有可无。有则聊做点缀，无则不伤大雅。不过，功利的观点往往是自作聪明的短见。人文学术的价值在两个方面：它是一种个人生活的意义选择；也是人类的自我认识。人义学科的研究之所以是个人生活的意义选择是因为它的初衷是非理性的，它的存在仅仅在于如果人不这样做，就觉得生活没有意义，就觉得心灵无所归依，就觉得在世如同失去家园。为寻找家园，为生存寻找归依，为赋予生活的意义，于是就有了人文的研究。站在非个人的立场，人文学科给人研究人文现象的印象，其实，这是一个似是而非的印象。人类对自己人文式的自我认识，不是在人文科学的研究解释中实现的，而是在一连串的解释中建构的。

人文研究所得到的知识，不是客观的知识，而是主观的知识。这种主观知识的价值不在于它提供的个别结论，而在于漫长的历史中无数的这种个别结论连贯在一起，构成了人类的自我认识。人文研究通过层累的时间积累建造人类认识自己的大厦。因此，每一个个别的解释不仅是与其解释的对象相关，更重要的是它自己本身也构成了人类自我认识的一环。真正的人文研究并无所谓推陈出新一说，因为一个包含洞见的解释是不会陈旧的，随日子流逝而陈旧的必然是没有洞见的。

/ 隐 喻 /

家禽和野兽是我们两种生存状况的重要隐喻，为人在世是选择做家禽还是选择做野兽？前者代表我们因放弃而得到了精神和肉身的安全状态，后者代表我们渴望自由而必定背负风险的境地。对神的皈依其实是一种放弃，因为皈依意味着放弃了精神流浪的权利，皈依了这个神意味着我们把信仰的自我托付给它，而不再托付给别人了，放弃了皈依其他的神的可能性。对体制的认同也是一种放弃，因为它意味着你不再行使质疑和批判的权利，因为你不再执着自我认同的优先地位。放弃交换得来的东西是安全，就像家禽放弃了觅食的权利却得到了食物的保证一样。家禽因放弃而省却了觅食的烦恼和天敌的困扰，但失去的却是自由。这件事是好是坏因人而异，没有确切的答案。问题是为什么为人在世会选择放弃？选择进入囚犯那样的境地？答案是自由的风险。野兽是不放弃自由的，它们四处闯荡，无拘无束，不放弃任何与生俱来的东西。但野兽却背负着因自由而来的风险：一切生存的困境都要自己克服，食物不知在何方而陷阱随时可能遇上。自由的风险迫使有人选择成为家禽。然而放弃并不是没有代价的，自由的丧失就是它的代价。虽然因放弃而换得安全，但安全并不是生存终极性的解决方案，可以说没有一个终极性的方案能解决生存问题，生存是一个无最终解的方程。当我们有一种自我的冲动的时候，当我们看到一个远在安全之上的前景时，安全的价值就没有那么高，家禽就不再是一种值得效法的选择。就像一个被囚的囚犯，四堵高墙带来一身轻松，但志不在受限的囚室，突围逃命当然就成了第一选择。家禽和野兽隐喻着可能选择的两极，它们都是对生存的解决方案，但两个方案合在一起却成了困境。因为事情远不是非此即彼那么简单，它们同时存在意味着可以在某些场合是家禽，在另一些场合却是野兽。家禽和野兽的选择是可以游移来回走动的，生存就是一个永远自己寻求答案的过程。

/ 肉 身 /

肉欲之欢存在一重难堪的尴尬，这就是每当此刻它都唤起我们自惭形秽的记忆：身体在肉欲的激情中太像动物了。尽管有自然的就是美好的这样一些有助安慰的信念，但仍然不能遏止尴尬感的出现。道理并不复杂，因为如果肉欲之欢真的是自然的，我们就不会有"它是自然的"这样的看法。人能将自然作为一种价值说出来，就证明人已经永远不能再回到自然中去。尴尬感的存在是因为肉身是一个百万年进化的积淀，而道德则只有几千年的历史。这两种如此不同的力量同时积聚在我们的身体之内，以至不仅道德的自我完善要备受肉欲诱惑的煎熬，而且肉欲的快乐也要受到道德感的干扰。虽然黑夜和隔离能够防止来自外面的光亮和视线的威胁，但却不能完全阻止来自内心的道德感的干扰，尴尬感就是被干扰的结果。有意思的是，我们在不同的文明中看到对肉欲之欢的尴尬的不同处理。儒家的态度是沉默，一如其对鬼神的态度。不提起这件难堪的事，就像它不存在一样。因为儒家的信念认同人性本是善的，人性既是善的，它就排除了尴尬感存在的可能。当然这排除只是话语的排除，不可能是事实的排除。对肉欲尴尬的话语沉默，只是把尴尬还给个人，由个人去体验和处理这种自己遭遇的情境。如果个人没有足够的慧悟去识破道德干扰的实质,如果个人没有足够的勇气去冲破道德的干扰,那么肉欲之欢就成了今生无望的虚幻。希腊、罗马人和基督教文化则把肉欲之欢的尴尬作为一个公开的话题。当然这种公开是有代价的,这就是把身体贬低为动物性。这种贬低在话语的层面,当然是提高了灵魂、道德、精神的地位,但实际上也是给了身体一个自由。它既然是动物性的,人也免不了要像动物那样去行肉欲的快乐,要紧的是别忘了拯救自己的灵魂。身体在灵魂和肉体判然二分的话语中被歧视和贬低,就像它被判定为一个没有教养的野蛮人一样。野蛮人本来就品质下贱,做几件下作的事情也就理所当然。身体在贬低和谴责中得到的自由就像野蛮人在文明人的歧视下得到的对放纵的宽恕是一样的。

/ 压 抑 /

身体的动物性被确定之后,灵魂和精神的优先地位就得到了保证,肉欲被认为是低级的欲望。正是这种贬斥却使得低级的肉欲成了人见人爱的猎物,因为道德的贬斥等于教导人们肉欲只能在远离公众视线下才能得到,如同追入渺无人烟的丛林灌木之中才能得到这只你独自享用的猎物。肉欲之为猎物，不是天然如此的，而是灵魂和精神的优先造就的。如果这只猎物顿时发作，窜入茫茫人海之中而你仍然穷追不舍，你的猎人身份即你的道德教养顿时瓦解。肉欲的煎熬产生了多少具有喜剧色彩的不幸：一位高僧大德，在功德圆满的前夕被美色所诱破了身，毕生修行尽付东流；一位众望所归的主教大人因一件被揭发的丑闻褪尽了天国投射的光芒；一位有模有样的政客在桃色绯闻中黯然收场。他们的不幸就源于在众目睽睽之下追逐闯入公众视线的猎物，猎物的诱惑瓦解了道德光环。可是当我们把追问反过来的时候会得到什么呢？不错，肉欲的煎熬是瓦解了道德修养的完成，但道德的修炼在多大的程度上毁坏了肉欲的快乐？弗洛伊德意识到问题的严重性，可是他也不愿意站在肉欲的立场讨论它。肉欲瓦解了道德，造成了社会的灾难；道德贬斥了肉欲，却造成了个人生活的不幸。道德修养带来了自我的压抑，自我压抑使得进退失据的私人尴尬成了个人生活的一部分，而且是无从逃避的一部分。于是性就成为一个喋喋不休的话题。在这个问题上福柯可能是有洞察的：对性的喋喋不休不是来自外面的压力，而是来自内里的压抑，人们需要喋喋不休来平衡心理天平的另一端。弗洛伊德本能与文明冲突的看法暗示的是一个制度性的问题，虽然无可解决，但它是制度性的。而问题的真正实质可能不是制度性，而是私人性的。来自制度规范对私人生活的干预是一种迫害,而来自内心压抑的喋喋不休就是私人生活本身,两者还是有区别的。前者把反抗作为理想,后者则表示肉欲快乐的损害,它不是变态就是残缺不全。

/ 性 别 /

通常认为在不同的性别之间理性的发展是不均衡的,男生强势而女生弱势。但是从进化的角度看,这不符合事实。理性如果是一种生存竞争中演化出来的计算、思考的禀赋的话,就没有什么理由说造化会厚此薄彼,将此种禀赋单独地授予某一性别。真相可能在常识的另一面:进化形成了不同性别的各自立场,不同性别立场导致的不是理性能力强弱程度的差别而是理性角度的差别。对一个生活情景的判断,通常没有一个绝对唯一的角度,因为理性的背后站立着欲望,不同的欲望当然对生活方程有不同的解。男性的理性角度多是就事论事式的,而女性的理性角度多是就事论人式的。我们只能从自然史的视角看待这种进化而形成的差异。前者的习性是从解决直接的生存威胁中养成的,例如从狩猎、驯养、种植农作物以及从击退猛兽、劫掠者、异族进攻中学习和培养解决单个目标的理性能力；而后者的习性是从解决后代繁殖和抚养这个复杂难题中养成的。后代的繁殖最终当然也落实为食物和安全，但对雌性而言，食物和安全却有赖于"俘获"雄性而不是自己直接获得，所以后代繁殖不是一个单一难题而是复杂难题。复杂难题的解包含了多个隐蔽的目标，这些隐蔽的目标不易被异性觉察，当中又经过多重的计算。它解起来要经过那么多的步骤，如果以解决单一难题的眼光看待，就会被直斥为缺乏理性。假设两性之间的"战争"是不可避免的话，其实就是不同的欲望和不同的理性之间的战争而不是强的理性和弱的理性的战争。

/ 装 饰 /

同是受到性选择的作用，为什么昆虫类、两栖类、鸟类和哺乳类绝大部分雄性都是第二性特征的"装饰者"，而雌性则是选择者，但同属哺乳类的人就不尽然，女性通常是"装饰者"，而男性是选择者。男性除了还保持比女性强壮和高大的体格，在求爱中依然是主动者这样一些千百万年进化遗传下来的特征之外，最重要的"装饰者"角色却已经移交给了女性。它已经卸了妆而把装饰戴在对方的性别上。这是一个不好解释的现象，不过下面是可能的解决线索。稍微高等一点的生物两性求偶活动既包含了交配快乐的含义，也包含了繁殖后代的含义。在非人类的生物里，这两重含义是重叠在一起的。雄性作为性别资源提供者的一方，就像经济活动中的生产者一样，它既提供等待雌性选择的最优基因，也提供繁殖后代最有保证的食物和安全，就是说，提供者角色的竞争全部集中在雄性这一性别的身上。比如，在同群的雄鸟中，那只毛色最好、体格最健壮、最好勇斗狠的雄鸟，同时也是占地盘最大，因而也可能拥有最多食物来源的雄鸟。雌鸟选择它，就是最优基因和最优生存条件一箭双雕的选择。而雌性作为性别资源消费者的一方，就像经济活动中的消费者，只负责选取，不负责提供。生产者竞争越激烈，消费者就越容易捞到好处，越容易摘到好果子。所以雄性为了得到雌性的欢心，首先要和自己的同性展开激烈的竞争，竞争的结果使得自己成为"装饰者"。但是人类的两性之间求爱活动中性事快乐的部分和繁殖后代的部分是分开的，前者由女性担当提供者，男性作为选择者；后者则是男性扮演提供者的角色，女性作为选择者。女性既然担当性事快乐的提供者，装饰压力自然就落在了她们身上。她们要讨得作为这方面"消费者"男性的"欢心"——女为悦己者容，自然就面对同性别个体之间巨大的竞争。人类社会绝大部分首饰、化妆品、漂亮衣服是为女性设计的,也是她们消费的。女性主义把类似的现象理解成是男权社会的特征。其实从生物的角度看,与其说是男权的结果,不如说是女性相互竞争造成的结果。但在繁殖后代方面,女性却是选择者而男性则是提供者。因为繁殖后代最重要的是足够的食物和安全,在获得食物和安全的能力上,男性面临同类之间激烈的竞争,为了讨得选择者女性的"欢心"——士为知己者死,男性必须竭尽全力掠取最大的财富和权力,创造最优繁殖后代的条件。于是传宗接代的压力集中在男性身上。人类社会把两性求偶活动分拆成两部分,每一性别承受一种压力。这种改变的最大好处是创造出更大的变量以适应生存竞争的压力,当环境突然发生重大改变的时候,由于有众多变量的存在,自然选择还有回旋的余地,而不至于种的灭绝。以这种观点看问题,人类社会似乎并不能简单称为男权社会。

/ 教 养 /

　　古典教养的温故常新在于人生经验的重复性,它教导人生面对某种情景所应有的智慧和态度,而不是谈论一个纯粹客观性的命题。每一代人都要成长,而每一代人都在成长中遭遇到类似的情景,这个情景唤起人们温故,回到古典教养,但是在温故中得到的不是故,而是新。因为教诲是前人的,经验却是自己当下的。孔子有言:"人不知而不愠,不亦君子乎?"不论古今,每一个珍惜名誉的人都可能遭遇不为他人认识和承认的情景,但有人对此满怀怨恨,有人则没有怨恨,孔子认为后者才是君子的态度。社会是在不断地变迁,但是,那是把社会当作客观对象而产生的结果。如果联系到个体的体验,人生经验的变迁实际上是微弱的。孔子的时代,文字还是极少数人才能使用的工具,交通极其不方便,然而个体经验就已经有了"人不知"的困惑,于是又有了摆脱困惑的慧悟。到了今天大众传播和信息过剩的时代,个体经验还不是一样存在"人不知"的困惑,还不是一样需要"不愠"的态度!只要人类有欲望,那树立在欲望基础上的经验建筑,就拥有类似的结构。

/ 人伦 /

儒家的要义是"人伦的温暖"。人伦很容易说清楚,就是常谓的五伦,而温暖永远在人伦之中求得。人有血脉,血脉又有伦序,相互分享共同的基因,而血脉又有温度,彼此之间合适的距离就能相互温暖而不妨碍秩序的运作。温暖不是寒冷,相互之间距离太远,血温就不能传递。即使有人伦,但也变得冷却;温暖又不是热烈,相互之间距离太近,血温的传递就会顾此失彼而有伤伦序。所以举案齐眉是温暖,亲吻却是热烈;相夫教子是温暖,相对无言却是冷漠。温暖在乎激情和冷淡之间,儒家反对人伦的冷淡,然亦不赞成过热。比如墨家就属于冷淡之类,儒家斥之为禽兽。儒家亦不赞同激情,因为激情趋向热烈,基督的教义张扬激情,对神也好,对人伦也好,始终本着激情,所以基督教与儒家终究是貌异神离。温暖是人伦的中庸方案,为儒家所取。

/ 妖 魔 化 /

装饰与妖魔化看似风马牛不相及,但想深一层其中竟有关联。社会构造的奇妙,实在令人惊叹。装饰是一种审美的区分策略,通过大到建筑物风格、内部装修、雕塑、绘画、服装,小到运用钻石、珠宝、金银,进行装饰以区分此物与彼物、此人与彼人的地位、身份、功能等,装饰使社会以及人之间划清相互界限。唯有划清相互界限,才能够识别;唯有能够识别,无形的社会规则、义务、法律,才可以遵行无阻。与妖魔化不同的是,装饰是主动与他人他物划线,自己将自己装饰得不同一般而在公众之中出现。妖魔化则是意识形态性的话语的区分策略,它通过一组言辞,将对手定格在具有道德贬义的耻辱柱上。人类社会妖魔化的行为,从古至今,没有停止过。希腊人称非希腊人为"野蛮人",罗马正教有异教徒(pagan)的观念,古代中国人称周边民族曰"四夷";现代则有对同性恋者、精神病患者、非主流族群的歧视等。这些其实都是妖魔化,可以说妖魔化是人类生存基本状态。你妖魔化我,我也妖魔化你。妖魔化是通过话语来实施和传播的,比如,传说中的事实、科学研究的结论、流传的看法、教义和伦理的教诲等,都参与到妖魔化对手的行动中。妖魔化的原因复杂,无知和恐惧的心理肯定扮演一个重要的角色。但是尽管了解了他者并不是自己的敌人而且也对自己无害，但也免不了要妖魔化。这种场合的妖魔化，既不是恐惧，也不是无知，而是利益的需要。妖魔化对手可以增强自我族群的认同，同别人划清界限，这种划清界限的需要，归根结底，是利益的驱动。一日有国家、民族、社群、团体、性别的存在，一日就有妖魔化的存在。被妖魔化的对手，就像祭坛上的牺牲，其实是无辜无害，可还是要蒙受宰杀的命运。被妖魔化可谓大不幸，如同被推上祭坛的牺牲。对此，唯一的方法就是报仇，以其人之道，还治其人之身。

/ 恐惧 /

个体生命存在两种基本的恐惧，首先是死亡的恐惧，害怕自我意识消失；其次是渺小的恐惧，害怕生存的重要性被社会体制吞没、被浩茫如海的大众淹没。死亡恐惧在哲学上已经有很多的讨论，而渺小的恐惧则还没有被特别提出来。死亡的恐惧在很大程度上是生物性的，虽然死亡也有社会性的成分，例如担心名声的消失等。但是死亡归根到底是生物性。肉身瓦解，自我意识才归于无有。然而渺小的恐惧是社会性和文化性的，它是人类进化出大规模社会合作之后的产物，社会随着工具的使用和理性的拓展，社会体制大厦的规模也越建越宏大，它迫使个体生存的重要性需要在人际社会中定义。人际的社会体量越大，它同个体的对立也越明显。个体像一粒沙，社会像石头。在社会规模不大的时候，个体这粒沙子还不算怎么渺小。当社会越演化，其规模越巨大的时候，个体在它的面前就显露出无比渺小，简直就像巨岩与沙子一样，无法比拟。原始部落的时代，人数不过百人，渺小恐惧开始发育；城邦和诸侯国的时代，人数亦不过数万，个体在渺小恐惧中犹有自己掌握的空间；驯至近代大工业社会，个体根本就渺小到微不足道的程度。社会规模的扩展和体制的越发有机绵密，给个体带来沉重的压抑。这种压抑并不是说社会有意识迫害个体，而是个体随着社会及其体制规模的扩大，需要在越来越大、越来越由个人的经验不能掌握的大体制中去定义个体生存的位置。对个体来说，这种确认生存位置的过程越来越困难，它完全是一个身心疲劳、烦神损命的过程。社会越是向宏大规模方向进化，渺小恐惧就越笼罩个体心灵。像死亡恐惧对于人那样，越是临近死亡，就害怕它的到来；社会越是大规模，个体心灵就越是在它面前战栗不安。卡夫卡的小说，就是一深感渺小的灵魂在大体制面前战栗发抖的绝妙写照。渺小的恐惧弥漫着现代的个体精神的栖息地。社会像一个巨大的迷宫,个体是在这个迷宫中迷途的羔羊,惶惶不可终日,凄凄然无处安顿身心。渺小的恐惧导致两种极端相反的选择:掠取权力和龟缩于自我的洞穴。权力实质是人际的支配关系,越在体制金字塔的顶点,就越能消除渺小恐惧引致的不安。越攀上体制金字塔的上层,就越是在更大的可供支配的人际资源范围中放大自我,个体的重要性仿佛在权力结构中得到确认。龟缩则是一种拒绝的姿态,它透过拒绝来自我定义个体的位置。这种个体位置的自我定义是想象性的反抗。

/ 恒 量 /

快乐和痛苦可能只是一个恒量,无论在任何时代人们感受到的快乐和痛苦的量都是不变的。那种快乐随着社会进步而增加,痛苦随着社会进步而减少的看法可能只是天真的乐观主义,或者是被工具和科技的改进而鼓舞起来的幼稚的狂妄。但快乐和痛苦是一个恒量的看法显然很难解释人类为何锲而不舍地通过技术的改良来增进自己的福利。假如不是有一个更大前景在那儿诱惑,为什么还那么不遗余力地追求呢?

数千年文明史的人类努力，难道不是在谋求快乐的增加和痛苦的减少吗？如果快乐和痛苦是一个恒量，零增长不就是最合理的选择吗？确实有难以圆说的地方。快乐和痛苦是一个恒量的说法，是难以实证的，但却可以间接地推测。工具和技术的改进确实能增加人类生存的快乐，这是每一个生活于社会中的个体都感受到的。如种植和驯养确实比采集和狩猎带来更多生的快乐，炎夏在空调房里写作确实比在没有空调的地方舒服，汽车带来生活的便利和舒适简直数之不尽。所有这些看起来的快乐的增加都是在技术发明和积累的基础上才实现的，这是不可能拒绝和抹杀的。但是对于观察人类社会来说，仅仅看到这一点是不够的。技术的发明和积累免除了人的一部分痛苦，增加了一部分快乐的同时，也减少了人的另一部分快乐和增加另一部分痛苦。因此它们的总量并没有变化。比如，种植和驯养带来财富的积累，财富的积累导致阶级的分化，阶级分化导致压迫者和被压迫者两方面的痛苦；冷气技术的发明引致舒适生活的各种文明病，增加工业制造产生的环境恶化和污染；汽车工业的出现更是如此，交通事故的死亡，战争规模的扩大，这些都是技术发明和积累而日渐减少快乐和日渐增加痛苦，它们需要社会和个体去承受。此一方面痛苦增加和快乐减少之所以不能遏止彼一方面快乐增加和痛苦减少的冲动和努力，在于技术产生的快乐增加和痛苦减少是当下的、直接的，而技术导致的快乐减少和痛苦增加是长远的、间接的。人总是被近在目前的目标所诱惑，有了迫在目前的好处，就难以估量远在日后的坏处。人类社会利益分布的不均匀，使得技术发明的好处集中在社会的领先阶级，他们让自己得到最大份额的福利，创造有利于自己的意识形态使人们评估技术的价值复杂化，以至根本没有能力反省。还有依赖技术发明而确保人类生存，实际上是一条人类进化的不归路。因为人与其他物种不同，是以大脑皮层的增厚作为进化策略的根本取向。技术不仅为人类所发明，技术发明也塑造了人类，使得人类日渐依赖技术来应付自己的生存。技术与人类的生存实为相互依赖，不可分离，如同寄主与寄生的关系。所以一方面是快乐和痛苦的总量恒定，另一方面是技术无止境地改进。

/ 迷宫 /

自我意识携带肉身这副皮囊行走于生活的迷宫之中，死亡是这个迷宫唯一的出口。在哪里躺下，哪里就是出口。死亡意味着自我意识的消散。因此自我意识是这个迷宫永远的囚徒。它奋力挣扎，以为有出口，但却永远不知出路在何处。

无尽的行走只有两种状态，前路渺茫的沮丧和发现出路的虚幻。前者的名字叫绝望，后者的名字叫希望。

/ 承 认 /

人生在世陷入无休止的"承认的斗争"（battle for recognition）。举凡名誉、声望、地位、成功等都是胜者在这场"承认的斗争"的战利品，而默默无闻、贫穷、被欺凌、受奴役则是败者在这场"承认的斗争"得到的回报。投胎入世将付出什么代价或者收获什么战利品，无人预先知晓；即使两眼一闭，是流芳百世还是遗臭万年，也要由身后来决定。社会性生物的命运必定在谋求承认的"战场"中度过一生，古往今来，无人逃脱。可问题是为什么自己所做的一切都免不了要谋求别人的承认？答案是，人是社会性的生物，这种社会性是千百万年的进化累积而成的。为了承认的斗争就像一种天性，出现在个体的生命里，但实际上它不是个体性，而是个体与个体之间相互依赖造就的环境使然的。人生中"承认的斗争"最值得玩味的地方是它对每一个人都像命运般无可逃脱的性质。不错，宗教教义教诲人们如何解脱，如何逃避争取承认的巨大压力,但所有解脱的法门,所有逃避的捷径,不过是谋求承认的"再出发":在此路不通的情况下,另外再寻找前行的道路。然而无论什么教义或学说启示的"再出发",只要你遵从它的教诲"再出发",依然落入"承认的斗争"。所谓禅场亦无非俗世就是这个意思。鄙视和反抗"承认的斗争"是徒劳的,倒是庄子启发了我们穿透这场人生命定的斗争的智慧。他告诉我们,所有承认最终不过是一场幻觉。道理并不复杂:承认是依赖于他者而存在的,只要世间无他者,亦无所谓承认;而且在不同的范围有不同的他者。在小范围取得他者的承认,在大范围就变作不承认;在此范围取得承认,在彼范围就变作不承认。"尸鸠"有"尸鸠"的承认,"大鹏"有"大鹏"的承认。把"尸鸠"的承认放到"大鹏"的视角考虑,就纯属一场儿戏。而宇宙间最高的本体是绝对空无的道,于是所有的承认放置在道的面前,无疑就是幻觉。人的骄傲遭遇庄子的智慧无不显现出可怜相。庄子最令人不可企及的智慧在于他洞察了社会性本身的荒诞,给人的社会性从头到脚浇了一瓢冷水。

/ 学 问 /

学问有冷热，有"冷学问"，有"热学问"。谋求事实问题的解答和规范问题的事实解释的学问是冷学问，而谋求规范问题的规范解释的学问则是热学问。冷学问成就的是客观知识或近乎的客观知识，因此它没有一个世代相传的传统。我们在冷学问的史统中只看见新知识代替旧知识的绵延相续，看不到百世不迁的命题，看不到新新不已的说辞。而热学问成就的并不是客观的知识，而是规范知识，这种规范知识是在一个累代相传的传统中存在的，它可以是宗教，也可以是一种道德学说。对学者来说，从事冷学问和从事热学问也大有不同。冷学问只是"个人的事业"，因为完成这种事业只需要学者个人的贡献，别人无从参与其间。所谓"学问的生涯"和"研究的生涯"，究其实只是个人的生涯，冷学问塑造的是孤独的个人生活。至于个人的知识发现令社会受益，那是这种"个人的事业"与社会间接联系的问题，无论社会如何受益，他者是无从分享这种个人生涯的孤独与快乐的。但是热学问却不同，热学问有人间热血之气，它不是个人的事业，它是神的事业或道统的事业，因此也是众多人参与的社会事业。学者只不过是一个巨大事业中的一个环节。他在传统中，依傍传统，运用业经存在的命题、观点、概念对神和道统进行再解释。神以及道统的伟大衬托了学者的伟大,而学者的伟大也增添了神和道统的光荣。严格地说,热学问的根本宗旨只是"弘道",学问不过是为了"弘道"而借用的法门,若道可以不经学问而弘,那学问也可以弃如敝屣。因为神的事业和道统的事业启发的是一种信仰的生活,而这种信仰的生活关系到民族的"立心"和个人的"立命"。它们比任何不可以相互分享的个人生活都处于更高的位置,所以尽管任何学问都要依赖个人的聪明和才智,但在一个绵延相续的传统中,学问所仰赖的那种个人聪明才智自然就没有它在"个人的事业"中所拥有的地位。所以为了弘道而问学的学者,亦不容易堕入偏狭的个人天地,不似那些从事冷学问的学者,容易自满自足于蝇头小见。以学问的性质而论,冷的学问在于心智的启发,而热的学问在于心境的澄明。两种不同的学问无以论其高下,但它们对学者生活和精神境界的影响,显然是不同的。

/ 漂 染 /

用生物的眼光看,性充其量是自然行为,无所谓纯净与不洁。它既不纯净，也非不洁。它是自然的，就像吃、走、跑、跳等行为，禀受生命就自然拥有，无关乎纯净与不洁。其他物种的性行为没有回避同类的习性，可见它们没有性行为纯净或不洁这种道德感觉。道德感在人类中产生，性行为的自然性就此消退，它被打上文化的烙印。性的不洁成为牢不可破的潜意识。凡是不洁的事情就要掩盖，就要经过文化行为将它"漂染"，使不洁之事看起来洁净。人类"漂染"性这种不洁之事的方法不外三途。一遮盖。将它定义为应该回避公众目光的私隐。透过遮隐躲避，缓解道德感的压力，在两人的天地里使自然本能释放出来。一禁绝：这是一种彻底的"漂染"方法。透过宗教仪式、修行、慧悟，让不洁之事与自己的生活无缘，远离不洁。历史上所有禁欲主义都是禁绝式的文化"漂染"。一神圣化。将性这件本是不洁的事情赋予神圣性，将它与神、祖宗、不朽、永恒等信仰联系起来，使这件本是不洁的事情在信仰的灵光之中具有非同一般的性质，由此"漂染"它的不洁，让它纯净起来。

/ 世俗生活 /

天国、极乐世界、仙界和地狱是想象的产物，人只能生活于世俗，这是无可置疑的。既然如此，天国、极乐世界和得道登仙的信仰许诺的意义何在？它们会让我们超凡脱俗，在世俗之外吗？显然是不可能的。它们的意义是彻底否定这个世界的世俗生活，由此而重造出符合其教义的生活。宗教以为这种生活是神圣的、非世俗的，但宗教常常掩盖了事情的真相。声称非世俗的生活依然在世俗之中，它们改变的是生活形式，不变的依然是在这个世界。世俗生活本来就包罗万象，不依声称而转移。由于教义否定了世俗，不同生活形式的生活就被人为开创出来了。人创造了不同的教义和信念，也由此创造了不同形式的生活。可是这些生活依然在这个世界，它们或者受到世俗的诱惑，或者受到世俗的侵蚀，又或者受到世俗的利用，堕落为世俗的工具或帮凶。不过不论这种另类的生活怎样遭受世俗的蚕食，只要人对世俗生活有所不满，经由信仰性的教诲而重造生活依然是唯一的选择。至今为止，人类已经创出很多不同甚至相互敌对的宗教，撇去它们之间的敌意不论，一个共同的特点就是对世俗表示否定和不满。那么，世俗到底是什么呢？世俗就是人世间人的意志干预不了的自然形成的生活状态。简言之，可称为"自然的秩序"。无法扭转，不能彻底干预，改变不了，不得不与它共存；对它不满，不得不加以否定。

/ 罪 感 /

　　人生儿育女、繁殖后代很可能是罪恶感的主要经验来源之一。这种观点说来不可思议，但却是经验事实。繁殖备受环境和私愿两方面的压力。当两者的距离超过了心理承受，父母即无可逃于天地之间，罪过就是唯一的托词。佛家说放下即是实地，唯独此事无可放下。不是放而不下，而是无从放下。因为遗传事实使它牢不可破，两代人被遗传事实牵连在一起，恰像胎记，与生俱在，永不磨灭。孽情犹可一刀两断，孽子则挥之不去。一面是遗传事实，另一面是私愿落空。人生当在这夹缝，罪孽、冤孽等自我怨恨的感受就是唯一可能的感受了。基督教和佛教都倾向禁欲，以禁欲的生活为离神圣最亲近的生活，为修炼到最高境界的生活。仅从性着眼理解它们是不够的，生育也是应该考虑的角度。生育导致罪孽、冤孽的产生。此事虽非必然，但人间往往而有。与生育绝缘，也就与罪孽、冤孽绝缘。禁欲主义拒绝婚姻家庭的理由是家室拖累了侍奉神。这是教内的看法,肯定是向信众说法的方便法门。站在客观的立场,拒绝婚姻家庭其实彻底隔绝了罪孽。这是保持神圣的可靠方法。儒家文化没有罪感,但是儒家文化何以没有罪恶之感呢?导致不产生罪感的社会机制是什么呢?时贤却没有深究。儒家将孝提升至人生的理性义务,而孝莫大于传承父母的血缘基因,因而生育被伦理化、神圣化。儒家对生育的文化增饰去除了罪孽感产生的社会文化土壤。生育在儒家文化的氛围之下,被看成是人生最重要的成就,因生育成就得到的满足掩盖了亲代因子代而产生的自我怨恨,罪孽和冤孽之感也因血缘亲情的融洽而消弭于无形。儒家文化只有耻感,缺乏罪感,盖因耻与性相关,罪却与生育相关。性导致耻感,生育却导致罪感。但儒家却将生育装饰美化得带有形而上的神圣面目,所以罪孽感这样的文化就无从生长。

/ 求 知 /

有两个隐喻显露出知识与人的关系。第一个隐喻是熊瞎子掰苞米,掰一个丢另一个。因为胳肢窝里只挟得下一个,新的来,旧的丢。人就是那熊瞎子,知识就是它掰到手的苞米。人在迷雾般的世界获得一点儿真知,满心以为它像光环一样环绕自己,这是不现实的。真知可以随时失落,不是因为健忘,不是因为有意遗弃,而是因为寻求者注定要向未知挑战,不能固守已经得到的。况且已经得到的寻求者而言,充其量是昨日的曾经而已。掰来的苞米可以挟在胳肢窝里,但也仅此一会儿。当又获真知,又挟住一根苞米的时候,旧的就遗落不知何方。熊瞎子是可爱的,它只知道一味向前,永不满足,日复一日做同样的事情,遵照命运赋予的天性,不把已经得到的苞米拢在身边。求知者可以"发现"知识而不可以"拥有"知识,一如熊瞎子不能拥有苞米。另一个隐喻是建造长城。想象一下,成千上万的人,花费好几代人的时间,参与一项无与伦比的工程。尽管求知者渺小,但工程却显赫,以至于无法压止内心的骄傲,毕竟融进了一项伟大的事业。在这个隐喻里,求知者就是建造长城的民夫,而长城则是积聚起来的知识事业。现在问题是这两个不同的隐喻到底哪一个更真实地显露人与知识的关系?它们是那样的不同。知识与人,到底是求知者孤立地探求真知,还是参与一项伟大的共同事业?似乎没有非此即彼的结论。但肯定前一个隐喻更加真实。知识的探求似乎不可避免地成为一项共同的事业,然而所谓共同事业既有合作完成此一使命的意思,也有知识累积而成为共同财富的意思。不论哪种意思,所表示的是知识的社会相。这个知识的社会相，从求知者的角度看是一个幻觉。求知既然可以作为一项事业，所有事业难逃避转头空的命运。精神在乎的应该不是一项事业，而是遵从命运的昭示，持续努力。

/ 经 /

经的地位无可替代。虽然它的形成神秘，或许注定，或许幸运，甚至经目也是可加可减。如"十三经"的若干经，其实已经失去了原本的地位，恒河沙数的佛经不少徒有其名。然而无论怎样变化，经的存在是文化领域一个奇特现象。它的存在应做何解？著述本身是一个复杂世界，它们被分成经与非经。经只有很少几本，其余都是非经。经过如此判别，著述的混沌世界立刻清晰起来。以经为一方，非经为另一方。它们很有趣地对应了人的存在状态：家园和世间。纷繁复杂的社会也是如同文字世界那样判然两别，以家园为一极，世间为另一极。家园是很小的空间，世间则边际无穷。家园供我们栖息，给我们护卫，它像根那样汲取养分，让植物生长。早晨从家园出发，到世间游走，做事的做事，谋生的谋生。

傍晚又离开职场，离开滚滚红尘，回归家园，回归安静独处的天地。经就是精神的家园。精神也和生命一样，不仅需要一个"世间"以发挥它的才华，如雄鹰之需要天空，也需要一个"家园"，供它栖息，供它医治创伤，供它恢复元气。人是在家园生养培育的，是在家园逐渐成长的。精神也是如此，它需要经的养育，需要经的灌注。思想从经出发，走向它面对的具体情景，回应现实的挑战，然后又回归经，重新获得新的能量。经的这种独特地位显示了思想的真相。思想和生命的一样，必定需要根源性的事物来支撑来灌注。中国古代思想传统完全遵循了这样的路径：从经出发，再回归经，一代接着一代，如是循环往复。注释疏解做的就是这件事。为一个经典文本做注疏，心中怀着自己的问题，体会原文的深意，阐发它未尽的意旨。注疏不是思想的对话，而是思想的出发与回归。

/ 女 神 /

男性作家创作的作品，偶尔见到所描写的女性具有罕见崇高的地位，反之则不见。男性作家可能将女性抬高到女神的地位。《红楼梦》与《神曲》都是其例。贾宝玉不仅终身挚爱林黛玉,她是他的知己,也是他人生历程里的精神导师。每当他在世俗中陷入迷途,返回林黛玉身边,就如同回到家园。他们的关系似不限于世俗男女之间人们称为爱情的情意缠绵,绛珠仙草化身的林黛玉更包含了至善至慧至美的象征含义。她是贾宝玉追求非人间的超迈精神境界的人间化身(incarnation),她是人而具有神质的形象。但丁《神曲》中的贝雅特丽齐(Beatrice)更是指引但丁漫游天堂之境的导师。这不是一趟普通的游历,它隐含了精神"得救"的意味。贝雅特丽齐容貌之美自不待言,她精神和德行上的圆满,更非但丁所能及。但丁正是在人生的迷途中,贝雅特丽齐得到"最高之命",她让维吉尔带但丁漫游地狱与炼狱,自己更亲带但丁漫游天堂,使他到达最高的光辉。曹雪芹的生平细节已经不可考,看他的"忏悔语",想必有过不同寻常的情爱。而在真实世界中贝雅特丽齐确是但丁挚爱的情人,不过她婚适他人,不久就亡故。今生不能相见,但丁使出生花妙笔使他们相见于天堂。女性如何能在男性的精神世界中占据如此超脱凡尘的地位?女性可具"神"的品格?它是生活经验的再现还是形而上的玄想?愚意倾向后一个答案。两性在生活的世界中,可以发展出知音式的情谊,但浪漫的幻想没有理由演变到女性作为男性"精神导师"角色的程度,经验亦不支持这种对艺术的理解。将女性神圣化的现象倒是反证男性的眼光：如果将形而上的关切落实为可见可感的感性形象，选择之一当然是相对的性别。既然本身的性别代表了现实，那相对的性别就代表了想象，在相对性别的人身上想象至善至慧至美。这种眼光同所谓女性崇拜是完全不同的。女性崇拜源于生殖崇拜，而以完美女性为脱尽红尘的人间化身则显示了男性对形而上世界的偏好。

/ 理 性 盲 目 /

理性只能做到在微观范围内的判断准确，一旦超出微观天地放大到宏观大范围，理性难免失灵。家猫白天躲避人迹，免受干扰，选它认为最隐秘的地方躲藏。家猫的聪明让它做出最"理性"的选择。可是在人看来，这聪明太可笑。不论它躲藏得多隐秘，不消多大工夫便轻易把它揪出来。因为人不论掌握信息还是反躲藏能力都比家猫拥有更高的视野，这更宏观的视野家猫无论如何也理解不了的。它只能在它被局限的视野内做出对它而言是最合理的选择。就躲藏而言，猫是聪明，在人眼里则是小小伎俩。由这个例子看，人的认知处境未必与家猫存在根本分别，只是人不能想象比人的智慧更高的理性来反证人的理性选择的盲目性。因此人的"家猫处境"最终不能证明。但是经验却能证明这推测是有道理的。商人决策不可谓不绞尽脑汁，用尽聪明依然成败参半。但又有商人背离常理，或者胡乱作为，而竟然得享成功的收获。奇怪的不是有成有败，奇怪的是造化竟然可以这样不公平地惩罚勤劳与聪明，奖励懒惰与愚蠢。但是归根结底，造化的不公只不过是人眼光看出来的结果，造化并无公平与不公平。如果人能够在一个比人更智慧的视野看人的聪明，就会看到理性本身的盲目性。任何理性决策只能根据有限的信息进行，而理性不能及的地方存在巨大的"自然演变力量"在起作用，人们对这个"自然演变力量"一无所知，而它的存在无时无刻不影响人们决策所及的事物，导致它向贴近人的预期或背离人的预期的方向演变。前者，人们叫作成功，以为自己的聪明终于结出了果子。后者，人们叫作失败，以为自己做了错的决策。其实更合理的说法是，前者幸运；后者运气欠佳。承认幸运比否认幸运有更高的智慧，因为承认幸运是表明对那个知识不能及的"自然演变力量"的尊重。只有狂妄之辈才会浅薄地将自己聪明与它的成果搭上直接的因果关系。

/ 智 慧 /

智慧使你眼睛雪亮,却麻醉了你的手足。

/ 敌 友 /

冲突的双方是谈判合作还是兵戎相见?是和平能够解决分歧还是武力终胜一筹?既有"打你的右脸,把左脸也伸出去给他"的耶稣非暴力主义,也有"一个也不放过"的至理名言。民族国家都把武力看作自己最后的依凭,而流行舆论则高叫和平至上。哪一个更有道理?耶稣说得对还是常识更有效?如果和平主义是对的,那诉诸暴力肯定有问题;如果诉诸暴力是对的,那和平主义难以信赖。和平和暴力在善恶兼备的生活世界,任何一方都没有绝对的合理性,也不可能排出先后次序。和平不见得比暴力更善良,暴力也不见得比和平更缺乏人性;暴力不能解决人类所有分歧,和平亦然。生活的世界有邪有正,和平与暴力都只是解决的手段,它们的作用是等效的。希望世界变得更美好,故价值上更推崇和平，这是可以理解的。但是从价值世界跌落入生活的世界，对着邪恶，则只有以暴易暴。如果按照价值世界的准则处理，那和平简直等同助纣为虐。和平还是暴力？选择受制于更高的判断：对手是敌是友？这个判断并无绝对，它依赖对手出牌才能判断。有时看似你死我活，一旦释出善意，对方接受，仇敌马上变成朋友。有时看似交情甚笃，反目即成寇仇。人与人的关系是这样，国家与国家的关系也是如此。是敌是友在生存争竞的博弈中确定。这并不是翻手为云，覆手为雨的意思。因为博弈的结局并不是单方决定的，它是不受主观控制的产物。生活的世界同时也是敌友难辨的世界。造化设下这样一个敌友难辨的世界，让人在这个世界纵情和平与暴力的游戏，以考验人的智慧。

/ 坟 /

博尔赫斯的比喻叫绝，他说图书馆就是埋死人的坟场，排满书架的书就是一列一列墓碑，读书当然就是找死人说话了。博老当过国家图书馆的馆长，整天面对书架上的书，有此一比喻不足为奇。图书馆与坟场唯一不同的地方是坟场的死人不会说话，而埋在书里的死人会说话。虽然死人说的话有限，做不到有问必答，但死人的魂灵借助文字穿越时间和空间，来到活人读者的面前。每一代人面对大小近似的物理空间，但由于文字，想象性的空间却因书本的积累而不断开疆拓土，以至很难断言书籍构成的想象天地和现实的天地，哪个大哪个小。这个由死人（书）组成的世界对我们生活着的现实世界有极其重要的意义。只认为它记载的知识、经验可以助益于在现实世界的进取是不够的。这个死人（书）的世界存在一大功能是让我们需要的时候逃离现实的世界，如同警报拉响的时候有防空洞可以藏身。有了文字、有了书，死人不仅意味一堆骸骨，一个不可现形的抽象符号，更意味着死人是一位可以"唤醒"的对话者。如果不喜欢活人，不愿意找活人说话，那就可以找死人说话。打开死人写的书，他在你眼前就活过来了。你可以跟他说话，追随或批判他曾经的思考，沉浸在他曾经的悲欢中。死人藏在他墓碑的后面，等待你走进去，唤醒他。这个有收获的举动只要你打开书就做到了。现实世界的大小已然固定，而死人（书）的世界却不断扩展。当然不是每个墓碑后面隐藏的思想、知识和快乐都值得你去寻觅一番。很多墓室只有骸骨和由文字写成的垃圾，里面空空如也。可是也有不少你根本意想不到的天才，他在你面前醒过来时，他的智慧、风趣令你震撼不已。和他们的交谈、对话远胜于任何一个活人。坟场鱼龙混杂、泥沙俱下，它也测试着你的智慧，看你能不能找到有意思的死人。

/ 英 雄 /

英雄做到了凡人做不到的事情，成就了凡人成就不了的功业，留下了凡人留下不了的影响。凡人渴望当英雄，英雄也渴望做凡人。英雄万众欢呼，家喻户晓；凡人日子平安，乐也融融。凡人理解不了万众欢呼背后的寂寞和孤单，英雄也看不到乐也融融隐藏着的失落和挫败。英雄总是众目聚焦，所以渴望自由的日子，得享凡人平庸的欢乐。凡人无从体验高处的欢欣，所以期望万众瞩目的声望。可是造化早就设下限定，平庸的欢乐和英雄的声望是不相容的，因此也是不可兼得的。它们分属不同的世界。天赋和运气把英雄带到了一个有竞争对手的世界，英雄需要不停地征服，不断战胜对手。竞争对手的存在塑造了英雄的生活，他必须时刻警觉，紧绷神经，留意潜在的敌人。这就是"高处不胜寒"的意思。英雄神经紧绷的搏斗生涯没法与他人分享，他人并没有参与到搏斗中来。只有英雄自己才能掂量他的生涯在自己生命中的分量。他人只能围观、赞叹和发出欢呼声。英雄在围观和赞叹之中依然是寂寞和孤单的。天赋和运气拉开了他和凡人的距离，英雄是表演者，而凡人是看客。看客没有资格登台表演，可是看客生活从容。反正有的是表演，不看这家，就看那家。不必准时化妆，不必准时登场，不必担心取代者。凡人缺少天赋和运气，这个缺失却可以使凡人不必生活在竞争和搏斗的旋涡。生活在一个没有竞争对手的世界，当然是从容和快乐的。可是一个快乐和从容的世界自然就缺少掌声和欢呼声。当生命缺少赞美的掌声时，群居生物的天性也使人领悟平凡世界的失落。

/ 让 王 /

《庄子·让王》借大王亶父之口问了一个意味深长的问题："为吾臣与为狄人臣奚以异？"如果认为有异，那就要做二者必居其一的抉择。不愿成为"狄人臣"，就要保卫家园，奋力抵抗。要是做"吾臣"与做"狄人臣"相差无几，投降亦不失为生存之道。打不过狄人，又有什么理由明知死路一条，还要冒死而战呢？换言之，不幸而成为"狄人臣"，其实并不如想象那么可怕。《庄子》这则寓言,用意在于质疑,既然我们生活在一个价值纷纭的世界,是不是有绝对的理由支持非此即彼的价值立场?在现实社会,通常看到人们站在绝对的价值立场,"吾臣"还是"狄人臣"有明确答案。所谓大义,所谓名节,所谓文化立场,都是这个意思。产生这现象的根本原理在于人生经验的不可逆性。人是被自己身处的语言、习俗、身份、地位和文化传统塑造的。这个过程既表示外力的制约,也表示个人生涯时间、精力、才华投入之后的沉淀。这一切都无法从头再来,也难容改弦更张,故而不可逆转。当与惯性不符的外力泰山压顶而来,已然习得的人生经验面临被质疑、被否定、被消解之际,当"吾臣"与"狄人臣"必居其一的选择关头,大概率是奋起保卫"家园"。"家园保卫战"最常用的手法就是把包藏着已然习得经验的价值立场说成是绝对的。如果承认它是相对的,那也就等于承认它是可以被质疑、否定和消解。人生经验的不可逆性使人们趋向采取绝对的立场。学者说了很多道理,替其价值立场辩护。传教士也说了很多道理,自己的神才是真神。其实背后真实的原因只有一个,那就是人生经验的不可逆性。人作为生物是有限的,非把宗奉的价值立场绝对化,则无以立足于人世。然而从更长时程看历史,在超越个体意志支配的漫长历史中,历史昭示了价值立场的相对性。"吾臣"与"狄人臣"确实没有绝对差别。"吾臣"虽然不能成为"狄人臣"，可"吾臣"的后代，或者后代的后代，确实就成了"狄人臣"，并安之若素。个体人生经验在有限的世界不可逆，但绵延不绝的人世间还是给经验的转变提供了契机。人世不是一潭不流动的死水，一定的价值也不永恒。当然这个意义上"吾臣"与"狄人臣"的可变性，已经跨越了世代，它不是在世者的责任，应当将之委之于天。《让王》的作者对两造必居其一的选择深存疑虑。作者聪明地让自己身处质疑者的位置，没有越过界线走到否定"吾臣"与"狄人臣"的差别。所以大王亶父的出路是迁徙躲避。"因杖策而去之。民相连而从之，遂成国于岐山之下。"可是如果大王亶父无路可退，世间并无一个岐山，他会如何应对狄人呢？

/ 地 主 /

封建贵族，地主士绅和现代富豪，谁人的生活形态最符合自然人性？我推地主士绅。欧洲封建贵族住在孤立而守卫森严的石筑城堡，一望而知其日常起居受到严重安全不足的煎熬。封建制度天生不稳定，各封建主之间、大小诸侯之间连年征伐。在敌意之中生存，只有仰赖暴力的维持。贵族的富足是建立在暴力火山之上的富足，没有人知道哪一天会有暴力火山的烈焰把贵族豪奢的生活烧成灰烬。现代富豪的生活则更像代理人的生活，他们受那只"看不见的手"所托，听从这位从不露面主人的调遣，东奔西跑，营营役役，忙个不停。忙碌生活的停顿，意味着代理合同的解除。一旦解除，生活就要瓦解。地主士绅的生活既没有封建贵族号令一方、掌握生杀大权的权能感，也远远比不上现代富豪那种豪华炫目的享受。地主士绅在物质相对富足的基础上，用一层诗意来包裹自己的生活。这一层诗意可以是庭院回廊、小桥流水，也可以是琴棋书画、松竹诗茶。无论是比贵族还是比现代富豪，地主士绅的生活都更多地染上虚文增饰。从效率的观点看，这是迄今为止人类生活演化出来最不求上进和最"腐朽"的生活形态。但这也是最符合自然人性的生活形态。为了权力和财富而毕生挣扎，这是人从古至今概莫能外的基本生存事实，它极大地扭曲了人的自然天性，而只有地主绅士的生活形态在生存挣扎和尊重人的自然天性之间寻找到平衡点。为了生存的挣扎首先被分散农耕的经营方式缓解了竞争的紧张程度；其次诗书虚文驯化和约束了欲望，使其局限在合理的水平。地主士绅不必像封建贵族那样为了武力扩张而死命敛财，也不必像现代富豪那样每日为来年的前景而焦虑。地主士绅因生存焦虑的缓解而发现了生活的诗意，而制度和文化熏陶在生活的诗意发现中起着举足轻重的作用。然而地主士绅对充满悠闲和诗意生涯的经营是脆弱的，它只能存在于王朝国家羽翼的保护之下。当王朝国家本身已是风雨飘摇之际，覆巢之下，安有完卵？作为生活形态之一，虽然它已经消失无踪，但并不妨碍认识它作为生活形态的精华所在。毫无疑问，地主士绅尤其是江南的地主士绅生活形态，是中国文明史演化出来的最有价值的生活形态结晶。要在已经存在过的人类生活形态里寻找一种最富有诗意的生活方式，那就非中国江南地主士绅的生活莫属。

/ 拥 挤 /

迷失常常因为拥挤，并非因为没有路。羊群效应就是例子。股市上任何时候跟进的股民都占据了统计的多数。都知道跟进是盲目的，多数时候招致损失，可还是免不了。柜台前看见很多人排队，下意识的反应是有便宜货了，自己应该跟着排上一份。甚至集会和游行的场合，许多人在并未了解其中的含义时，便不由自主地举手跟着呼喊喧嚣的政治口号。又如禅宗的棒喝，刚刚创造出来的时候，充满新颖和启悟的智慧，是祖师开示真理的法门。但是祖师去后，门徒继起，纷起棒喝其门徒的门徒。门徒如是效仿，棒喝变成禅宗的时髦，而棒喝的真义反而因其流行而迷失。学问也是这样，概念和理解框架被创造出来以后，因其解释力尚未涵盖的所有相关领域，于是效仿者蜂聚而来，旧时先驱的寂寞一变而为流行的显赫。这时，原来概念和理解框架的清晰含义反而变为人云亦云的模糊，学问走进了迷失的死胡同。所有这些日常生活的事例都告诉我们：拥挤导致了迷失。人其实是一种羊性很重的动物，天生秉承了模仿他人以适应环境的习性。模仿简单易行，是成本低廉的学习方法，简单到可以不动脑筋，以追随者的数量就可以决定自己行为的选择。拥挤提供了如何寻找真义的简单答案，可是真义的答案恰恰因为拥挤而不知失落在何方。周遭的环境并不像人所秉承的羊性以为的那样简单，只要跟进模仿就可以适应。有时候恰恰反过来，跟进模仿才不能适应环境的变迁，就像进入屠宰场的猪，跟着走的必死无疑。当然拥挤中的迷失往往不是当时就能够意识到的，通常事后反省才有如梦初醒的感觉。如果不想再一次如梦初醒，那就只好警惕拥挤本身。

/ 自 我 折 磨 /

　　自我折磨常常被认为有害，虐待自己心理学也视为反常。因为折磨自己的行为是如此明显地违背人追求感官快乐的自然倾向。然而令人不可思议的是自我折磨通常是通往感官快乐的阶梯，虐待自己反倒是寻求快乐的必要途径。比如挑战体能极限的运动，其中充满了身体的焦虑和意志的考验，假如与商业利益无关，那纯粹就是自我的折磨。可是勇者还是乐此不疲，为什么？那一定是因为它带来一些只有经历过自我折磨才能体验到的快乐，而且那些快乐是未经自我折磨的快乐不能比拟的快乐。我们的生命是一个重门深锁的城堡，它有多大，它有多少间房子，我们虽然身处其中可是并不知晓。自我折磨在生命中的意义或许就是开锁，没有钥匙，缺乏开锁的工具，可是我们硬着头皮一定要将它打开。这是一场关于生命意志的测试，只有经历过这测试，才能知道这城堡有多大，才能明了这城堡有多少间房子，房子里放着什么。生命和意志的可能性是需要挑战才能了解的，自我折磨就是挑战本身。它让生命及其意志在我们面前展开它的可能性。经历自我折磨和未经自我折磨有一个重大分别：对于前者，生命不再是重门深锁的城堡，我们因征服而成为城堡的主人；对于后者，生命依然是一个我们未曾进入的对象，依然是一个未解之谜。拥有生命是一种状态，可了解这被赋予的生命到底有多大的可能性是另一种状态。拥有是与生俱来的，而了解生命是自我折磨甚至自我虐待中才能达到的。

/ 孤 独 /

造物让我们有父母，有后代，有至亲，有朋友，就是要通过他们让自己见证生命里的孤独。人与人的相识、会聚，朋友之间、夫妻之间甚至包括人伦亲情之间，它们在内心激起的真正意义，可能并不是知音的投合相契，而是印证刻骨铭心的孤独。孤独并不是没有人间烟火味的遗世独立。古代隐士的林泉高致，只是个人生活方式的宣告。孤独是个人灵魂的隐秘，它无时不在，无处不在。每一次和他人的相遇、欢聚，不但没有淹没这与生俱来的精神隐秘。正好相反，灵魂的孤独借助与妻儿、与父母、与朋友的欢聚涌上心头，好像被遗忘的记忆顿时唤起。如果孤独可以消散于人伦亲情的安慰，如果孤独可以遁迹于性爱的狂欢，如果孤独可以淹没于朋友酒席宴上的欢笑，那它就不是真正的孤独，它只是生命的无聊之感。孤独需要人间的印证，它在人际的交往中才愈益彰显。人间是孤独的大背景,因为人间充满交往,充满人伦的纠缠,充满爱情的快慰,充满相遇的欢笑。孤独在人间的映衬下分外明显,像渺茫太空中的星星,白天反而看不见,却在夜幕下格外显眼。人际的交往不是让我们拔除孤独,而是让心灵印证它的存在。

/ 思 考 /

昆德拉说,人一思考,上帝就发笑。这句话说出了每一个思考的人的尴尬处境。思考必须有所思的对象,因此也不可避免创造出思想者与所思者的分离。人仿佛远离所思者而高高在上,就好像神在高远的云端俯视众生,可是只有神才真正做到与尘世无所关涉的俯视。人毕竟活在尘世,只是由于思考,才装扮了人如同神的角色。这虚拟的角色在真实角色面前,难掩幼稚可笑。上帝发笑,不是取笑人思想,而是笑人因思考而虚拟为超然物外、俯视苍生的角色。扮演之时,手舞足蹈,俨然脱出凡尘的样子,但仔细看清,免不了满面红尘,沾染污泥和浊世的灰垢。这样的"扮相"不是很有可笑之处吗?人的观察者与行动者的角色分离是不可避免的。

思考之时是观察者，投入生活行动之时是行动者。这两种角色一身两兼，难免不相互混淆，相互渗透和相互影响，甚至产生精神的混乱。由于角色混淆和冲突，人寻觅不到澄明清澈的最终归宿。当精神不堪忍受混淆带来的混乱，试图寻找最终归宿地的时候，结果产生了更大的困扰。王国维就是个例子。他的词句"试上高峰窥皓月，偶开天眼觑红尘，可怜身是眼中人"，痛透肺腑。既是"眼中人"，却要"觑红尘"；一觑红尘，便倍伤身世。设若窥见红尘中的种种不洁、污垢，它们便不是身外之事，而是自身的一部分，甚至是灵魂的一部分。虽然看得清楚却束手无策，于是悲从中来，痛从中生。人的观察者和行动者的角色分离而集于一身，这多少预示了思考的宿命。既表现了思想考的无力，又证实了归宿的无处。世上并没有多少路可走，将思想的还给思想，将行动的还给行动，却不要冀望思想可以拥有行动的荣耀，又或行动可以进入思想的久远。

/ 两 岸 /

一条河分隔了两岸，一边是现实的世界，另一边是思想的世界。现实的世界被无情的时间之神主宰，无常是它不可避免的最终命运。思想的世界缥缈而不落实处，无力是它的本性。现实无疑强大，和无力的思想比起来，那是人及其活动的天地。它充满欲望、焦虑，到处都是喧哗和骚动。这是胜利者庆贺凯旋、显示荣耀的世界，也是失败者痛哭吞声、独自饮泣的世界。然而胜利者的傲慢也好，失败者的颓丧也好，既然是一个现实的世界，时间就是它的主宰。绵延的时间之流既荡涤胜利者的骄傲，也洗刷失败者的耻辱。胜利者的凯旋和失败者的创痛最终统统归宿于虚无。虚无是现实世界的宿命，它是紧箍咒，说念就念。思想的世界平静如止水，没有焦虑，也没有骚动，因此没有凯旋，也没有颓丧。但是这个世界软弱无力，它是没有手脚的大脑，就像一个被困在城堡里的明君。它通晓一切，可是什么事情都做不了。神是全知全能的，可思想近乎全知而无能。思想是残废的天才。无力是思想的宿命。神秘之河划分出两个世界，我们应该生活于河的哪一边呢？

/ 悲 剧 /

对惩罚的恐惧和究问是悲剧的根本特征。人间有种种人不愿意见到的,尤其不愿意它落到自己头上的事情。如果把它们看作毫不神秘的自然而然的结果,那就视作如此这般的事件。如果视之为悲惨而不幸的事件,那它们就是悲情故事。如果把它们看作惩罚,无论这惩罚来自神秘,还是来自人性的软弱与邪恶,那它们就是悲剧。悲剧与惩罚的联系根深蒂固,悲剧的观念源于惩罚的观念。没有惩罚的观念,就没有悲剧。惩罚是对可怕事件的主观体验。同样一件可怕的事件,不同文化脉络,不一定将它视为惩罚。惩罚的观念体现对可怕事件的深切究问和形而上学的兴趣,它试图从人生的可怕事件中发掘出深藏背后的究竟所以然。如果悲剧有精神的根源,这根源必是惩罚的观念。人生中的惩罚观是如何产生的呢?无论古希腊悲剧还是莎士比亚悲剧,都把犯下罪行看作是惩罚的原因。罪行招致惩罚,这是悲剧的一个通则。甚至连性情温和性格犹豫的哈姆雷特,都犯有最终招致杀身惩罚的罪行:他迟迟不报杀父之仇。在悲剧里,罪行是对惩罚的解释。人生出现如此可怕的受罚,乃是因为人犯下不可饶恕的罪行。有罪行就有惩罚,罪行和惩罚的关系印证了正义。因为正义是在惩罚中显示出来的。正义不是自在的,它只有通过惩罚体现它高于人间一切的至上地位。悲剧的和解，就是惩罚的落实，也就是正义的实现。至于人犯罪的原因，古希腊悲剧归结为命运，人因命运无可抗拒而干出不仁不义和违反律法之事。命运在古希腊人眼里，神秘而不可知。但若细按其中思想的隐秘，则可知道，所谓命运和后来基督教原罪观念何其相似！简直呼之欲出。属于人不可抗拒的东西，只有一样，就是欲望。所以基督教传播欧洲，古希腊的命运悲剧，就演变为莎士比亚的性格悲剧。剧作家不追究以神秘而不可抗拒的命运说明人的罪行，转而从性格的剖析入手，说明罪行的产生。由命运悲剧到性格悲剧的演变，其实是解释罪行的原因由外在而内在的转变。这个转变当然以基督教文化在欧洲的普及为背景，但悲剧的根本精神并未改变。罪行、惩罚依然是悲剧的主轴。到了人们不再把可怕事件看作惩罚，悲剧就式微了。没有惩罚，不再究问罪行，悲剧时代也就结束了。

/ 写 作 /

写作是什么？问题再简单不过，铺开纸、拿起笔，往上面写字、写句子，这就是写作。可是这问题问的不是作为动词的写作行为，问的是驱使人们写作的动机，问的是支配写作的原动力是什么？写作究竟何属？不同的人有不同的回答，而事实上存在着多种写作。写作不仅是人运用语言文字表达自己的行为，而且写作也被社会所塑造。人和社会的复杂关联造就了不同类型的写作。常见的一种是把写作当作人生的阶梯。正所谓人往高处走，水往低处流。在竞争的社会，绞尽脑汁，往高处攀爬，写作正是一副登高的阶梯，特别是专业化的现代社会，写作被当成成就的标志。不论愿意与否，只要与文字打交道的行当，写作就是名片。他人凭写作认识、评价你，市场、体制、公众凭写作给予你专业地位。名字后面，跟了一长串已经发表的作品，走到哪里都拖着这条发光的尾巴。社会体制事实上已经把写作当成一条安排给进入文字行当的人使用的阶梯，愿意不愿意也得走在阶梯之上。如果这阶梯是污浊的，那任何人的笔墨生涯也不免污浊。区别在于有的人仅仅把写作当成阶梯，另外的人则试图开掘写作可能有的其他意义。在专业化牢不可破的社会分工之下，写作带来稿酬、名声，带来学位、职称，带来课题资助、奖状，带来专家地位和权威的名号。所有这一切，不是人生的阶梯是什么？持续地写作就是持续地攀爬，每一次出版就是每一步台阶。正是写作铺垫了世俗事业成就的阶梯。

写作又是个人的城堡。古希腊人曾经说人是会思想的芦苇。这支软弱的芦苇很容易被寒风吹折。严酷的生存环境使得文字如同建筑材料，写作就是营造自我保护的城堡。城堡虽然也是社会的景观，任由别人观赏，但心怀恶意的人不容易对城堡干起打家劫舍的营生。因为它守备森严，因为它太高大，因为它构造复杂，逞一时之强的歹徒，往往不容易得手。思想以及思想的自我可以安全住在这座由写作构筑而成的城堡，安闲度日，享受天地有限的自由。凡是将写作当成建筑城堡的人，其工作就是建造、装饰自己华丽的城堡，像工蜂命定不停筑巢。这种写作包含一项城堡主人未必意识到的风险：隔绝的城堡固然是安身立命的安全保障，固然是安闲怡情的个人天地，可城堡也可能是主人的坟墓。终生躲避在自我建造起来的城堡里，城堡不是自我的坟墓是什么？

　　写作还可以是旅人眼里的风景。旅人终生在途，只有短暂歇脚，没有长久的停靠。写作就是旅人在途的经验，因为一直在途，不能满足和认同周遭的一切。不能拥有，不能占据，不能留驻，不能玩赏，甚至连风景片段，也要被接踵而来的新鲜感觉所取代。无驻留的旅途体验孤寂而沧桑，但如果喜欢，这就值得，如同无尽旅途看到了无尽美景。无尽的风光，不是每一个人都能看到。留恋家园的人就只看到故土的风光，异地的美景与他无缘。旅人与此不同，一处美景到另一处美景，处处不同。旅人无所占有，哪怕风光无限的美景。因为旅人是永远的在途者，相信前方更遥远之地有未曾体验过的美景在等待。写作就是这样,写作是无尽的历验。一个句子写完,已然属于过去;一篇文章草成,已然与作者断缘。人生在途,无从停靠,写作随着人生的漂泊,从一个地方到另一个地方,从一个主题到另一个主题。写作与拥有不相干,写作与玩赏不一般。走过的路永远在后头,看过的风景永远在他乡,写过的主题不再属于它的作者。写作的历验对喜欢的人来说是很大的挑战。写作的无穷发现隐藏在鲜为人知的隐秘之处,如同远方的风景在更远方,只有有勇气的人才能发现它,才能体验它带来的喜悦。

/ 知 识 人 /

　　知识人应该在流俗纷争之外守护恒常的价值,还是应该站出来听凭良知的召唤为理想勇敢斗争?要在这个问题上取得究竟所以然的根本回答,取决于能否达成如下一致:我们认同的永恒价值到底是超越于世俗生活,还是融化在世俗生活之中?如果它果真超越了世俗生活,像苍茫的星际永远高悬于凡人的头上,那当然值得守护,哪怕为此付出尘世生涯的代价。但如果恒常的价值只不过是尘世生活的追认,就像人寻访血脉而追宗认祖那样,恒常价值不过就是内心欲望的理性辩护。一旦如此,所谓恒常价值的守护,就是知识人自我尊崇的姿态,奢侈的守护就是对生活的逃避。在这个根本分歧面前,几乎不能取得一致。陀思妥耶夫斯基以无与伦比的犀利洞察了尘世的宿命。他革过命,从绞刑架下侥幸生还,从此便远离革命的喧嚣。恰恰是由于他的远离,造就了他对人世间宿命的惊人发现。他的发现就是对恒常价值最好的守护。卡夫卡也毕生没有离开过对办公室的思索,甚至私情中的卡夫卡也摆脱不了他独特发现的办公室阴影。我们是否能够设想勇敢地和办公室斗争的卡夫卡?有一点可以肯定,如果他服从召唤挺身而出,卡夫卡一定看不到办公室的荒诞。卡夫卡对尘世生活的疏离,执着探索办公室的荒诞,似乎暗示确实存在红尘之外的价值,虽然与我们的现世生活不是毫无关联,但把它们归结为内心欲望的理性辩护,显然过于草率。一战结束后,有人问乔伊斯:"What did you do in the Great War, Mr. Joyce?" "I wrote *Ulysses*. What did you do?"现世生活如果不是那样充满无可皈依的冲突,尘世如果不是那样令乔伊斯深感不幸,也许就没有这行简单而含义深远的对话。现世不是空寂虚无,但也不是任凭良心的召唤、勇敢挺身而出就可以河清海晏。尘世是一团乱麻,相互缠绕,相互冲突,它的结局是无可挽回的虚空。如果没有疏离它,执着于心目中的恒久价值,至少尘世生活的荒诞而虚空便无人揭示。然而疑问依然存在，如此的疏离是不是过分奢侈？血肉之躯虽然免不了衰朽腐烂，但只要生命在手，它总应该发出呼声。在大石的层层重压之下，在烈焰狂风摧残之下，总要透口气，冒出声，总该反抗宿命。于是人间的反抗便成为有如此认同的知识人的使命，像鲁迅、萨特、萨义德都是那种相信恒久价值只在于尘世生活之中的人。在他们看来，恒久价值不是一件珍品，需要深藏在人迹罕至的地方。人世间最恒久的价值莫过于反抗，因为反抗是对人间宿命的唯一宣告。反抗必定在人间，正义从来不是上天的恩赐，正义是反抗的产儿。服从内心的召唤是知识人的天职，它来自绝对的道德命令。归根结底，知识人有如此差别的价值观，在于安放人生意义最终落脚之处的不同所引致。的确没有简单而现成的结论可供遵从，在这个问题上只能找到自己所找到的结论。

/ 双 人 舞 /

爱情是一出没有观众的双人舞剧，两人自编自导、自我演绎、自我欣赏。有观众的舞剧有预定的结束时间，而没有观众的恋情双人舞，有没有收场？如果有，将以什么方式收场？最常见的方式是累了，疲倦到演不动了。有观众的演出再累也会撑下去，契约的力量和经济的收益战胜一时的劳累，但没有观众的演出全凭表演者的激情。激情如同舞者唯一的道具——红舞鞋，穿上它，疯狂地舞起来。如果不幸燃尽了激情，舞鞋破损，双人舞就没法子再跳了。还有一种收场是舞台倒塌，舞者虽有意，奈何天不作美，双人舞只好黯然收场。因为舞者虽是主角，但不能凭空而舞，社会才是这出双人舞的舞台，凡舞者都需要在它构筑的舞台上施展才华。当舞台朽坏，舞者浑然不觉，悲剧就可能发生。

/ 上 下 车 /

社会是一列由无始驶来，开往无终的列车。既不知起点，也不知终点，没有任何一个人能经历它由始至终的全过程，每一个人都是列车上来去匆匆的临时乘客。由于双亲的任性，个人被抛上这趟奇妙的列车充当乘客。上了车，都是一样睁开眼睛看周围的世界，一样与见到的人交谈，彼此心照，于是变成朋友；彼此无缘，于是各自走开。作为已然上车的乘客，不时看见有新人上车，也不时看见有老乘客下车。原来的初见者，时日长久，渐渐由新面孔变成了老面孔，而原来相熟已久的老面孔，不经意之间就要到站下车了。相熟的老面孔越来越少，陌生的新面孔越来越多，终于熬到老面孔难觅踪影，陌生面孔比比皆是的一天，心头一阵沧桑——自己到站下车的时间到了。所有乘客都要经历这一过程，人生就是这样在阵阵沧桑的吹袭下，由初来乍到的新乘客晋格成老乘客，转眼又临近到站。时候一到，跟相熟的亲朋故旧打声招呼，道别，下车离去，别人还继续自己的旅途，每个人都有各自的终点站。所有人的终点站都有同样的站名——绝对虚无。

/ 人　间 /

人间难以理性知解。这个类似金字塔的结构几乎使每个人既不是处于最顶，也不是处于最低。往上总有比你更高，往下总有比你更低级。个人永远可以"比上"或者"比下"。"比上"不仅是姿态，也意味着一套理念，"比下"亦然。人之"比上"与"比下"，二者必居其一。不是采取此种姿态，就是采取彼种姿态；不是倾向此套理念，就是倾向彼套理念。

"比上"是个人立身出世的一套通行价值观,"比上"是肯定人心中对权力、名誉、地位的欲望,并将欲望转换成维持社会秩序的激励机制。儒家学说可以看成这样一套"比上"的道德话语,但光有"比上"并不足以维持并润滑人间金字塔结构且让它运转良好。因为"比上"是一柄双刃剑,它固然是激励机制,却无法安慰个体由生存竞争带来的忧愁、焦虑和惶恐不安,心理压力有可能导致生理的崩溃。个体心理和生理的崩溃最终亦无益于这个金字塔结构的稳固。"比下"则弥补了"比上"不能应对个体心理和生理的负效应。因为"比下"可以知足而养生。"比下"就是放下,解除压力,舒缓心灵。道家的学说可以看成是关于"比下"的学说。然而"比下"也是一柄双刃剑,它有益于个体养生,却有损于群体营生。有损于群体营生固然无益于金字塔结构,但有益于个体养生却有益于金字塔结构;正如有益于激励个体固然有益于群体营生,但有损于个体养生最终亦无益于群体的营生。在金字塔式的人间,学说可以依循"比上"或者"比下"的方向推演,各有其妙用而不能相互取代,各有弊端而不能自我克服,它们必须互济,如同古代的五行学说一样神妙,既相克又相生。

/ 思 考 死 亡 /

　　思考死亡的智慧存在两种表达形式：前一种可称为悬置；后一种可称为喋喋不休。孔子说："未知生，焉知死？"而苏格拉底则滔滔不绝。孔子代表悬置的智慧，而苏格拉底代表喋喋不休的智慧。孔子把死这个需要思的问题，用反诘将思止于悬置，暗示思理之穷和问题的不可思。你悟到什么，但当你再想说些什么的时候，便哑然无语。哑然无语本身不是什么思考都未曾进行过。它不是白痴的无语，而是智者的沉默。夫子用把问题悬置的沉默告知那些愿意踏进思考死亡门槛的门生，生界的无穷疑问已经知之不尽，何用耗费精力于不能有真正知的死界？夫子似乎昭示：死是不可知的。怎样把这个知其不可知的道理告诉门人？孔子的做法是把问题悬置起来，高高挂在思虑不能到达的虚空，令人悟解它的不可思性。即使勉强而思，也不会有收获。苏格拉底偏不同，他不是把死之问题悬置，而是把它摊开，创造出论题，寻找论据，进行反诘与驳正，最终获得思考的结论。其中最值得注意的地方是苏格拉底把问题转变成论题。一旦有了论题，逻辑和推论的因素便介入进来，支持的论据获得超越个人体验的逻辑组织形式。苏格拉底以因果条件句式把死亡表述成两种情形，这看似无关紧要的一步，却是无穷的雄辩论证关键性的开端。由于他的表述,死变得可以论述。《申辩》中苏格拉底,正是这样发挥他无碍的辩才的。由日常经验证明死就是无梦长眠的论点;由灵魂引出灵魂不朽,再由灵魂不朽引申出彼岸世界,再由彼岸世界引申出正义。所有这些喋喋不休都用于证明死不过是灵魂到另一个世界,而且是更好的世界的论点。其实无论悬置还是喋喋不休,都是为了把问题了结,把问题放下。面对人之有死,耿耿于怀,萦绕于胸,于是才有问。孔门生徒假如无此一念,先师当然不必一答。苏格拉底的学生若不以老师即将被处死为念,苏格拉底也无须有此一辩。生存遭遇大惑不解而智慧则将它们一一化解了结,人生有了执念而智慧使之一一放下。悬置是问题的了结,喋喋不休也是问题的了结。疑问仍然存在,哪种了结更有智慧呢?

/ 灵 魂 /

　　灵魂这种说法奇妙而引人深思,它看似无正典出处颇具初民信仰的"迷信"色彩,但却在苏格拉底伦理学上有着无可比拟的重要性。它引申出三个至关重要的命题:精神优先于肉体；个人的自我价值；彼岸世界的可期待性。一说到灵魂，肯定牵连到肉身，因为灵魂首先是相对于肉身而言的。当然不知道谁最先提出人有灵魂的说法，但是可以肯定灵魂一说是与人对意识现象的深切体验密切相关的。梦境、迷醉、恍惚，甚至癫狂等现象的解释，都可能导致灵魂说的产生。灵魂一经确定，纯粹的肉身也就同时产生。肉身由于生命有限，速朽易腐，与灵魂相比，处于下风。灵魂的优先地位在人生中其实就是精神、德行、信仰、思想的优先地位。灵魂说的出现，赋予了它们永恒不朽的尊贵地位，而肉身的卑下地位无法与之比拟。灵魂说就是这样轻易取得了对身体的全部控制权。其次灵魂说启发了个体关于自我价值的认同。灵魂天生具有个人主义的本性。因为灵魂肯定是疏离群体而独立的，世上决无集体灵魂或群体灵魂之事。灵魂天生是单个的，这颇像莱布尼兹的"单子"。个体有生的时候，它附着在肉身上，同室而居。肉身的生命终结了，它弥漫于太空，飘浮游荡于经验界以外的不可知世界。于是灵魂就带上了它独特的文化意味。它是任何集体、群、族、国家等超越个体存在的"类"都不能取代的纯粹自我的最有力的根据。自我存在的根本理据就在于灵魂的存在。肯定了灵魂的存在自然就肯定了自我价值的无可争议；否定了灵魂的存在，自我价值不是被彻底否定就是处于虚无缥缈的位置。可以从人的社会得到印证，凡是不承认灵魂有地位的宗教或伦理信仰体系，必然就是集体主义色彩的，而承认灵魂有地位的伦理宗教体系，个体的价值与尊严一定保留若干地位。灵魂是自我最后根据地，最牢固的根据地，把它抽掉，自我这栋小房子不可避免于倒塌。最后灵魂说又引出彼岸世界的可期待性。由于彼岸世界的可期待性，宗教信仰才有了立足点，得以完成其教理使命。灵魂说作为人生困惑的解决方案，它没有那么多恐惧众生的色彩，更多的是给虔信的人温暖的希望。在孤独的生命即将终结之际，灵魂带着最后一点暖意脱离它的躯壳，飞向仍然属于它的浩茫的冥空。这是不是对坎坷人生最后的温情安慰呢？

/ 出　门 /

灵魂终将舍弃躯体独自上路，这是真实的还是盲目的信仰，在乎个人的认同取舍，它是一个哲学的命题，并且不可以证伪。但这个命题是有意义的，这意义在于当灵魂脱去它躯壳的那一刻来临之时，从容地让灵魂离去远比躯体苦苦挽留灵魂重要。那一刻来临，人应当毫不犹豫地让这位寄居的客人上路，不要阻拦灵魂的离去。挽留的哀号会毁灭生命的尊严，更何况挽留的哀号徒劳地伤害了生命最后一次伟大的出征。灵魂不属于这个世界。它是生命最内在的核，这个核有它自己的生命，躯体干预不到它，也达不到它。灵魂如同生命有机体中的灵性生命，寄居体内，独自发育，独自成长，没有人知道它飞向浩茫冥空的确切时刻。这是神的最高机密。可怜的是躯体天生好客，躯体所仰赖的文化也同样好客。它们都不愿意灵魂出门远航，亲情、医术、死的恐惧和生的留恋筑成一道挽留的长堤。于是挽留的哀号就成为人生的一个部分。必须承认，任何灵魂舍弃躯体的事情，无论对躯体还是对社会都是一件痛苦的经验，这是最后说再见的时刻。可是灵魂不朽就是这种痛苦经验最好的镇痛剂。承认灵魂不朽就是承认生命中灵魂比躯体更重要、更有价值，而生命要保持自己最后的尊严，就必须体面地送别这位长期寄居的客人。灵魂远航是生命在尘世最后的完成，生命要在自己的历程画上完美的句号，就应当以欣喜的态度送别即将离去的灵魂。死在这意义下不是"天人相隔"，而是最后的握手道别。留下的归于尘土，离去的升入冥空。

/ 现 在 /

现在——此刻当下的时间感是被感官经验塑造和决定的,它没有物理的固定性,反而具有心理的不确定性。它具有弹性,可以分解的。感官按照其满意程度确定哪个区间叫作现在,哪个区间叫作过去,哪个区间叫作未来。一般而言,感官快乐程度和现在的时间长度成正比,感官越快乐,我们感受到的那个现在就越具有绵延的性质。换言之,越感受到快乐,现在这个区间的时间跨度就越大。一个生活富足、无忧无虑的人基本上是一个活在当下此刻的人。他不需要历史,也不必期待。快乐定义了他自足的此刻王国。快乐像征伐的铁骑,把他的此刻王国扩张到辽远的边疆。反过来,痛苦的程度和现在的时间长度成反比。感官越是感受到的痛苦,现在的时间长度就越凝缩为感受到痛的那一刻。一个为伤病折磨的人,他的全部现在就是躺在病床上呻吟的时刻。感官的满意值至少是一个关键性的要素,决定人的过去、现在、未来的各自区间长度。快乐就像布网的蜘蛛,织就我们称为现在的那张网,越是快乐,蜘蛛织就的那张网就越大,而痛苦则像蚕虫,不停地蚕食我们的现在王国。越是痛苦,它就越迅速地蚕食掉我们所感觉到的那个现在。当它被蚕食到一定程度的时候,现在就变成一瞬间,感官在无数的一瞬间接一瞬间中感受痛苦的煎熬。如果快乐是无间断的绵延，那痛苦就像刀割，一刀接着一刀，痛楚一阵接着一阵。痛苦的煎熬终于把现在分解成更细小的时间单位，当生命对由于痛苦的煎熬而来的更细小的时间单位的感受成为固定的方式来接受的时候，现在就不具有真实的性质，它显露出"伪相"。因为它太细小，太捉摸不定，太缺乏恒定性，理智在感官痛苦的感受面前自然就倾向不承认现在的真实性。据此可以断言，任何质疑现在的真实性，任何洞悉现在的虚幻相的言说，无论是诗还是宗教，背后都有痛苦经验的支撑。甚至历史意识的发达，对已经消逝了的过去的无穷究问，都源自那个痛苦的现在经验。现在是真实的还是虚幻的，并没有一个精准的答案，全看感官经验怎样确定时间的本性。

/ 智 慧 /

如果痛苦来源于欲望的不满足的看法正确，那智慧就是最好的解痛剂。智慧不能消除欲望，因而它也就不能根除痛苦，但智慧可以平息欲望的波涛，因此智慧也能麻醉欲望带来的痛楚，智慧又可以洞穿欲望的实质。古往今来的智慧之士，循两个方向穿透欲望。或者把欲望看成人的低级功能。他们断言欲望带来的快乐是低级的快乐，欲望引致的痛苦是微不足道的痛苦。或者认定欲望是不真实的幻象。幻象不可能给你任何真实的东西，包括快乐和痛苦。前者是哲学沉思取向，后者是宗教哲理的教诲。苏格拉底说，爱好哲学的人是半死的人，这话说得太好。智慧让爱好哲学的人放弃了感官的快乐而追求思想的快乐和灵魂的自由，离弃感官的享乐、消弭感官的痛苦其实就是半死。一个被麻醉的人可不就是一个半死的人？他的感官已经不再能喜爱他所依存的世界，他所依存的世界已经被理智改造为只不过是临时借来的一件寒衣，暂时栖身的居所。寒冬一过，风雨一停，寒衣可弃而居所可抛。这样的活法不是半死的活法是什么？欲望永不满足而时间迁延消逝，暂时的快乐或痛苦永远战胜不了变动不居的时间战士。欲望虽然能够带来快乐或痛苦，但在强悍无比的时间之师面前，它只是一战即溃的散兵游勇。佛教以欲望为虚幻，以执念为蠢痴，其最终的功能亦在于镇静痛苦。人生多难，恍若屠场，惨烈的哀号无时不撕心裂肺。有人选择抗争和报复，这是一个现实的人的唯一出路；但也有人选择智慧，选择麻醉欲望，这是一个关心世界究竟真相的人的唯一出路。

/ 无 痛 /

佛教把修炼和体悟真如所达到的最高境界称为极乐。其实这样的说法大概出于普度未明，而不是智慧真的可以将我们带往极乐的境地。智慧是高级的镇痛剂，而不是灵验的"快乐散"。智慧在于穿透感觉的表象，明辨感官的局限，识破感觉的诱惑。智慧脱离了感官，越过了痛苦，也越过了快乐。有智慧者莫若苏格拉底，而我不相信苏格拉底是快乐的人，他大概是绝缘于痛苦的人。智慧让他百毒不侵，百苦不受。当智慧还没有在心灵充分生长的时候，感官主宰了肉身，悲欢离合，贪嗔痴爱，善感多愁。感官畅快之时，就是快乐。感官难受之日，就是痛苦。可当智慧慢慢在心灵生长，感官就逐渐被麻醉了。智慧在反抗感官诱惑和欺骗中，确立了优先地位。被麻醉了的感官虽然还存在，但已经缺乏活力，不能支配肉身。于是当人通过开启智慧之门进入痛苦绝缘的平静境地时，同时失去感受快乐的能力。

/ 狼 狈 /

狼和狈的典故广为人知,可人们只知道它们协力作奸犯科的故事,而不知它们反目成仇的后半段故事。狼和狈最后是闹翻了,不再一起合作为奸而是分别各自干各自的鸡鸣狗盗。话说有一天,这好哥儿俩像往常一样一起出门巡山,遇见的不是往常那种可以欺负的兔子、田鼠等小动物,而是一匹色相颇佳的母狼。狼和狈不禁热火上身,欲一亲芳泽。往常合作默契的这哥儿俩皆想独占不欲同靴,为此不惜翻脸。狼说,母狼是我的同类,当然归我。狈则争辩,我们哥儿俩从前都是同槽共食,你的也是我的。狼听了这话很生气,食物小财还可以分你一点儿,怎么这种燕尔私乐你也要来分一杯羹?狼大为光火,反咬狈一口。狼和狈经此一役,就成了陌路的山兽。

/ 语 言 与 欲 望 /

脊椎动物可以通过动作、气味、声波传递信息,但动物缺乏像人类那样高度发达的精密语言。这种差别导致了有趣的现象。动物没有它们的乌托邦，而人类有自己的乌托邦。人类可以生活在想象的世界，动物则做不到。沉浸在想象创造出来的乌托邦，可以成为一种生活。想象世界之所以能够成为一种生活，全在于语言的奥秘。语言延伸了经验的世界，从而放大了人的欲望。语言本为表达已经存在的事物而出现，语言的使用关乎存在着的经验世界，初不涉及想象世界。但是语言既然可以表达存在着的世界，而人的欲望又可以延伸到那些目前还达不到的目标，于是语言就被用来表达这种放大了欲望。换句话说，语言释放了人的欲望，就像囚犯逃离监狱。囚犯奔跑在无垠的荒漠，四散逃亡。天地是广阔了，可这片天地不是真实的。由语言所承载的这位欲望囚犯，奔跑在虚幻的土地上。欲望插上语言的翅膀，飞翔在虚幻的天空。因此前语言时代和语言时代，人欲望的量和质都是不同样的。语言演化出来之后人的欲望要比前语言时代扩张和复杂很多倍。当语言表现经验世界时，它总是简单的，人不能添加什么，也不能减少什么。面对经验的世界，人虽欲壑难填，可毕竟还是简单。当语言用来构造乌托邦时，事情就复杂得多。人内心最隐秘的秘密，平日不能宣之于口的那些饥渴，对经验世界的纯粹厌恶，超越经验世界所能提供人的一切欲求，都由于穿上了语言的花衣裳得以粉墨登场。本来它是来无影去无踪的风，语言给了它现出真身的机会。本来它是渺小的小不点，语言让它茁壮成长为巨无霸。在这种意义上，语言造就了欲望。

/ 衰 落 /

女性主义将近代女权的张扬和男权的衰落描绘为性别斗争的结果，她们将这一切定义为经过抗争奋斗得来的胜利。但我相信存在更隐蔽的生物原因在起作用，女性在纷繁复杂的生活状态里比之男性更表现出上佳的适应能力，而生活状态的日渐繁复正是工业革命以来的现实。亚当·斯密当年以分工为社会进步的前提，分工提高了效率。事实上也是如此。自十八世纪以来，分工日渐精细化，职场的出现就是分工带来的结果。分工的细化一方面创造了机会让从事司职的人一心一意发挥由经验积累而获得的特长，但另一方面也让个人面对日益复杂的生活局面。这日益复杂的生活局面却反过来不利于职业人一心一意积累经验，盖因头绪繁复而时常中断。以第一点论，两性平分了分工进展带来的潜在好处。男性得益比女性更早，只要进入了职业天地，潜在的好处便为所有进入职业状态的人分享。

以第二点论，女性天生更能适应对付复杂的生活，而男性则比之不及。有一种解释是这样的，十数万年旧石器时代生活造成了性别分工，男性专司狩猎，女性专司采集与养育后代。狩猎专注于一个目标，而采集则要处理众多目标。漫长的历练使这种特性进入了遗传，成为天性。不管此种解释是否周全，但它至少符合日常观察。就一心二用来说，女性远比男性出色。事业、婚姻、家庭使两性均深受困扰，然而仔细观察之下，男性受困扰的程度比女性尤深，男性更不擅长应付一团乱麻般的生活。常识接受"成功的男人背后一定有一个女人"的说法，可是如果把这句话的主语和宾语对换，就非常荒诞，不为常识所接受。有成就的男人需要女人，其实就是需要"内助"，为他打理专司以外的一切，使之可以一心一用。而有成就的女人背后不需要男人，常识的拒绝恰好说明了女性基于其天性的优异比男性更适应头绪纷繁的现代生活。从前农村大嫂一边喂奶，一边烧饭、喂猪，或做农活。现在都市女性一边带孩子，一边写作、剪裁，兼做家务。这种一心多用的训练，与男性无缘。女性在漫长的弱势年代养成的本领，终于在纷繁的现代生活，大显身手，相反男性在强势年代下保留下来的特长，日渐黯然失色。当然性别之间权力的此消彼长是缓慢的，以我们几乎觉察不到的缓慢速度渐变。当越来越多女性在职场的表现超乎寻常，令男性刮目相看时，与其把它看作性别斗争的胜利，不如看作她们对当今社会的适应性渐渐发挥。

/ 驯 化 /

　　野麦和野生水稻由于驯化而大幅提高单位面积产量,狗马牛羊的祖先也由于被人类驯化而成为人的帮手或肉食来源从而保证基因的传递。文明可以描绘为驯化自然力量的过程,同时驯化导致了文明的产生。没有对于自然力的驯化,也就没有文明。其实人在驯化自然力的同时也驯化自己,人原本就是自然力的一部分,人驯化自己也势在必行,同样不可缺少。从历史上观察,少数人驯化多数人比多数人驯化少数人更早进行。暴力和软性的意识形态是少数人对多数人的驯化。奴隶制是典型的暴力驯化制度。听从吩咐,乖乖干活,才能保住小命,皮鞭和欺骗是奴隶制得以维持的工具。封建制也是建立在暴力和欺骗基础之上,但比之奴隶制已经有所让步。这些早期的制度虽然残暴,但历史事实也同样昭示,没有暴力压制和欺骗,野心和权力欲望将把世间搞得永无宁日。

　　一部社会制度的演变史其实也是一部驯化权力的历史。权力如果是一匹野性未驯的烈马,制度就充当了驯兽师的角色。当然这位驯兽师在早期历史非常懒惰,古代史上也不算卖力,但进入现代以来,则工作勤奋,这匹野性未驯的烈马已经走在被驯服的路上。现代社会演变出多种机制,限制、监察权力,防范其滥用。舆论、咨询、议会等都是限制监察权力的社会机制。在王侯贵族统治的年代，他们充当着驯兽师的角色，丝毫不觉得他们自己同时也是野性未驯的野兽。随着现代制度逐渐演变，这些充当驯兽师的统治者慢慢被还原为野性未驯的野兽，他们也要接受现代社会制度的驯化。人类社会制度的演变史体现了多数人对少数掌握统治权力的人贪婪和狂妄野心的驯化。现代政治制度就是专门驯服那些潜在的桀骜不驯的暴君的。不过在现代制度建设还未及完善的时候，或者监察机制运转不灵的时候，握有权力者还是有机会施虐的。

/ 回 归 /

回归的呼声一直强烈。基督教以"二次重临"（second coming）表达结束罪恶的现世和期待千年至福来临的信念，佛教以往生西方极乐世界为最高人生理想，儒家以三代以上为失落的好世界并以之为奋斗的最高政治目标，意识到无处可归的道家和存在主义者则创造顺应自然的隐居生活和诗意栖居之地为人性的回归途径。宗教也好，诗也好，均以回归为人生最有价值之事。连政治这样的世俗事务也要打着回归的旗号，使政治理想穿上更加绚烂的外衣，增进其夺目的光彩。回归的重要性和必要性也许有无数理由，但为什么偏偏是回归才构成宗教和诗最内在的呼声？而向未来狂奔的呼号不能获得宗教和诗的正当性基础？答案来自人对个体生命历程的体验。生命在时间中，这已经注定了它的单向性。个体生命不可逆地缓慢通向它的终点——死亡。死亡如此不可抗拒地在远方等待个体生命迈向它绝对空无的黑洞，这个不散的黑洞阴影始终笼罩着个体生命。由于死亡，生命不仅只有一次，更重要的是，它是线性的。这个线性的生命过程，从受胎孕育开始，出生、童年、青年，乃至步入中年、老年。生命是线性的，就意味着生命是磨损的。从出生的浑然血肉之躯，到衰老乃至僵硬的垂死状态，生命一天比一天陈旧，一天比一天坏损。它像一架机器，随着不停使用而逐渐减低效能乃至残破。人的生命随着时光的磨砺，它的光芒也日渐暗淡，而终于熄灭。庄子形容这个过程："一受其成形，不亡以待尽。与物相刃相靡，其行尽如驰，而莫之能止。"唯一能够遏止"与物相刃相靡"的可怜过程的，就只有死亡了。生命磨损制造了一个反差现象，一方面个体生命随着磨损虽有起伏沉浮，但终究日渐从人世间获得名和利的收益，另一方面生命本身则不可避免地日渐走向衰朽死亡。生命磨损之后有所收益，但损耗了的生命一去不返。一方面有所得，另一面有所失。失去的越多，越体验生命的可贵。同样获得越多，越觉得生命的美好。这两种愿望在生命磨损的体验中，汇成一股回归的期盼。它从心灵的幽深处发出来的，它是生命原欲的呼声。理智知道回归之不可能，但生命又是偏偏期望并追逐那不可能之事。这无可阻挡的生命之声，不仅植根于每一生命个体，而且世代相传。

/ 时 光 倒 流 /

人经常设想那些不可能的事情。天下最不可能的事当然就是时光倒流。假如时光倒流，将会出现什么壮丽的景象？尝试言之，时光倒流就是发生在经验世界的永恒回归（eternal return）。生命从垂死的耄耋状态，一点一点恢复青春活力。毛发从秃头里长出来，皱巴巴的皮肤慢慢回复弹性，老年痴呆复原成中年的健壮，人道之能又死灰复燃，脱落的牙齿重新长出来，已经缓慢的步子再次健步如飞；从青春已死的中年进入骚动不安的青年，生命重入冒险鲁莽的青年时期，又在冒险的探索体验生命的乐趣；然后再从生命多姿多彩的青春盛年进入天真烂漫的童年，再由童年进入襁褓状态的幼年，由幼年而返回母亲的子宫。这件最不可能的时光倒流为个体生命和社会都带来无穷的想象空间。道家以赤子为身心修养的最高范本,指示追范的境界;儒家以文明初曙的"三代以前"为人间至善的国度,指明理想政治的状态。时光倒流之不可能性堵死了任何验证其学说是真是伪的途径,于是想象可以由此而驰骋。以逝去的时光为理想,意味着这个理想指向着未来,"把未来努力建设得像过去一样"。看起来,这是自相矛盾的。其实不然。因为没有人知道过去真实的样子,所有关于过去的都是陈述,而且是现今的陈述。对现实世界有所不满,于是才有关于现今的陈述。关于现今的陈述以过去的面貌呈现出来,最根本的理由在于它不让人能够验其真伪。假如人们在经验世界做不到像过去那样好,那是因为努力不够,而不是因为要回归的理想有问题。现代性的愚昧在于把理想设定在未来。而未来随着时间推移,它可以验证。一验而不够说服力,必至于再验;再验之不足,必至于三验。直至关于未来理想破产为止。现代性产生以来沉浸于未来这个泡沫之中,幸而泡沫尚未吹破,但想必有吹破的一日。

/ 仁慈的理由 /

导致人们陷于不幸或悲惨境地的诸因素可以归纳为三类。第一是运气，第二是个人能力，第三是人性的弱点。前两项因素与个人的道德教养无关，第三项则完全系因于个人的德行自觉。运气在个人命运中扮演着绝对重要的角色。比如降生在不同背景的家庭，降生在富庶的城市或贫困的乡村，个人命运其实很大程度上已经被决定了。所谓运气，其实就是影响到个人命运而个人又不可能控制的力量。一生之中，能够控制的通常太少，而不能控制的通常太多。个人努力可以改变命运之说，多数场合是善意的幻觉。不可控制的力量作用于渺小个人的命运，或者大红大紫，或者惨不忍言，皆系于不可知的天意。个人能力似乎属于可以控制的范围，其实不尽然。个人能力，有通过后天努力可以获得的部分，但也有超出后天努力范围之外的力量。人们经常争论成功出于天才还是出于勤奋，就说明构成个人能力的天才与勤奋努力这两种因素分属于不同范畴。应当承认，确实有的人无论多么努力，其个人能力的提高总也赶不上所付出的努力。至于人性的弱点与运气和能力都没有关系，诸如懒惰、贪婪、放纵等恶德，一样可能使个人陷于不幸境地。仁慈的施予对象是不幸的人，但仁慈的播布却不问何种缘由，或许它施予的同时也无法究清眼前的不幸是何种因素导致的。于是仁慈在有缺陷的经验世界，它的施行不排除导致事与愿违的恶。当它不能分清什么原因导致不幸而千篇一律给予援助的时候，它就鼓励了懒惰、贪婪和放纵等诸种恶德。佛教对仁慈和施舍的绝对肯定，助长了好逸恶劳的民风。因此仁慈的理由不该是纯粹的不幸，而是与运气和个人能力相关而产生的不幸。对于因人性的弱点而产生的不幸，不能成为仁慈的理由。仁慈应当与明智结合在一起，犹如一辆车有两个轮子才能平稳行驶。耶稣会的信仰、仁慈、明智三大训条，是有其道理的。

/ 原 理 /

生在人世，有两条原理是不会改变的。第一条是我们作为个体生存于这个世界；第二条是个体是与他人共同生存于这个世界。除非死亡，第一条原理不会失效；除非有意躲避他人，第二条原理也不存在例外。由于第一原理，所以人有隐私；由于第二原理，所以人有所归属的共同体。

后记

整理完毕,长长舒了一口气,才发现数年的信笔由缰,写了有近三百篇之多,恰好是一个人的"三百篇"。二十世纪九十年代,我还在深圳大学教书,黄昏的时候常绕着文山湖兜圈漫步。景致说不上别致,却非常幽静,踽踽独行之际,脑子浮起各种闪念。有的过后遗忘,不复记忆;有的挥之不去,于是把它们记了下来。从1999年3月写下第一则。当初只是把它当成个人心迹的记录,没有篇名,只有日期,没有想到过出版。这是这些文字的缘起。

2000年我回到母校中山大学教书。最初几年,我总有进入不了角色的感觉,教课的任务也不重,随心由性的写作也就延续下来了。七年之间,时写时停。有时一日一则,有时数日一则。往后的两三年,忙于撰写《三醉人谈话录》,这些散记已经写得不多了。翻查最初的记录,最后一则写于2005

年9月。此后辍笔。

这些偏重思理的随笔断章,远的写于将近二十年前,近的也隔了十三年。辍笔之后,束之高阁十余年,就算我自己也几乎忘了它们的存在。因为电脑更新换代,不时需要翻刻保存,渐渐放在哪里也都不甚了了。其间有知道的朋友,劝我出版,但总也提不起神来,意兴阑珊,就一直拖延到如今。趁着暑假稍微空闲,从移动硬盘里把相关的文档找出来,从头读了一遍。这些文字,有的是读书的感悟,有的是思考的心得,有的是好奇的追问,有的是伤惨的长嚎,有的是不易的定见,有的是歧路的彷徨。主题漫杂,不相统一,写法侧重思理,所以取名《漫识手记》。时间日期本来就无足轻重,今次整理从略。每篇加一个小题,以方便检索。根据内容的不同,大别为三辑。第一辑多与伦理信仰有关,第二辑多论社会历史,第三辑多与人生相关。但这些归类都很粗疏,彼此两可,并没有截然的分别,取便检索多于它们真正的类属。

几年前,米秀读小学三年级。她给我选了个手机护套。图案是一只戴眼镜的猫在读一本书,书名是 *The Secret Life of Dogs*。她想用一个"生活在别处"的图案传递她对我的感知。我收到她的礼物,哑然失笑。她当然不了解什么是"生活在别处",但她看到我电脑里那些不知道什么意思的文字,自然觉得和应该的生活有遥远的距离。我就是她眼中的那只"多管闲事"的猫。这也算她对我的发现。不过我不得不承认我重读这些多前写下的东西,确实有仿佛出自他者手笔的感觉。童稚的眼光也有犀利的时候。

编完之后,我想起了先前我不能理解的一位真正哲人的话:如果时光能够重来,他愿意让自己一生的著述归零。这个交易,与浮士德博士和靡菲斯特的交易一样残酷,可正是这残酷才道出生命的本性。所有人事的努力都将化为灰烬,只有时光是无价的。

三十多年前我的第一本书在花城出版社出版。我很高兴这次花城愿意出版这本小书。感谢责编杜小烨辛勤的努力。